全国环境影响评价工程师职业资格考试系列参考资料

环境影响评价相关法律法规
试题解析

（2015 年版）

徐 颂 主编

中国环境出版社 · 北京

图书在版编目（CIP）数据

环境影响评价相关法律法规试题解析：2015 年版/徐颂主编. —北京：中国环境出版社，2015.2
全国环境影响评价工程师职业资格考试系列参考资料
ISBN 978-7-5111-2235-3

Ⅰ. ①环… Ⅱ. ①徐… Ⅲ. ①环境影响评价法—中国—工程师—资格考试—题解 Ⅳ. ①D922.68-44

中国版本图书馆 CIP 数据核字（2015）第 018747 号

出 版 人　王新程
责任编辑　黄晓燕
文字编辑　陈雪云
责任校对　尹　芳
封面制作　宋　瑞

出版发行　中国环境出版社
（100062　北京市东城区广渠门内大街 16 号）
网　　址：http://www.cesp.com.cn
电子邮箱：bjgl@cesp.com.cn
联系电话：010-67112765（编辑管理部）
010-67112735（环评与监察图书分社）
发行热线：010-67125803，010-67113405（传真）

印　　刷　北京市联华印刷厂
经　　销　各地新华书店
版　　次　2015 年 3 月第 1 版
印　　次　2015 年 3 月第 1 次印刷
开　　本　787×960　1/16
印　　张　17.5
字　　数　328 千字
定　　价　55.00 元

编 写 人 员

主　　任　徐　颂

副 主 任　贾生元　彭飞翔

参编人员　江学顶　蔡河山　梁致君　杨嘉敏　张　滨

前 言

环境影响评价工程师职业资格考试的历年试题及解答一直是考生需要的，因为通过历年试题的学习，可以感性认识考试命题的风格、各知识点的分值分布、考察的重点及难易程度，还可以锻炼考生的应试思维、临场反应能力。

目前，市面上的历年考试试题都是按年份呈现给考生的，但是近十年来，每年的考试大纲都有变化，很多知识点有更新或删除，如果考生按整套考试试题原封不动去复习，不仅浪费了考生的宝贵时间，而且还存在误导的倾向，因此，对历年试题进行加工处理是需要的。

应广大考生的要求，根据以往考生提供的历年考试试题，我们按照 2015 年考试大纲的要求，按每部法律法规精心筛选了相应的试题，并有针对性地进行解析。

考生通过历年试题的练习可以巩固已学的知识，同时找到自己在系统复习中的不足，查漏补缺。本书学习使用时，既可以每学习完一章后使用，也可以在复习冲刺阶段检测复习效果时当做模拟题来使用，是目前学习复习时的最佳参考资料之一。本书也可供高等院校环境科学、环境工程等相关专业教学时参考。

2014 年颁布了《中华人民共和国环境保护法》，2015 年的考试大纲更新了此方面的内容。在历年考试试题中，上述考点不在本册试题中出现。

本书在编写过程中，参阅了部分国内相关文献和书籍，在此一并感谢。同时感谢中国环境出版社黄晓燕编辑及其同事们为本书付出的劳动。尽管我们对每道试题进行了核对，付出了大量的精力，但由于编者水平有限，本书的参考答案可能存在疏漏，不足之处在所难免，敬请同行和读者批评指正。

更多考试资信请查看徐颂博客 http: //fsxusong.blog.163.com/。

编 者

2015 年 2 月

目 录

一、环境保护法律法规体系

一、单项选择题

1．下列不含在我国现行环境保护法律法规体系内的是（　　）。（2007 年）

A．国家环境质量标准

B．环境保护行政法规

C．县级人大常委会制定并发布的环境保护规范性文件

D．省级人民代表大会及其常务委员会制定并发布的环境保护地方法规

2．根据我国环境保护法律法规体系中各层次间关系，以下说法正确的是（　　）。（2007 年）

A．《水污染防治法》也适用于海洋环境保护

B．《环境保护法》是综合性法，其法律地位高于《水污染防治法》

C．现行的《环境保护法》与《环境影响评价法》的规定不一致时，应执行《环境保护法》的规定

D．《水污染防治法实施细则》是依据《水污染防治法》授权制定，因此与《水污染防治法》的法律地位相同

3．我国现行环境保护法律法规中相关规定若有不一致之处，应遵循的原则是（　　）。（2008 年）

A．综合法高于相关法　　B．后法优于先法

C．单项法高于相关法　　D．综合法高于单项法

4．我国现行环境保护法律包括环境保护综合法、环境保护单项法和环境保护相关法，其法律效力是（　　）。（2008 年）

A．同等的　　B．综合法最大

C．单项法最大　　D．相关法服从综合法

5．按照法律效力由低到高排列，下列排列中正确的是（　　）。（2009 年，2010 年）

A．法律、地方性法规、行政法规

B．行政法规、部门规章、地方性法规

C．地方政府规章、地方性法规、部门规章

D．行政法规、地方性法规、地方政府规章

6．我国现行环境保护法律法规体系不包括（　　）。（2010 年，2011 年）

A．环境保护国际公约

B．环境保护行政法规

C．省级人民政府制定的地方污染物排放标准

D．省级人民政府环境保护行政主管部门制定的环境保护规范性文件

7．我国现行环境保护法律法规体系中，不属于环境保护单行法的是（　　）。（2012 年）

A．《矿产资源法》

B．《大气污染防治法》

C．《放射性污染防治法》

D．《固体废物污染环境防治法》

8．我国与环境保护相关的法律包括（　　）。（2013 年）

A．环境保护综合法、环境保护相关法以及部门规章

B．环境保护综合法、环境保护单行法和环境保护相关法

C．环境保护综合法、环保保护单行法、环境保护国际条约

D．中华人民共和国宪法、环境保护相关法、国家环境保护标准

9．我国现行环境保护法律包括（　　）。（2014 年）

A．环境保护综合法、环境保护单行法和政府部门规章

B．环境保护综合法、环境保护单行法和环境保护相关法

C．环境保护综合法、环境保护单行法和环境保护行政法规

D．环境保护单行法、环境保护相关法和环境保护国际公约

二、不定项选择题

1．在我国环境保护法律法规体系中，如果法律规定中有不一致的地方，应遵循（　　）原则。（2006 年）

A．后法大于先法　　　　B．综合法大于单行法

C．单行法大于相关法　　D．相关法大于综合法

2．我国环境保护法律法规体系包括（　　）。（2007 年）

A．国家环境标准　　　　B．环境保护法律

C．地方环境标准　　　　D．环境保护行政法规

E．环境保护地方性法规

3．我国现行环境保护法律法规体系包括（　　）。（2008 年）

A．宪法
B．国际条约
C．环境标准
D．环境保护地方性法规
E．国务院环境保护行政法规

4．我国现行环境保护法律法规体系包括（　　）。（2009 年）

A．全国人大制定的环境保护法律
B．国务院制定的环境保护行政法规
C．省级人民政府制定的环境保护规章
D．县级人民代表大会制定的环境保护法规
E．省级环境保护行政主管部门制定的环境保护规章

5. 关于我国环境保护法律法规分类体系，下列说法中，正确的有（　　）。（2010 年）

A．《环境保护法》是环境保护的综合法
B．《水污染防治法》是环境保护的相关法
C．《清洁生产促进法》是环境保护的相关法
D．《环境影响评价法》是环境保护的综合法

6．在我国现行环境保护法律法规体系中，按照法律效力由低到高排列，错误的有（　　）。（2011 年）

A．地方政府规章、政府部门规章、法规、法律
B．政府部门规章、行政法规、地方性法规、法律
C．地方政府规章、地方性法规、行政法规、法律
D．地方政府规章、地方性法规、政府部门规章、行政法规

7．根据我国环境保护法律法规体系构成，（　　）属于环境保护单行法。（2014 年）

A．《水土保持法》
B．《防沙治沙法》
C．《清洁生产促进法》
D．《环境影响评价法》

参考答案

一、单项选择题

1．C　【解析】县级人民代表大会不享有立法权。

2．C　【解析】2007 年考题的原选项是："现行的《环境保护法》与《环境影

响评价法》的规定不一致时，应执行《环境影响评价法》的规定”，当时，环评法比环保法后颁布，后法优于先法的原则，不一致时，则执行后法。2014 年颁布了《环境保护法》，比环评法后颁布，如有不一致，则执行后法。

3. B　4. A

5. D　【解析】行政法规仅次于法律，因此选项 A 是错的。地方性法规的层次高于地方政府部门规章，因此 C 选项是错的。部门规章和地方性法规不能相抵触，效力的高低难判断，从教材中的体系框架图中仅可以看出属于同一级别。环境保护法律体系框架图的关系请考生务必掌握。

6. D　【解析】政府部门规章是指国务院环境保护行政主管部门单独发布或与国务院有关部门联合发布的环境保护规范性文件。

7. A　8. B　9. B

二、不定项选择题

1. A

2. ABCDE

3. ABCDE

4. ABC

5. AC　【解析】《水污染防治法》、《环境影响评价法》是环境保护单行法。相关法与单行法的主要区别是：相关法仅是部分内容涉及环境保护的有关要求，而单行法主要是针对环境保护的内容而设立的法律。

6. BD

7. ABD　【解析】环境保护单行法包括污染防治法（《水污染防治法》、《大气污染防治法》、《固体废物污染环境防治法》、《环境噪声污染防治法》、《放射性污染防治法》等），生态保护法（《水土保持法》、《野生动物保护法》、《防沙治沙法》等），《海洋环境保护法》和《环境影响评价法》。

二、《环境影响评价法》

一、单项选择题

1．依据《环境影响评价法》，国务院有关部门、设区的市级以上地方人民政府及其有关部门，对其组织编制的（　　），应当在规划编制过程中，组织进行环境影响评价，编写该规划有关环境影响的篇章或者说明。（2005 年）

A．海域的建设、开发利用规划　　B．经济技术开发区有关专项规划

C．农业专项规划　　D．环境保护规划

2．依据《环境影响评价法》，对（　　）应当在规划编制过程中组织环境影响评价，编写该规划有关环境影响的篇章或者说明。（2005 年）

A．土地利用的有关规划　　B．钢铁生产规划

C．能源规划　　D．文化教育发展规划

3．依据《环境影响评价法》，规划的环境影响评价分为（　　）。（2005 年）

A．编写规划有关环境影响的篇章与说明书

B．编写规划有关环境影响的说明与报告表

C．编写规划有关环境影响的篇章或者说明和提出环境影响报告书

D．编写规划有关环境影响的报告书和报告表

4．根据《环境影响评价法》，能源专项规划在上报审批前应组织进行环境影响评价，向审批该专项规划的机关提出（　　）。（2005 年）

A．环境影响报告书　　B．环境影响预测和对策研究报告

C．环境影响篇章和说明　　D．能源发展国外考察报告

5．依据《环境影响评价法》，下列需要编制专项规划环境影响报告书的是（　　）。（2005 年）

A．旅游规划　　B．教育发展规划

C．网络发展规划　　D．防治自然灾害规划

6．依据《环境影响评价法》，编制机关应当在报送审查的规划环境影响报告书中附具对（　　）的说明。（2005 年）

A．公众意见采纳或不采纳　　B．公众概况

C．听证会概况　　　　D．网站公示情况

7．依据《环境影响评价法》，专项规划的编制机关对可能造成不良环境影响并直接涉及公众权益的规划，应当在规划草案（　　）举行论证会、听证会，征求有关单位、专家和公众意见。（2005 年）

A．报送审批前　　　　B．报送审批后

C．报送审批期间　　　　D．规划编制前

8．依据《环境影响评价法》，专项规划的编制机关在报批规划草案时，未附送环境影响评价有关文件的，审批机关将（　　）。（2005 年）

A．不予审批　　　　B．受理登记

C．给予审批　　　　D．注册处理

9．依据《环境影响评价法》，国务院有关部门、设区的市级以上地方人民政府及其有关部门，对其组织编制的土地利用的有关规划、区域、流域、海域的建设开发利用规划，应当在规划编制过程中组织进行环境影响评价，编写（　　）。（2006 年）

A．环境影响报告表　　　　B．环境影响登记表

C．环境影响报告书　　　　D．有关环境影响的篇章或说明

10．依据《环境影响评价法》，某设区的市级人民政府组织编制工业专项规划时进行了环境影响评价，所编制环境影响评价文件应提交给（　　）。（2006 年）

A．该市行业主管部门　　　　B．该市环保行政主管部门

C．该市人民政府　　　　D．上一级环保行政主管部门

11．依据《环境影响评价法》，专项规划的编制机关对可能造成不良环境影响并直接涉及公众环境权益的规划，应当在该规划（　　），征求公众对环境影响报告书草案的意见。（2006 年）

A．报送审批后　　　　B．报送审批前

C．正式批准前　　　　D．报送审批过程中

12．依据《环境影响评价法》，设区的某市发改委组织编制工业发展规划。报送审查的环评报告书草案的公众意见作采纳或者不采纳说明的单位应当是（　　）。（2006 年）

A．该市环保局　　　　B．该市规划局

C．该市发改委　　　　D．该规划的审批机关

13．环境保护行政主管部门应当在收到专项规划环境影响报告书之日起（　　）日内，对专项规划环境影响报告书进行审查，审查小组应当提出书面审查意见。（2006 年）

A．10　　　　B．15

C．20　　　　D．30

14．依据《环境影响评价法》，国家根据建设项目对环境的影响程度，对建设项目的环境影响实行分类管理。应当编制环境影响报告书的是（　）。（2006 年）

A．塑料制品、一般货物仓储　　　　B．煤气供应、电池生产

C．煤气生产、有色金属合金　　　　D．民航供油工程、长途客运站建设

15．依据《环境影响评价法》，对环境有重大影响的规划实施后，编制机关应当及时组织（　），并将结果报告审批机关。（2006 年）

A．环境审计　　　　B．公众参与

C．专家小组审议　　　　D．环境影响跟踪评价

16．设区的某市发改委组织编制该市高新技术产业规划。该市人民政府在审批专项规划草案，作出决策前，应当先由（　）指定环境保护行政主管部门或者其他部门召集有关部门代表和专家组成审查小组，对环境影响报告书进行审查。（2006 年）

A．该市发改委　　　　B．该市人民政府

C．该市的上级人民政府　　　　D．该市的上级环境保护行政主管部门

17．某市在人口密集地拟建一个具有 150 个床位的肿瘤医院，根据该项目的特点和社区的环境，需要说明放射性医疗废弃物对环境的影响。该建设项目的环境影响评价文件应是（　）。（2006 年）

A．环境影响报告书　　　　B．环境影响登记表

C．附有专家评价的环境影响登记表　　　　D．附有专项评价的环境影响报告表

18．依据《环境影响评价法》，某建设单位拟在严重缺水地区，建设年产 15 万立方米的采沙场，在报批该建设项目的环境影响评价文件前，拟举行论证会、听证会，征求有关单位、专家和公众意见的主持单位应当是（　）。（2006 年）

A．评价单位　　　　B．建设单位

C．当地人民政府　　　　D．当地环境保护行政主管部门

19．依据《环境影响评价法》，建设项目环境影响报告书应当在（　）报批。（2006 年）

A．可行性研究阶段　　　　B．初步设计阶段

C．可行性研究完成后　　　　D．初步设计完成前

20．依据《环境影响评价法》，建设项目环境影响评价文件，由（　）按照国务院的规定报有审批权的环境保护行政主管部门审批。（2006 年）

A．评价单位　　　　B．专家评审组

C．建设单位　　　　D．地方人民政府

21．依据《环境影响评价法》，有审批权的环境保护行政主管部门应当自收到环

境影响报告书之日起（　　）内，作出审批决定并书面通知建设单位。（2006 年）

A．60 日　　B．三个月

C．半年　　D．30 日

22．某建设单位拟建海岸工程建设项目，并编制了环境影响报告书，该环境影响报告书需（　　）。（2006 年）

A．报海洋行政主管部门审核并审批

B．报环境保护行政主管部门审核并审批

C．经环境保护行政主管部门审核并签署意见后，报海洋行政主管部门审批

D．经海洋行政主管部门审核并签署意见后，报环境保护行政主管部门审批

23．依据《环境影响评价法》，建设项目环境影响评价文件自批准之日起超过（　　）年，方决定该项目开工建设的，其环境影响评价文件应当报原审批部门重新审核。（2006 年）

A．三　　B．四

C．五　　D．六

24．某农药制造项目，在运行过程中产生了不符合经审批的环境影响报告书的情形，建设单位应当组织（　　），采取改进措施，并报原环境影响报告书审批部门和建设项目审批部门备案。（2006 年）

A．专家论证　　B．公众听证

C．环境影响后评价　　D．编制环境影响报告表

25．某机械加工企业运行过程中产生了不符合经审批的环境影响报告书情形，依据《环境影响评价法》，该企业应当采取的正确做法是（　　）。（2007 年）

A．立即停止生产

B．重新编制该建设项目的环境影响报告并报环境保护行政主管部门审批

C．组织环境影响的后评价，采取改进措施，并报原环境影响报告书审批部门备案

D．组织环境影响的后评价，采取改进措施，并报原环境影响报告书审批部门和建设项目审批部门备案

26．依据《环境影响评价法》，对编制环境影响报告书的建设项目，建设单位征求公众意见的时间应当在（　　）。（2007 年）

A．建设项目竣工前　　B．建设项目开工后

C．报批建设项目环境影响报告书前　　D．报批建设项目环境影响报告书后

27．依据《环境影响评价法》，对于已进行环境影响评价的规划所包含的具体建设项目，以下表述正确的是（　　）。（2007 年）

A．其环境影响评价可不进行

B．重新进行规划的环境影响评价

C．其环境影响评价内容可以简化

D．可不遵循规划环境影响评价对该建设项目提出的要求

28．依据《环境影响评价法》，对环境有重大影响的规划实施后，组织实施环境影响跟踪评价的单位是（　　）。（2007 年）

A．规划的审批机关　　B．规划的编制机关

C．环境保护行政主管部门　　D．有资质的环境影响评价单位

29．依据《环境影响评价法》，对可能造成轻度环境影响的建设项目，应当编制的环境影响评价文件是（　　）。（2007 年）

A．环境影响报告书　　B．环境影响报告表

C．环境影响登记表　　D．环境影响篇章或说明

30．依据《环境影响评价法》，对建设项目的环境影响评价实行分类管理，以下符合分类要求的是（　　）。（2007 年）

A．可能造成轻度环境影响的，应当填报环境影响登记表

B．可能造成重大环境影响的，应当编制环境影响报告书

C．对环境影响很小，不需要进行环境影响评价的，应当编写环境影响说明

D．对环境影响很小，不需要进行环境影响评价的，应当编制环境影响报告表

31．依据《环境影响评价法》，对可能造成不良环境影响并直接涉及公众环境权益的专项规划，征求公众对环境影响报告书草案意见的单位是（　　）。（2007 年）

A．专项规划的审批机关　　B．专项规划的编制机关

C．专项规划的环境影响评价单位　　D．环境保护行政主管部门

32．依据《环境影响评价法》，组织进行专项规划环境影响评价正确的做法是（　　）。（2007 年）

A．在该专项规划实施中组织进行

B．在该专项规划实施后组织进行

C．在该专项规划草案上报审批后组织进行

D．在该专项规划草案上报审批前组织进行

33．制定《环境影响评价法》的目的，是为了实施可持续发展战略，预防因规划和建设项目实施后对环境造成不良影响，促进（　　）。（2007 年）

A．经济和环境的协调发展　　B．社会和环境的协调发展

C．社会和经济的正常发展　　D．经济、社会和环境的协调发展

34．《环境影响评价法》所称环境影响评价，是指对规划和建设项目实施后可能造成的环境影响进行分析、预测和评估，提出预防或者减轻不良环境影响的对策和

措施，进行跟踪监测的（　　）。（2007 年）

A．方法与技术　　B．技术与制度

C．科学与技术　　D．方法与制度

35．依据《环境影响评价法》，以下表述正确的是（　　）。（2007 年）

A．环境影响评价必须客观、公开、公正

B．环境影响评价必须客观、科学、公正

C．环境影响评价必须公平、公开、公正

D．环境影响评价必须科学、公开、公正

36．依据《环境影响评价法》，欲取得乙级《建设项目环境影响评价资质证书》中一般项目环境影响报告表填报资质的机构，应当经（　　）考核审查合格。（2007 年）

A．国家环境保护行政主管部门　　B．所在地省级环境保护行政主管部门

C．所在地市级环境保护行政主管部门　　D．所在地县级环境保护行政主管部门

37．依据《环境影响评价法》，对环境有重大影响的规划实施后，应当由（　　）及时组织环境影响的跟踪评价。（2008 年）

A．规划编制机关　　B．规划审批部门

C．环境影响报告书审查部门　　D．环境影响报告书审查小组

38．依据《环境影响评价法》，需编制环境影响篇章或者说明的规划，编制机关在报送规划草案时，应当将环境影响的篇章或者说明（　　）。（2008 年，2009 年）

A．先报送规划审批机关

B．先报送当地环境保护行政主管部门

C．作为规划草案的组成部分一并报送规划审批机关

D．作为规划草案的组成部分一并报送当地环境保护行政主管部门

39．某下设四区的市级人民政府在审批电镀行业规划草案时，未采纳审查小组对环境影响报告书的审查意见，依据《环境影响评价法》，该市人民政府应（　　）。（2008 年）

A．对该电镀企业规划草案提出重新审查的要求

B．对不采纳审查小组对环境影响报告书的审查意见作出说明，并重新审查

C．对不采纳审查小组对环境影响报告书的审查意见作出说明，并存档备查

D．提出编制该规划有关环境影响的篇章的要求

40．依据《环境影响评价法》，环境影响评价必须（　　）。（2008 年）

A．公平、公开和公正　　B．客观、公开和公正

C．科学、客观和公开　　D．科学、客观和公正

41．依据《环境影响评价法》和有关规定，应当编制环境影响篇章或者说明的

规划是（　　）。（2008 年）

A．设区的市级以上流域水电规划

B．设区的市级以上跨流域调水规划

C．设区的市级以上防洪、治涝、灌溉规划

D．设区的市级以上地下水资源开发利用规划

42．依据《环境影响评价法》，某下设两个区的城市在制定种植业发展规划时，须编制（　　）。（2008 年，2009 年）

A．环境影响报告书　　B．环境影响报告表

C．环境影响登记表　　D．环境影响篇章或说明

43．《环境影响评价法》的立法目的，是为了实施可持续发展战略，促进经济、社会和环境的协调发展，预防因（　　）实施后对环境造成不良影响。（2008 年）

A．政策与计划　　B．政策与规划

C．规划和建设项目　　D．政策与建设项目

44．制定《环境影响评价法》的目的，是为了实施可持续发展战略，预测因规划和建设项目实施后对环境造成不良影响，促进（　　）。（2009 年）

A．社会正常发展　　B．经济发展

C．环境质量提高　　D．经济、社会和环境的协调发展

45．依据《环境影响评价法》的有关规定，下列规划应当编制环境影响篇章或者说明的是（　　）。（2009 年）

A．设区的市级以上流域水电规划

B．设区的市级以上跨流域调水规划

C．设区的市级以上防洪、治涝、灌溉规划

D．设区的市级以上地下水资源开发利用规划

46．依据《环境影响评价法》，国务院有关部门、设区的市级以上地方人民政府及其有关部门，对其组织编制的土地利用的有关规划，区域、流域、海域的建设、开发利用规划，应当在规划编制过程中组织进行环境影响评价，编写（　　）。（2009 年）

A．环境影响报告表　　B．环境影响登记表

C．环境影响报告书　　D．有关环境影响的篇章或者说明

47．依据《环境影响评价法》，组织进行专项规划环境影响评价的时间应当是（　　）。（2009 年）

A．规划实施中　　B．规划实施后

C．规划草案上报审批后　　D．规划草案上报审批前

48．某市人民政府编制了土地资源开发整理规划。依据《环境影响评价法》，该

规划的环境影响评价文件的形式应当是（　　）。（2009 年）

A．环境影响登记表　　B．环境影响报告表

C．环境影响报告书　　D．环境影响的篇章或者说明

49．依据《环境影响评价法》，对可能造成不良环境影响并直接涉及公众环境权益的规划，征求公众对环境影响报告书草案意见的时间应当在（　　）。（2009 年）

A．规划报送审批后　　B．规划报送审批前

C．规划正式批准前　　D．规划报送审批过程中

50．依据《环境影响评价法》，某专项规划环境影响评价过程中进行公众参与的主体是（　　）。（2009 年）

A．规划编制机关　　B．当地规划审批机关

C．规划的环境影响评价单位　　D．当地环境保护行政主管部门

51．某下设四区的市级人民政府在审批电镀行业规划草案时，拟不采纳审查小组对环境影响报告书的审查意见。依据《环境影响评价法》，该市人民政府应当（　　）。（2009 年，2011 年）

A．对该电镀行业规划草案提出重新审查的要求

B．提出重新编制该规划有关环境影响报告书的要求

C．对不采纳审查小组的审查意见作出说明，并重新审查

D．对不采纳环境影响报告书结论以及审查小组的审查意见作出说明，并存档备查

52．依据《环境影响评价法》，对环境有重大影响的规划实施后，应当及时组织环境影响跟踪评价的单位是（　　）。（2009 年）

A．规划的审批机关　　B．规划的编制机关

C．环境保护行政主管部门　　D．有资质的环境影响评价单位

53．依据《环境影响评价法》，规划编制机关组织环境影响评价时弄虚作假或者有失职行为，造成环境影响评价严重失实的，应当由上级机关或者监察机关对直接负责的主管人员和其他直接责任人员（　　）。（2009 年）

A．给予通报批评　　B．依法给予行政处分

C．给予经济处罚　　D．建议移交司法机关处理

54．依据《环境影响评价法》，对建设项目的环境影响评价应当按（　　）实行分类管理。（2009 年）

A．建设项目的投资规模　　B．建设项目的投资主体

C．建设项目的资金来源　　D．建设项目对环境的影响程度

55．依据《环境影响评价法》，作为一项整体建设项目的规划进行环境影响评价时，下列说法中正确的是（　　）。（2009 年）

A．不进行规划的环境影响评价

B．建设项目的环境影响评价可以简化

C．规划的环境影响评价内容可适当简化

D．建设项目环境影响评价应落实规划环境影响评价中提出的要求

56．依据《环境影响评价法》，应当将建设项目的环境影响评价文件报原审批部门重新审核的情形是（　　）。（2009 年）

A．建设项目的规模发生重大变动

B．建设项目采用的生产工艺发生重大变动

C．环境影响评价文件自批准之日起超过五年方决定开工建设

D．环境影响评价文件自批准之日起超过三年方决定开工建设

57．制定《环境影响评价法》的目的是实施可持续发展战略，预防因规划和建设项目实施后对环境造成不良影响，促进（　　）。（2010 年）

A．生态文明建设　　B．社会稳定和进步

C．经济平稳较快发展　　D．经济、社会和环境的协调发展

58．依据《环境影响评价法》，规划或者建设项目的环境影响评价必须坚持的原则是（　　）。（2010 年，2011 年）

A．科学、公开、公正　　B．客观、公开、公正

C．公开、公正、公平　　D．客观、公正、公平

59．某设区的市人民政府拟制定煤炭发展规划。依据《环境影响评价法》及其配套规章，该市政府应当组织进行环境影响评价，编制该规划的（　　）。（2010 年，2011 年）

A．环境影响报告书　　B．环境影响报告表

C．环境影响登记表　　D．环境影响篇章或说明

60．某省人民政府拟制定一湖泊水资源开发利用综合规划。依据《环境影响评价法》及其配套规章，该省政府应当组织编制该规划的（　　）。（2010 年）

A．环境影响报告书　　B．环境影响报告表

C．环境影响登记表　　D．环境影响篇章或说明

61．依据《环境影响评价法》及其配套的规范性文件，已经进行了环境影响评价的规划所包含的具体建设项目的环境影响评价内容可以简化。关于简化内容的确定，下列说法中，正确的是（　　）。（2010 年）

A．由建设单位根据规划环境影响评价的分析论证情况确定

B．根据规划环境影响评价报告书审查意见中明确的需要简化的具体内容确定

C．由承担该项目环境影响评价的单位根据规划环境影响评价的分析论证情况确定

D. 由对该项目有审批权的环境保护主管部门根据规划环境影响评价的分析论证情况确定

62. 依据《环境影响评价法》，对可能造成轻度环境影响的建设项目，建设单位组织编制的环境影响评价文件应当是（　　）。（2010 年）

A. 环境影响报告书　　B. 环境影响报告表

C. 环境影响登记表　　D. 环境影响的篇章

63. 某电厂拟在丘陵区建设一条运煤铁路专用线。依据《环境影响评价法》，该电厂组织编制的环境影响报告书必须包括的内容是（　　）。（2010 年）

A. 公众参与意见　　B. 水土保持方案

C. 环境风险评价　　D. 资源环境承载力分析

64. 依据《环境影响评阶法》，建设单位组织编制的环境影响后评价文件应当（　　）。（2010 年）

A. 由建设单位直接存档备查

B. 报建设项目所在地环境保护行政主管部门审批

C. 报原环境影响评价文件审批部门备案，同时报原建设项目审批部门备案

D. 报原环境影响评价文件审批部门审批，并报建设项目所在地人民政府备案

65. 依据《环境影响评价法》和《环境影响评价公众参与暂行办法》，下列关于公众参与时机的说法中，错误的是（　　）。（2011 年）

A. 建设单位应当在报批建设项目环境影响报告书前，征求有关单位、专家和公众意见

B. 建设单位应当在环境影响报告书编制完成报送审批时，向公众公告报告书有关内容

C. 建设单位应当在确定了承担环境影响评价工作的评价机构后 7 日内，向公众公告有关信息

D. 对公众意见较大的建设项目，环境保护行政主管部门在建设单位公开征求公众意见后，可以再次公开征求公众意见

66. 某省人民政府拟报送一流域水电规划草案。依据《环境影响评价法》和《规划环境影响评价条例》，该省人民政府在报送该规划草案时，应当（　　）。（2011 年）

A. 将该规划的环境影响报告书一并附送规划审批机关审查

B. 只将审查小组对该规划的环境影响报告书的审查意见一并附送规划审批机关审查

C. 将该规划的环境影响篇章或说明作为规划草案的组成部分报送规划审批机关

D．只将有关单位、专家和公众对该规划的环境影响报告书的意见一并附送规划审批机关审查

67．依据《环境影响评价法》，建设单位组织编制的环境影响后评价文件应当（　　）。（2011 年）

A．由建设单位直接存档备查

B．报建设项目所在地环境保护行政主管部门审批

C．报原环境影响评价文件审批部门和建设项目审批部门备案

D．报原环境影响评价文件审批部门审批，并报建设项目所在地人民政府备案

68．依据《环境影响评价法》，对有行业主管部门的建设项目编制的环境影响报告表，有审批权的环境保护行政主管部门应当（　　）作出审批决定。（2011 年）

A．自收到环境影响报告表之日起 15 日内

B．自收到环境影响报告表之日起 30 日内

C．自收到行业主管部门预审意见之日起 15 日内

D．自收到行业主管部门预审意见之日起 30 日内

69．某煤矿环境影响报告书审批后，在试运行期间，由于首采工作面移动了位置，致使采空区上方民房出现裂缝。依据《环境影响评价法》，该建设单位的下列做法中，正确的是（　　）。（2011 年）

A．重新报批该项目的环境影响评价文件

B．组织该项目的环境影响后评价，采取改进措施

C．将该项目环境影响评价文件报原审批部门重新审核

D．在项目建成后，申请竣工环境保护验收时向原审批部门作出书面说明

70．依据《建设项目环境影响评价文件分级审批规定》，对下级环境保护部门超越法定职权做出的环境影响评价文件审批决定，上级环境保护部门应（　　）。（2011 年）

A．撤销该审批决定

B．补办委托手续后，对该审批决定予以认可

C．对做出该审批决定的直接责任人员给予警告

D．对可能造成较小环境影响的项目的审批决定予以认可

71．根据《环境影响评价法》，关于建设项目环境影响评价分类管理的规定，下列说法中，正确的是（　　）。（2012 年）

A．建设项目对环境影响很小，不需要进行环境影响评价的，应当编制环境影响报告表

B．建设项目可能造成重大环境影响的，应当编制环境影响报告书，对产生的环境影响进行全面评价

C．建设项目可能造成重大环境影响的，应当编制环境影响报告书，对产生的环境影响进行专项评价

D．建设项目可能造成轻度环境影响的，应当编制环境影响报告表，对产生的环境影响进行全面评价

72．某办公用房环境影响报告表经环境保护行政主管部门审批后，建设地点和建设规模均发生了重大变动。根据《环境影响评价法》，建设单位的下列做法中，正确的是（　　）。（2012 年）

A．将环境影响报告表重新报该环境保护行政主管部门审核

B．将办公用房进行跟踪评价，及时采取防治环境污染的措施

C．向该环境保护行政主管部门重新报批办公用房环境影响报告表

D．在办公用房建成后向该环境保护行政主管部门申请竣工环保验收时进行变更说明

73. 根据《环境影响评价法》，有权颁发环境影响评价资质证书的机构是（　　）。（2012 年）

A．国务院建设行政主管部门

B．省级环境保护行政主管部门

C．国务院环境保护行政主管部门

D．省级和国务院环境保护行政主管部门

74．某省级人民政府组织编制了流域水资源开发利用综合规划。根据《环境影响评价法》及有关文件，该人民政府应当组织进行规划的环境影响评价，并向审批该 规划的机关提出（　　）。（2013 年）

A．环境影响报告书　　B．环境影响报告表

C．环境影响登记表　　D．环境影响篇章或说明

75．根据《环境影响评价法》、《规划环境影响评价条例》和应当进行环境影响评价的规划具体范围的有关规定，需要编制环境影响报告书的规划是（　　）。（2013 年）

A．全国水资源战略规划　　B．设区的市级以上跨流域调水规划

C．设区的市级以上能源重点专项规划　　D．设区的市级以上土地利用总体规划

76．根据《环境影响评价法》和《规划环境影响评价条例》，关于公众参与的规定，下列说法中，错误的是（　　）。（2013 年）

A．综合性规划和指导性专项规划不进行公众参与调查

B．规划的环境影响篇章或者说明中，应当附具对公众意见采纳与不采纳情况的说明

C. 在报送审查的规划环境影响报告书中，应当附具对公众意见采纳与不采纳情况及其理由的说明

D. 对可能造成不良环境影响并直接涉及公众环境权益的专项规划，其编制机关应当在规划草案报送审批前，公开征求有关单位、专家和公众对环境影响报告书的意见

77. 根据《环境影响评价法》和《规划环境影响评价条例》，关于专项规划草案审批的规定，下列说法中，错误的是（　　）。（2013 年）

A. 规划审批机关应当将环境影响报告书结论以及审查意见作为决策的重要依据

B. 规划审批机关对环境影响报告书结论以及审查意见不予采纳的，应当逐项说明理由并存档备查

C. 规划审批机关应当将规划环境影响报告书审查意见作为是否批复规划草案的主要依据

D. 有关单位、专家和公众可以申请查阅规划审批机关不予采纳审查意见的理由说明

78. 根据《环境影响评价法》、《规划环境影响评价条例》和相关文件，关于跟踪评价的要求，下列说法中，错误的是（　　）。（2013 年）

A. 跟踪评价的结论应当是规划环境影响跟踪评价包括的内容

B. 规划环境影响的跟踪评价应当包括公众对规划实施所产生的环境影响的意见

C. 实施五年以上的产业园区规划，其编制部门应组织开展环境影响的跟踪评价，编制环境影响报告书

D. 对环境有重大影响的规划实施后，规划编制机关应当及时组织规划环境影响的跟踪评价，将评价结果报告当地人民政府和环境保护等有关部门

79. 某企业拟建一个对环境可能造成重大影响的项目。根据《环境影响评价法》，关于建设项目环境影响评价分类管理的有关规定，下列说法中，正确的是（　　）。（2013 年）

A. 该项目应当编制环境影响报告表，并附环境风险评价专题

B. 该项目应当编制环境影响报告书，对产生的环境影响进行全面评价

C. 该项目应当编制环境影响报告表，对产生的环境影响进行全面分析

D. 该项目应当编制环境影响报告书，对项目潜在的环境风险进行全面分析

80. 某办公用房环境影响报告表经当地环境保护行政主管部门审批后，建设地点和建设规模均发生了重大变动。根据《环境影响评价法》，建设单位的下列做法中，正确的是（　　）。（2013 年）

A. 该建设单位应重新报批办公用房环境影响评价文件

B. 将环境影响报告表重新报该环境保护行政主管部门审核

C．对办公用房进行跟踪评价，及时采取防治环境污染的措施

D．在办公用房建成后向该环境保护行政主管部门申请竣工环保验收时出具变更说明

81．根据《环境影响评价法》，环境影响评价原则是（　　）。（2014 年）

A．客观、公开、准确　　B．客观、公正、准确

C．客观、公开、公正　　D．公开、公正、准确

82．根据《环境影响评价法》，国务院有关部门、设区的市级以及人民政府及有关部门，对其编制的（　　）需要编制环境影响报告书。（2014 年）

A．土地利用的有关规划

B．区域建设、开发规划

C．城市建设指导性规划

D．自然资源开发有关专项规划

83．根据《环境影响评价法》和《规划环境影响评价条例》中关于公众参与的规定，下列说法中，错误的是（　　）。（2014 年）

A．综合性规划和指导性专项规划不进行公众参与调查

B．规划的环境影响篇章或者说明中，应当附有对公众意见采纳与不采纳情况的说明

C．在报送审查的规划环境影响报告书中，应当附有对公众意见采纳与不采纳情况及其理由的说明

D．对可能造成不良环境影响并直接涉及公众环境权益的专项规划，其编制机关应在规划草案报送审批前，公开征求有关单位、专家和公众对环境影响报告书的意见

84．根据《环境影响评价法》和《规划环境影响评价条例》中关于专项规划环境影响报告书结论以及审查意见采纳的规定，下列说法中，正确的是（　　）。（2014 年）

A．规划审批机关应当将环境影响评价报告书结论作为决策的唯一依据

B．在审批规划中未采纳环境报告书结论的，应当作出说明，并上报同级人民政府

C．规划审批机关在审批专项规划草案时，应当将环境影响报告书结论以及审查意见作为批复的依据

D．规划审批机关对环境影响报告书结论以及审查意见不予采纳的，应当逐项就不予采纳的理由作出书面说明，并存档备查

二、不定项选择题

1．依据《环境影响评价法》，环境影响评价是指对规划和建设项目实施后可能造成的环境影响（　　）。(2005 年)

A．进行分析、预测和评估

B．提出预防或者减轻不良环境影响的对策和措施

C．提出跟踪监测的方法与制度

D．提出对违法行为的处罚要求

2．依据《环境影响评价法》，下列规划需要编写专项规划环境影响报告书的有（　　）。(2005 年)

A．工业、农业、畜牧业、林业有关规划

B．能源、水利、交通、城市建设有关规划

C．自然资源开发有关规划

D．文化教育规划

3．《环境影响评价法》的立法目的是（　　）。(2006 年)

A．促进经济快速增长

B．为了实施可持续发展战略

C．促进经济、社会和环境的协调发展

D．预防因规划和建设项目实施后对环境造成不良影响

4．农业的有关专项规划应编制环境影响报告书的有（　　）。(2006 年)

A．设区的市级以上农业发展规划

B．设区的市级以上种植业发展规划

C．省级及设区的市级渔业发展规划

D．省级及设区的市级乡镇企业发展规划

5．国务院有关部门在组织编制有关全国交通指导性专项规划的过程中，编写的该规划有关环境影响的篇章内容应包括（　　）。(2006 年)

A．规划审批建议

B．对规划实施后可能造成的环境影响进行后评价

C．提出预防或减轻不良环境影响的对策和措施

D．对规划实施后可能造成的环境影响作出分析、预测评估

6．依据《环境影响评价法》，根据建设项目对环境的影响程度，对建设项目的环境影响评价实行分类管理，建设单位应当根据影响程度编制环境影响评价文件，包括（　　）。(2006 年)

A．环境影响报告书　　　　B．环境影响报告表

C．环境影响登记表　　D．有关环境影响的篇章或者说明

7．依据《环境影响评价法》，建设项目可能造成的跨行政区域的不良环境影响，有关环境保护行政主管部门对该项目的环境影响评价结论有争议的，其环境影响评价文件由（　　）审批。（2006 年）

A．共同的上一级行政主管部门　　B．共同的上一级环境保护行政主管部门

C．上一级环境保护行政主管部门　　D．上一级行业主管部门

8．依据《环境影响评价法》，专项规划环境影响报告书的内容应当包括（　　）。（2008 年）

A．环境影响评价的结论

B．规划实施后的跟踪评价及其改进措施

C．预防或者减轻不良环境影响的对策和措施

D．实施该规划对环境可能造成的影响分析、预测和评估

9．依据《环境影响评价法》，应当在编制过程中组织进行环境影响评价，编写有关环境影响的篇章或者说明的规划有（　　）。（2008 年）

A．土地利用的有关规划　　B．油（气）田总体开发方案

C．海域建设、开发利用的规划　　D．省级及设区的市级工业各行业规划

10．依据《环境影响评价法》，某下设两区的市级人民政府在审批该市的旅游区发展总体规划草案时，应当将该规划的（　　）作为决策的重要依据。（2009 年）

A．环境影响的说明　　B．环境影响的篇章

C．环境影响报告书结论　　D．环境影响报告书审查小组的审查意见

11．依据《环境影响评价法》，建设项目的环境影响报告书必须包括的内容有（　　）。（2009 年，2011 年）

A．环境影响评价结论　　B．环境风险影响评价

C．对建设项目实施环境监测的建议　　D．建设项目对环境影响的经济损益分析

E．建设项目环境保护措施及其技术、经济论证

12．依据《环境影响评价法》，建设项目环境影响评价文件经批准后，该项目的建设单位应当重新报批环境影响评价文件的情形有（　　）。（2011 年）

A．该项目采用的生产工艺发生重大变化

B．该项目的性质、规模、地点发生重大变化

C．该项目环境影响评价文件自批准之日起三年内未开工建设

D．该项目采用的防治污染、防止生态破坏的措施发生重大变化

13．根据《环境影响评价法》，应当编制环境影响报告书的规划包括（　　）。（2012 年）

A．地方铁路建设规划　　B．省级煤炭行业发展规划

C．设区的市级畜牧业发展规划　　D．设区的市级以上土地利用总体规划

14．根据《环评影响评价法》，关于环境影响后评价的规定，下列说法中，错误的有（　　）。（2013 年）

A．在项目建设过程中产生不符合经审批的环境影响评价文件的情形的，建设单位应当组织环境影响的后评价，采取改进措施

B．在项目运行过程中产生不符合经审批的环境影响评价文件的情形的，建设单位应当组织环境影响的后评价，采取改进措施

C．在项目关闭过程中产生不符合经审批的环境影响评价文件的情形的，建设单位应当组织环境的后评价，采取改进措施

D．在项目建设过程中产生不符合经审批的环境影响评价文件情形的，原环境影响评价文件审批部门可以责成建设单位进行环境影响的后评价，采取改进措施

15. 根据《环境影响评价法》应当组织环境影响后评价的情形包括（　　）。（2014 年）

A．某输油管线项目跨越两省区并存在重大环境风险

B．某化工厂环境影响评价文件经批准后，采用的生产工艺发生重大变动

C．某公路建设项目的选线发生较大变化，经由自然保护区实验区的长度有所增加

D．某电厂运行过程中锅炉除尘工艺发生变化，致使烟尘排放强度与环境影响预测情况相比有较大变化

参考答案

一、单项选择题

1．A　【解析】环境影响评价法规定“一地，三域，十个专项”的规划需要进行规划环评。“一地（土地），三域（区域、海域、流域）”编写该规划有关环境影响的篇章或者说明。

2．A

3．C　【解析】规划的环境影响评价的类型就是两种，一是报告书，二是篇章或说明。建设项目的环评文件是三种，一是报告书，二是报告表，三是登记表。

4．A　【解析】国务院有关部门、设区的市级以上地方人民政府及其有关部门，对其组织编制的工业、农业、畜牧业、林业、能源、水利、交通、城市建设、旅游、自然资源开发的有关专项规划（以下简称“专项规划”），应当在该专项规划草案上

报审批前，组织进行环境影响评价，并向审批该专项规划的机关提出环境影响报告书。

5．A　6．A

7．A　【解析】报送审批前进行公众参与才有意义。另外，征求有关单位、专家和公众的意见，是针对环境影响报告书草案的意见，不是对专项规划。国家规定需要保密的情形无需公众参与。

8．A　9．D

10．B　【解析】设区的市级以上人民政府在审批专项规划草案，作出决策前，应当先由人民政府指定的环境保护行政主管部门或者其他部门召集有关部门代表和专家组成审查小组，对环境影响报告书进行审查。

11．B

12．C　【解析】编制机关应当认真考虑有关单位、专家和公众对环境影响报告书草案的意见，并应当在报送审查的环境影响报告书中附具对意见采纳或者不采纳的说明。

13．D

14．C　【解析】一般货物仓储、煤气供应、长途客运站建设项目都是编写报告表。

15．D　【解析】跟踪评价是指规划实施后及时组织力量，对该规划实施后的环境影响及预防或减轻不良环境影响对策和措施的有效性进行调查、分析、评估，发现有明显环境不良影响的，及时提出并采取相应的改进措施。

16．B　【解析】审批人是该市人民政府，召集人也应该是该市人民政府。

17．A

18．B　【解析】举行论证会、听证会，征求有关单位、专家和公众意见的主持单位是建设单位，不是环评单位。但在实际操作过程中，环评单位有时会唱主角，是不合法的。

19．A

20．C　【解析】建设项目环境影响评价文件由建设单位呈报环保部门。

21．A　【解析】登记表是15日，报告表是30日，报告书是60日。环评法中的时间是工作日，不是自然日。

22．D　【解析】海岸工程建设项目的报批有点特别。根据《海洋法》，海岸工程建设项目的单位，必须在建设项目可行性研究阶段，对海洋环境进行科学调查，根据自然条件和社会条件，合理选址，编报环境影响报告书。环境影响报告书经海洋行政主管部门提出审核意见后，报环境保护行政主管部门审查批准。

23．C

24．C 【解析】建设项目是后评价，规划是跟踪评价。

25．D 26．C 27．C

28．B 【解析】组织实施环境影响跟踪评价的单位是规划的编制机关，不是其他单位。

29．B 30．B 31．B 32．D 33．D

34．D 【解析】环境影响评价既是一种方法又是一种制度。

35．A 【解析】环境影响评价的结论是为决策提供科学依据，因此需“客观、公开、公正”。

36．A 【解析】目前，所有级别的环评资质证书的申请都由环保部审查。

37．A

38．C 【解析】注意是“一并报送”。

39．C 【解析】审查小组的意见仅是咨询性质，不是决策的唯一依据，不采纳只需作出说明，同时要存档备查。

40．B

41．C 【解析】四个选项都跟水有关，其他三个选项都是编制环境影响报告书。

42．A 43．C 44．D 45．C 46．D 47．D

48．C 【解析】土地资源开发整理规划属专项规划。

49．B 50．A 51．D 52．B

53．B 【解析】行政处分包括警告、记过、记大过、降级、撤职、开除等种类。

54．D 55．A

56．C 【解析】选项A和B属重新报批的情形。选项D没有相应的规定。

57．D 58．B 59．D 60．A 61．B 62．B

63．B 【解析】涉及水土保持的建设项目，还必须有经水行政主管部门审查同意的水土保持方案。根据水土保持法，在山区、丘陵区、风沙区以及水土保持规划确定的容易发生水土流失的其他区域开办可能造成水土流失的生产建设项目，生产建设单位应当编制水土保持方案。

64．C 【解析】环境影响后评价文件不需要原环境影响评价文件审批部门再次审批，只需备案。

65．B 【解析】审批稿的公示由环境保护行政主管部门完成，不是由建设单位完成，目前是全本公示。

66．A 【解析】流域水电规划需做环境影响报告书。

67．C 68．B

69．A 【解析】首采工作面移动了位置，属于“建设项目的性质、规模、地点、采用的生产工艺或者防治污染、防止生态破坏的措施发生重大变动的，建设单位应当重新报批建设项目的环境影响评价文件”。

70．A 【解析】越权审批的文件是无效的。

71．B 72．C 73．C

74．A 【解析】涉及水利的有关专项规划都是编制环境影响报告书。水资源开发利用综合规划属水利的有关规划。

75．B 【解析】设区的市级以上跨流域调水规划属于水利的有关规划，需编制环境影响报告书。

76．B 【解析】综合性规划和指导性专项规划是编制环境影响篇章或者说明，不需要进行公众参与调查。

77．C 【解析】规划环境影响报告书结论以及审查意见仅能作为决策的重要依据，而不是主要依据。

78．D 【解析】选项 A 和 B 都是《规划环境影响评价条例》中关于规划环境影响的跟踪评价应当包含的内容。选项 D 的正确说法是：“对环境有重大影响的规划实施后，编制机关应当及时组织环境影响的跟踪评价，并将评价结果报告审批机关”。

79．B 80．A 81．C 82．D 83．B 84．D

二、不定项选择题

1．ABC 2．ABC 3．BCD

4．BCD 【解析】选项 A 是编制环境影响的篇章或说明。

5．CD 【解析】环境影响的篇章或说明没有“后评价”的概念。

6．ABC

7．B 【解析】为了公平，建设项目可能造成的跨行政区域的不良环境影响，审批部门选择哪个区域都不合适，其共同的上一级环境保护行政主管部门审批最合适。

8．ACD 9．AC

10．CD 【解析】设两区的市级人民政府在审批该市的旅游区发展总体规划应当编制环境影响报告书，报告书及审查小组的审查意见都应作为决策的重要依据。

11．ACDE 【解析】《环境影响评价法》对建设项目环境影响报告书的内容列了七条。在实际的环评报告书中不仅仅是七条内容，比如“环境风险评价”“清洁生产”“公众参与”都有相应的章节，从考试的角度来说，明确按法中的内容回答，则不能脱离法中的规定。

12．ABD　13．AC

14．C　【解析】在项目建设、运行过程中产生不符合经审批的环境影响评价文件的情形的，建设单位应当组织环境影响的后评价，采取改进措施，并报原环境影响评价文件审批部门和建设项目审批部门备案；原环境影响评价文件审批部门也可以责成建设单位进行环境影响的后评价，采取改进措施。

15．CD　【解析】在环评法中对于选项 A 没有明确规定，选项 B 属重新报批的情形。注意后评价的时间是："建设、运行过程中"，也就是说，只要建设项目经批准开工建设后，直至项目完工，进行正常运行的整个阶段，都可以进行环境影响后评价，而不仅仅局限在项目完成之后。

三、《建设项目环境保护分类管理名录》

一、单项选择题

1.《建设项目环境保护分类管理名录》对建设项目的环境保护实行分类管理的主要依据是建设项目（　　）。（2005 年）

A．类型　　B．对环境影响的程度

C．行业类别　　D．投资额

2．依据《建设项目环境影响报告表（试行）》，环境影响报告表可不含有（　　）的内容。（2007 年）

A．公众参与　　B．环境影响分析

C．建设项目工程分析　　D．环境影响评价结论与建议

3．依据《建设项目环境影响评价分类管理名录》，跨行业、复合型建设项目的环境影响评价类别确定的方法是（　　）。（2009 年）

A．按其中单项等级最高的确定

B．由省级环境保护行政主管部门确定

C．由国务院环境保护行政主管部门认定

D．按不同行业评价类别分别确定

4．对于《建设项目环境影响评价分类管理名录》未作规定的建设项目，下列说法中正确的是（　　）。（2009 年）

A．均应填报环境影响登记表

B．由省级环境保护行政主管部门确定环境影响评价类别，报国务院环境保护行政主管部门备案

C．由省级环境保护行政主管部门提出环境影响评价类别建议，报国务院环境保护行政主管部门认定

D．由省级环境保护行政主管部门提出环境影响评价类别建议，报省级人民政府批准后实施，并抄报国务院环境保护行政主管部门

5.《建设项目环境影响评价分类管理名录》中规定的跨行业、复合型建设项目的环境影响评价类别，应当按（　　）确定。（2010 年）

A．其中单项等级最高的类别

B．涉及行业的类别

C．省级环境保护行政主管部门认定的类别

D．国务院环境保护行政主管部门认定的类别

6．根据《建设项目环境影响评价分类管理名录》，确定建设项目环境影响评价类别的重要依据是（　　）。（2011 年）

A．建设项目的规模和性质

B．建设项目的行业类别及投资额

C．建设项目所处环境的敏感性质和敏感程度

D．建设项目所处区域的环境容量和环境承载能力

7．根据《建设项目环境影响评价分类管理名录》，该名录未作规定的建设项目，其环境影响评价类别（　　）。（2011 年）

A．由承担该项目环境影响评价的机构进行确定

B．由制定该名录的环境保护行政主管部门进行确定

C．由国务院环境保护行政主管部门进行确定

D．由省级环境保护行政主管部门提出建议，报国务院环境保护行政主管部门认定

8．根据《建设项目环境影响评价分类管理名录》，建设项目环境影响评价类别的规定，下列说法正确的是（　　）。（2014 年）

A．复合型建设项目应编制环境影响报告书

B．跨行政区域的建设项目应编制环境影响报告书

C．涉及环境敏感区的建设项目应编制环境影响报告书

D．跨行业建设项目，其环境影响评价类别按其中单项等级最高的确定

9．根据《建设项目环境影响评价分类管理名录》，未作规定的建设项目环境影响评价类别，应（　　）。（2014 年）

A．由建设项目报请具有审批权限的环境保护行政主管部门认定

B．由省级环境保护行政主管部门认定，报国务院环境保护行政主管部门备案

C．由省级环境保护行政主管部门提出建议，报国务院环境保护行政主管部门认定

D．由具有审批权限的环境保护行政主管部门提出建议，报国务院环境保护行政主管部门认定

10．根据《建设项目环境影响评价分类管理名录》，（　　）属于环境敏感区。（2014 年）

A．基本农田　　B．沙漠中的绿洲

C．生态保护小区　　D．水土流失重点防治区

11．根据《建设项目环境影响报告表（试行）》的内容及格式要求，下列说法中

正确的是（　　）。（2014 年）

A．环境影响报告表可由建设单位自行填报

B．环境影响报告表不需填报建设项目审批登记表

C．环境影响报告表可根据建设项目的特点和当地环境特征进行 1～3 项专项评价

D．环境影响报告表进行专项评价的，专项评价按照环境影响评价技术导则中的要求进行

二、不定项选择题

1．《建设项目环境影响评价分类管理名录》中，主要环境保护目标包括项目周围一定范围内的（　　）等。（2005 年）

A．集中居民住宅区　　B．学校、医院

C．风景名胜区　　D．工厂、矿山

E．水源地和生态敏感点

2．《建设项目环境影响报告表（试行）》的结论与建议必须（　　）。（2005 年）

A．给出本项目清洁生产、达标排放和总量控制的分析结论

B．确定污染防治措施的有效性

C．给出建设项目环境可行性的明确结论

D．提出减少环境影响的其他建议

3．《建设项目环境影响评价分类管理名录》所称环境敏感区包括（　　）。（2009 年）

A．珊瑚礁　　B．基本草原

C．生态功能保护区　　D．沙化土地封禁保护区

E．以行政办公为主要功能的区域

4．依据《建设项目环境影响报告表》内容及格式的有关要求，建设项目环境影响报告表的结论与建议应当包括的内容有（　　）。（2009 年）

A．环境管理机构及定员　　B．实施环境监测的建议

C．污染防治措施的有效性　　D．建设项目环境可行性的明确结论

E．项目达标排放和总量控制的分析结论

5．《建设项目环境影响评价分类管理目录》所称环境敏感区包括（　　）。（2012 年）

A．基本农田保护区

B．资源型缺水地区

C．水土流失重点防治区

D．以科研、行政办公为主要功能的区域

6.《建设项目环境影响报告表（试行）》要求填报的内容包括（　　）。（2013 年）

A．公参参与

B．环境影响分析

C．建设项目工程分析

D．建设项目所在地自然环境和社会环境概况

参考答案

一、单项选择题

1．B　2．A　3．A

4．C　【解析】《建设项目环境影响评价分类管理名录》未作规定的建设项目，其环境影响评价类别由省级环境保护行政主管部门根据建设项目的污染因子、生态影响因子特征及其所处环境的敏感性质和敏感程度提出建议，报国务院环境保护行政主管部门认定。

5．A　6．C　7．D

8．D　【解析】其他三个选项没有规定一定是编制环境影响报告书。跨行业、复合型建设项目，其环境影响评价类型按其中单项等级最高的确定。

9．C

10．D　【解析】基本农田保护区和基本农田有区别。

11．D　【解析】建设项目环境影响报告表必须由具有环境影响评价资质的单位填写。报告表需填报建设项目审批登记表。根据建设项目的特点和当地环境特征，可进行 1～2 项专项评价，专项评价按环境影响评价技术导则中的要求进行。

二、不定项选择题

1．ABCE　2．ABCD

3．BDE　【解析】《建设项目环境影响评价分类管理名录》列了三种类型的环境敏感区。第一种和第三种很容易记住，对于第二种类型，包含的内容较多，需多花点时间记忆。第二种类型的环境敏感区：基本农田保护区、基本草原、森林公园、地质公园、重要湿地、天然林、珍稀濒危野生动植物天然集中分布区、重要水生生物的自然产卵场及索饵场、越冬场和洄游通道、天然渔场、资源型缺水地区、水土流失重点防治区、沙化土地封禁保护区、封闭及半封闭海域、富营养化水域。

4．CDE　【解析】有实际工作经验的考生对这类题无需死记硬背。

5．ABCD　6．BCD

四、《建设项目环境保护管理条例》

一、单项选择题

1．依据《建设项目环境保护管理条例》，对于不需要进行可行性研究的建设项目，建设单位报批建设项目环境影响评价文件的时间应当是（　　）。（2007 年）

A．建设项目开工后　　B．建设项目开工前

C．建设项目竣工前　　D．建设项目竣工后

2．依据《建设项目环境保护管理条例》，需进行试生产的项目，建设单位应在规定的时限内申请环境保护验收，下列符合规定的是自试生产之日（　　）。（2007 年）

A．1 年内　　B．2 年内

C．3 个月内　　D．6 个月内

3．某建设项目投入试生产已 2 年，但一直未申请竣工环境保护验收。依据《建设项目环境保护管理条例》，环境保护行政主管部门应该对其作出的处理决定是（　　）。（2010 年）

A．责令停止试生产

B．对直接责任人给予行政处分

C．责令限期办理环境保护验收手续

D．限期拆除排放污染物的生产设施

4．根据《建设项目环境保护管理条例》，经有审批权的环境保护行政主管部门同意，某高速公路建设单位可以在（　　）报批环境影响报告书。（2010 年）

A．可行性研究阶段　　B．初步设计完成前

C．开工报告批复前　　D．行业主管部门预审后

5．某建设项目竣工后，需要进行试生产。根据《建设项目环境保护管理条例》，建设单位应当自建设项目投入试生产之日起（　　）个月内，向审批该建设项目环境影响文件的环境保护行政主管部门，申请该建设项目需要配套建设的环境保护设施竣工验收。

A．1　　B．3

C. 6　　D. 12

6. 根据《建设项目环境保护管理条例》，建设项目试生产期间，（　）应当对环境保护设施运行情况和建设项目对环境的影响进行监测。（2010 年）

A. 设计单位　　B. 建设单位

C. 环境监理机构　　D. 环境监测机构

7. 某铁合金厂试生产已超过规定期限，尚未申请竣工环境保护验收，且未按环境保护行政主管部门要求在限期内补办验收手续。根据《建设项目环境保护管理条例》，应当由审批该项目环境影响报告书的环境保护行政主管部门（　）。（2013 年）

A. 责令停止试生产，并可处 10 万元罚款

B. 责令停止生产，并可处 5 万元罚款

C. 责令其限期办理环境保护设施竣工验收手续

D. 责令其限期改正，并限期办理环境保护设施竣工验收手续

8. 某甲醇厂配套建设的低温甲醇洗废气净化设施验收不合格，即正式投入生产。根据《建设项目环境保护管理条例》，应当由（　）。（2013 年）

A. 该项目所在地区的环境保护行政主管部门责令其限期改正

B. 审批该项目环境影响报告书的环境保护行政主管部门责令其限期改正

C. 该项目所在地区的环境保护行政主管部门责令其限期改正，并可处 5 万元以下的罚款

D. 审批该项目环境影响报告书的环境保护行政主管部门责令其限期改正，并可处 10 万元以下的罚款

9. 某建设项目主体工程已正式投产，需要配套建设的环境保护设施验收不合格。根据《建设项目环境保护管理条例》，审批该项目环境影响报告书的环境保护行政主管部门，应对其进行的处罚是（　）。（2014 年）

A. 责令限期改正，并处以 5 万元以下的罚款

B. 责令限期改正，并处以 10 万元以下的罚款

C. 责令停止生产或使用，可以处 5 万元以下的罚款

D. 责令停止生产或使用，可以处 10 万元以下的罚款

二、不定项选择题

1. 依据《建设项目环境保护管理条例》，建设项目配套建设的环境保护设施，必须与主体工程（　）。（2006 年）

A. 同时施工　　B. 同时设计

C. 分阶段施工　　D. 分阶段验收

E. 同时投产使用

2. 依据《建设项目环境保护管理条例》，建设项目的初步设计，应当按照环境保护设计规范的要求，编制环境保护篇章，并依据经批准的环境影响评价文件，在环境保护篇章中提出（　　）。（2006年）

A. 后评价计划　　B. 防治环境污染的措施

C. 防治生态破坏的措施　　D. 环境保护设施投资概算

3. 依据《建设项目环境保护管理条例》，建设项目的初步设计，应当按照环境保护设计规范的要求，编制环境保护篇章，并依据经批准的建设项目环境影响报告书或报告表，在环境保护篇章中落实（　　）。（2007年）

A. 防治环境污染的措施　　B. 防治生态破坏的措施

C. 环境保护设施的购置计划　　D. 环境保护设施的投资概算

4. 依据《建设项目环境保护管理条例》，区域性开发在编制建设规划时，应当进行环境影响评价的有（　　）。（2007年）

A. 流域开发　　B. 开发区建设

C. 城市新区建设　　D. 城市旧区改建

5. 依据《建设项目环境保护管理条例》及《建设项目竣工环境保护验收管理办法》，关于建设项目试生产环境保护的有关规定说法正确的有（　　）。（2008年）

A. 建设单位提出试生产申请后即可进行试生产

B. 试生产期间，建设单位应对建设项目对环境的影响进行监测

C. 由国务院环境保护行政主管部门审批环境影响报告书的非核设施建设项目，应由国务院环境保护行政主管部门负责受理试生产申请

D. 环境保护行政主管部门应自接到试生产申请之日起30日内，作出审查决定

6. 根据《建设项目环境保护管理条例》及《建设项目竣工环境保护验收管理办法》，关于环境保护验收时限的规定，下列说法中，正确的包括（　　）。（2013年）

A. 建设项目竣工环境保护验收，应当与主体工程验收同时进行

B. 环境保护行政主管部门应当自收到环境保护设施竣工验收申请之日起60日内，完成验收

C. 对环境保护行政主管部门批复验收申请规定时限要求，便于建设单位对环境保护行政主管部门的监督

D. 建设项目竣工环境保护验收的时限要求，包括建设单位提出环境保护竣工验收申请的时限要求和环境保护行政主管部门行政审批的时限要求

参考答案

一、单项选择题

1．B 2．C 3．C

4．B 【解析】铁路、交通等建设项目，经有审批权的环境保护行政主管部门同意，可以在初步设计完成前报批环境影响报告书或者环境影响报告表。

5．B 6．B

7．B 【解析】逾期未办理验收手续的，责令停止试生产，可以处5万元以下的罚款。

8．D 【解析】环保设施验收不合格，即正式投入生产，则应由审批该项目环境影响报告书的环境保护行政主管部门责令停止生产或者使用，可以处10万元以下的罚款。

9．D

二、不定项选择题

1．ABE

2．BCD 【解析】建设项目的初步设计，应当按照环境保护设计规范的要求，编制环境保护篇章，并依据经批准的建设项目环境影响报告书或者环境影响报告表，在环境保护篇章中落实防治环境污染和生态破坏的措施以及环境保护设施的投资概算。

3．ABD

4．ABCD 【解析】第三十一条 流域开发、开发区建设、城市新区建设和旧区改建等区域性开发，编制建设规划时，应当进行环境影响评价。

5．BD 【解析】选项A的正确说法是：试生产申请经环境保护行政主管部门同意后，建设单位方可进行试生产。选项C的正确说法是：对国务院环境保护行政主管部门审批环境影响报告书（表）或环境影响登记表的非核设施建设项目，由建设项目所在地省、自治区、直辖市人民政府环境保护行政主管部门负责受理其试生产申请，并将其审查决定报送国务院环境保护行政主管部门备案。

6．ACD 【解析】选项B的时间应该是30 日内。

五、《规划环境影响评价条例》

一、单项选择题

1．依据《规划环境影响评价条例》，规划的环境影响篇章应当包括的内容是（　　）。(2010年)

A．规划概述　　B．规划草案的调整建议

C．资源环境承载能力分析　　D．规划草案的环境合理性和可行性

2．依据《规划环境影响评价条例》，专项规划在规划草案报送审批前，该规划环境影响报告书征求公众意见的主体应当是（　　）。(2010年)

A．规划编制机关　　B．规划审批机关

C．环境保护行政主管部门　　D．规划环境影响评价技术机构

3．某省人民政府拟报送一流域水电规划草案。依据《环境影响评价法》和《规划环境影响评价条例》，该省人民政府在报送此规划草案时，应当（　　）。(2010年)

A．将环境影响报告书一并附送规划审批机关审查

B．只将审查小组对环境影响报告书的审查意见一并附送规划审批机关审查

C．将环境影响篇章或说明作为规划草案的组成部分报送规划审批机关审查

D．只将有关单位、专家和公众对环境影响报告书的意见一并附送规划审批机关审查

4．审查小组在审查某省的跨流域调水规划环境影响报告书时，发现其中没有就跨流域调水对生态系统的影响进行评价。依据《规划环境影响评价条例》，审查小组提出的审查意见应当是（　　）。(2010年，2011年)

A．对环境影响报告书进行修改并重新审查

B．对环境影响报告书进行修改并重新征求公众意见

C．对环境影响报告书进行修改并与规划草案一起报送规划审批机关审查

D．对环境影响报告书进行修改并报环境保护主管部门审批

5．依据《规划环境影响评价条例》，规划编制机关进行规划环境影响跟踪评价后应当（　　）。(2010年)

A．及时组织论证，并对规划进行修订

B．对评价结果作出书面说明，并存档备查

C．将评价结果报告环境保护部门，并通报审批机关

D．将评价结果报告规划审批机关，并通报环境保护等有关部门

6．某省会城市的总体规划实施后造成了重大环境影响，该市人民政府及时组织开展了该规划的环境影响跟踪评价。依据《规划环境影响评价条例》及《城乡规划法》，该市人民政府应将评价结果报告（　　）。（2010 年）

A．国务院　　B．省人民政府

C．国务院城乡规划主管部门　　D．省环境保护行政主管部门

7．依据《规划环境影响评价条例》，对已经批准的规划需要重新或者补充进行环境影响评价的情况是（　　）。（2010 年）

A．规划的实施范围发生重大调整

B．规划实施后对环境有重大影响

C．规划批准后公众提出反对意见

D．规划批准后环境保护主管部门提出新要求

8．依据环境保护部环发[2009]96 号文“关于学习贯彻《规划环境影响评价条例》加强规划环境影响评价工作的通知”，矿产资源开发规划环境影响评价的落脚点是保障矿产资源开发区域的（　　）。（2010 年）

A．经济发展　　B．生态服务功能

C．环境质量的改善　　D．总量控制指标的落实

9．依据《规划环境影响评价条例》，环境保护主管部门发现某规划实施过程中产生重大不良环境影响时，应当（　　）。（2011 年）

A．及时对该规划的环境影响进行核查

B．及时组织该规划环境影响的跟踪评价

C．要求重新编制该规划的环境影响报告书

D．取消编制该规划环境影响报告书的技术机构的资质

10．依据“关于学习贯彻《规划环境影响评价条例》加强规划环境影响评价工作的通知”，强化矿产资源开发规划环评实效性的落脚点是（　　）。（2011 年）

A．保障资源开发区域的社会稳定

B．保障资源开发区域的经济发展

C．保障资源开发区域的生态服务功能

D．保障资源开发区域节能减排目标的实现

11．某设区的市级人民政府组织某环境影响评价技术机构编制了该市《农业发展规划》的环境影响篇章，并作为该规划草案的组成部分一并报送规划审批机关。

根据《规划环境影响评价条例》，应当对该环境影响评价文件质量负责的是（　　）。（2012 年）

A．该市人民政府

B．规划审批机关

C．该市的农业主管部门

D．承担编制环境影响评价文件的环境影响评价技术机构

12．根据《规划环境影响评价条例》，审查小组提出不予通过环境影响报告书意见的情形是（　　）。（2012 年）

A．评价方法选择不当的

B．环境影响评价结论不明确，不合理或错误的

C．预防或者减轻不良环境影响的对策和措施存在严重缺陷的

D．依据现有知识水平和技术条件，对规划实施可能产生的不良环境影响的程度或者范围不能作出科学判断的

13．某设区的市级人民政府审批该市化工行业发展规划草案时，决定不采纳该规划环境影响报告书审查意见。根据《规划环境影响评价条例》，该市人民政府应当（　　）。（2012 年）

A．逐项就不予采纳的理由作出书面说明，并存档备查

B．要求审查小组重新审查环境影响报告书，并提出书面审查意见

C．要求承担规划环境影响评价的技术机构重新编制环境影响报告书

D．就不予采纳的理由逐项作出书面说明，并对该规划提出重新审查的要求

14．环境保护行政主管部门发现某规划实施过程中产生了重大不良环境影响。根据《规划环境影响评价条例》，该环境保护行政主管部门应当（　　）。（2012 年）

A．及时进行核查

B．及时提出改进措施

C．责令规划编制机关调整规划

D．责令环评机构重新编制环境影响报告书

15．根据《规划环境影响评价条例》，对规划进行环境影响评价，应当遵守的有关标准、技术规范和技术导则不包括（　　）。（2013 年）

A．环境保护标准　　B．规划编制技术规范

C．环境影响评价技术规范　　D．环境影响评价技术导则

16．根据《规划环境影响评价条例》，对规划进行环境影响评价，应当分析、预测和评估的内容不包括（　　）。（2013 年）

A．规划实施的当前利益与长远利益之间的关系

B．规划实施可能对相关区域生态系统产生的整体影响

C．规划实施可能对相关区域内重点保护野生物种的影响

D．规划实施的经济效益、社会效益和环境效益之间的关系

17．某设区的城市编制矿产资源勘察规划。根据《规划环境影响评价条例》和进行环境影响评价的规划具体范围的规定，该规划的环境影响评价文件内容不包括（　　）。（2013 年）

A．规划草案的调整建议

B．资源环境承载能力分析

C．与相关规划的环境协调性分析

D．预防或减轻不良环境影响的对策和措施

18．根据《规划环境影响评价条例》，专项规划环境影响报告书审查意见的内容不包括（　　）。（2013 年）

A．环境影响分析预测和评估的可靠性

B．环境影响评价工作等级和评价范围的适当性

C．公众意见采纳与不采纳情况及其理由说明的合理性

D．预防或减轻不良环境影响的对策和措施的合理性和有效性

19．根据《规划环境影响评价条例》和有关文件，关于规划环评与项目环评联动机制的要求，下列说法中错误的是（　　）。（2013 年）

A．未进行环境影响的规划所包含建设项目，不予受理其环境影响评价文件

B．规划环境影响评价结论应当作为规划所包括建设项目环境影响评价的重要依据

C．已经批准的规划进行修订的，应当重新进行环境影响评价，未开展环境影响评价的，不予受理规划中建设项目的环境影响评价文件

D．规划包括的建设项目环境影响评价内容可以适当简化，简化的具体内容及需要进一步深入评价的内容都应在审查意见中明确

20．根据《规划环境影响评价条例》，规划的环境影响评价应当分析、预测和评估的内容不包括（　　）。（2014 年）

A．规划实施可能对环境和人群健康产生的影响

B．规划实施的当前利益与长远利益之间的关系

C．规划实施的经济效益、社会效益与环境效益之间的关系

D．规划实施对相关区域、流域、海域生态系统产生的整体影响

21．根据《规划环境影响评价条例》，（　　）应对规划环境影响评价文件的质量负责。（2014 年）

A．规划编制机关

B．规划审批机关

C．规划环境影响评价技术机构

D．规划环境影响评价审查机构

22．根据《规划环境影响评价条例》，审查小组提出对专项规划的环境影响报告书进行修改并重新审查意见的情形不包括（　　）。（2014 年）

A．评价方法选择不当的

B．内容存在重大缺陷或者遗漏的

C．环境影响评价结论不明确、不合理或者错误的

D．规划实施可能造成重大不良影响，并且无法提出切实可行的预防或者减轻对策和措施的

23．根据《规划环境影响评价条例》，对环境有重大影响的规划实施后，（　　）应当及时组织规划环境影响跟踪评价。（2014 年）

A．规划编制机关　　　　B．规划审批机关

C．环境保护行政主管部门　　　　D．环境影响评价技术机构

24．某环境影响评价技术机构开展专项规划环境影响评价时弄虚作假，造成环境影响报告文件严重失实。根据《规划环境影响评价条例》，由国务院环境保护行政主管部门对该环境影响评价技术机构予以（　　），处所收费用 1 倍以上 3 倍以下的罚款；构成犯罪的，依法追究刑事责任。（2014 年）

A．警告　　　　B．通报

C．责令限期整改　　　　D．缩减评价范围

二、不定项选择题

1．依据《规划环境影响评价条例》，规划环境影响评价技术机构因失职行为造成环境影响评价文件严重失实的，视情节可处所收费用（　　）倍的罚款。（2010 年）

A．1　　　　B．2

C．3　　　　D．5

2．依据《规划环境影响评价条例》，关于环境影响评价文件质量责任主体的有关规定，下列说法中正确的有（　　）。（2011 年）

A．规划编制机关编制环境影响评价文件，并对其质量负责

B．环境影响评价技术机构对其编制的环境影响评价文件质量负责

C．规划编制机关会同环境保护主管部门编制环境影响评价文件，并共同对其质量负责

D．规划编制机关组织规划环境影响评价技术机构编制环境影响评价文件，并对其质量负责

3．依据《规划环境影响评价条例》，符合公众参与有关规定的有（　　）。（2011年）

A．规划编制机关应当就规划的环境影响报告书公开征求意见

B．规划编制机关应当就规划的环境影响篇章或说明公开征求意见

C．规划编制机关应当就涉及公众环境权益的专项规划公开征求意见

D．规划环境影响评价技术机构应当就其编制的规划环境影响报告书公开征求意见

4．依据《规划环境影响评价条例》，审查小组提出的对规划环境影响报告书的审查意见应当包括（　　）。（2011年）

A．评价方法的适当性　　B．基础资料、数据的真实性

C．环境影响评价结论的科学性　　D．环境影响经济损益分析的合理性

5．依据《规划环境影响评价条例》，审查小组提出不予通过环境影响报告书的情形包括（　　）。（2011年）

A．对不良环境影响的分析、预测和评估不准确、不深入，需要进一步论证的

B．规划实施可能造成重大不良环境影，并且无法提出切实可行的预防或者减轻对策和措施的

C．报告书未附具对公众意见采纳与不采纳情况及其理由的说明，或者不采纳公众意见的理由明显不合理的

D．依据现有知识水平和技术条件，对规划实施可能产生的不良环境影响的程度或者范围不能作出科学判断的

6．依据《规划环境影响评价条例》，规划环境影响跟踪评价的内容应当包括（　　）。（2011年）

A．跟踪评价的结论

B．对规划提出的修订建议

C．公众对规划实施产生的环境影响的意见

D．规划实施中采取的预防不良环境影响的措施有效性的分析和评估

7．依据《规划环境影响评价条例》，规划编制机关在组织环境影响评价时失职，造成环境影响评价严重失实的，由上级机关或监察机关（　　）。（2011年）

A．对规划编制机关处以罚款

B．对规划编制机关予以通报批评

C．对直接负责的主管人员，给予口头批评

D．对直接负责的主管人员，依法给予处分

8．依据《规划环境影响评价条例》及其配套的规范性文件，对规划包含的建设项目环境影响评价文件不予受理的情形包括（　　）。（2011年）

A. 规划未进行环境影响评价

B. 规划内的建设项目，其环境影响评价文件的内容未进行简化

C. 规划已批准，但规划的布局发生重大调整后未重新或者补充进行环境影响评价

D. 规划已批准，但规划的总规模发生重大调整后未重新或者补充进行环境影响评价

9. 根据《规划环境影响评价条例》，规划的环境影响篇章或说明应当包括（　　）。（2012 年）

A. 资源环境承载能力分析

B. 不良环境影响的分析和预测

C. 与相关规划的环境协调性分析

D. 预防或减轻不良环境影响的对策和措施

10. 根据《规划环境影响评价条例》，审查小组对规划环境影响报告书提出的审查意见内容应当包括（　　）。（2012 年）

A. 评价方法的适当性

B. 基础资料、数据的真实性

C. 资源环境承载能力的可接受性

D. 环境影响分析、预测和评估的可靠性

11. 根据《关于学习贯彻〈规划环境影响评价条例〉加强规划环境影响评价工作的通知》，推进重点区域规划环境影响评价的有关要求包括（　　）。（2012 年）

A. 认真做好交通及重要基础设施规划环评，把规划布局作为切入点

B. 不断强化矿产资源开发规划环评的实效性，把保障资源开发区域的生态服务功能作为落脚点

C. 切实加强区域、流域、海域规划环评，把区域、流域、海域生态系统的整体性、长期性环境影响作为评价的关键点

D. 努力推进城市规划环评，把规划环评早期介入城市总体规划及有关建设规划编制作为提高规划环评质量的着力点

12. 根据《规划环评影响评价条例》，审查小组提出对规划环境影响报告书进行修改并重新审查的情形有（　　）。（2013 年）

A. 基础资料、数据失实的

B. 环境影响评价结论不明确、不合理或错误的

C. 预防不良环境影响的对策和措施存在严重缺陷的

D. 依据现有知识水平和技术条件，对规划实施的不良环境影响的程度或范围不能作出科学判断的（提出不予通过）

13．根据《关于学习贯彻〈规划环境影响评价条例〉加强规划环境影响评价工作的通知》，推进重点区域规划环评的要求包括（　　）。（2013 年）

A．把区域、流域、海域生态系统的整体性、长期性环境影响作为评价的关键点

B．认真做好交通及重要基础设施规划环评，把协调好规划布局与重要生态环境敏感区的关系作为着力点

C．将区域产业规划环评作为受理审批区域内高耗能项目环评文件的前提，避免产能过剩、重复建设引发新的区域性环境问题

D．严格规范各类开发区及工业园区规划环评，把园区布局、产业结构和重要环保基础设施建设方案的环境合理性作为评价工作的重中之重

14．根据《规划环境影响评价条例》，地方铁路建设规划环境影响评价文件的主要内容包括（　　）。（2014 年）

A．环境影响评价结论

B．预防或者减轻不良环境影响的对策和措施

C．规划实施对环境可能造成影响的分析、预测和评估

D．对公众提出的意见采纳或者不采纳情况及其理由的说明

15．根据《规划环境影响评价条例》，专项规划环境影响报告书审查意见包括（　　）。（2014 年）

A．评价方法的适当性

B．评价标准的合理性

C．评价重点确定的准确性

D．环境影响分析、预测和评估的可靠性

16．根据《关于学习贯彻〈规划环境影响评价条例〉加强规划环境影响评价工作的通知》，推进重点领域规划环境影响评价的要求不包括（　　）。（2014 年）

A．进一步加强对钢铁、水泥等产能过剩行业规划的环境影响评价

B．认真做好交通及重要基础设施规划评价，把协调好规划布局与重要生态环境敏感区的关系作为着力点

C．将区域产业规划环评作为受理审批区城内高风险项目环评文件的前提，避免产能过剩、重复建设引发的区域性环境问题

D．努力提高城市规划评价质量，把规划环评早期介入城市总体规划及有关建设规划编制，实现与规划的全过程互动作为切入点

17．根据《关于学习贯彻〈规划环境影响评价条例〉加强规划环境影响评价工作的通知》，严格规范各类开发区及工业园区规划环评，把（　　）的环境合理性作为评价工作中的重中之重。（2014 年）

A．园区布局　　B．产业结构

C．资源利用　　D．重要环保基础设施建设方案

参考答案

一、单项选择题

1．C 【解析】环境影响篇章或者说明应当包括下列内容：（1）规划实施对环境可能造成影响的分析、预测和评估。主要包括资源环境承载能力分析、不良环境影响的分析和预测以及与相关规划的环境协调性分析。（2）预防或者减轻不良环境影响的对策和措施。主要包括预防或者减轻不良环境影响的政策、管理或者技术等措施。

2．A 【解析】流域水电规划需作环境影响报告书。

3．A 【解析】从题中可知，属内容存在其他重大缺陷或者遗漏的，应对环境影响报告书进行修改并重新审查。

4．A 5．D

6．A 【解析】据城乡规划法，省、自治区人民政府所在地的城市以及国务院确定的城市总体规划，由省、自治区人民政府审查同意后，报国务院审批。因此，该市人民政府应将评价结果报告国务院。

7．A 8．B 9．B 10．C

11．A 【解析】规划编制机关应当对环境影响评价文件的质量负责。

12．D 【解析】审查小组提出不予通过环境影响报告书意见的情形之二是：规划实施可能造成重大不良环境影响，并且无法提出切实可行的预防或者减轻对策和措施的。

13．A

14．A 【解析】环境保护主管部门发现规划实施过程中产生重大不良环境影响的，应当及时进行核查。经核查属实的，向规划审批机关提出采取改进措施或者修订规划的建议。

15．B 16．C

17．A 【解析】某设区的城市编制矿产资源勘察规划应当编制环境影响篇章或者说明。

18．B 19．C

20．A 【解析】选项 A 太微观。

21．A

22．D 【解析】选项 D 属审查小组应当提出不予通过环境影响报告书的情形。

23．A 24．B

二、不定项选择题

1．ABC 【解析】规划环境影响评价技术机构弄虚作假或者有失职行为，造成环境影响评价文件严重失实的，由国务院环境保护主管部门予以通报，处所收费用 1 倍以上 3 倍以下的罚款。

2．A

3．AC 【解析】环境影响篇章或说明无需进行公众参与。公参的主体是规划编制机关，不是规划环境影响评价技术机构。

4．ABC 【解析】经济损益分析是建设项目环境影响报告书中的内容。

5．BD 6．ACD

7．D 【解析】规划编制机关在组织环境影响评价时弄虚作假或者有失职行为，造成环境影响评价严重失实的，对直接负责的主管人员和其他直接责任人员，依法给予处分。

8．ACD 【解析】已经批准的规划在实施范围、适用期限、规模、结构和布局等方面进行重大调整或者修订的，应当重新或者补充进行环境影响评价，未开展环评的，不予受理其规划中建设项目的环境影响评价文件。

9．ABCD 10．ABD

11．BCD 【解析】选项 A 的正确说法是：认真做好交通及重要基础设施规划环评，把协调好规划布局与重要生态环境敏感区的关系作为着力点。

12．ABC 【解析】选项 D 是不予通过的情形。

13．ABCD 14．ABC

15．AD

16．C 【解析】选项 C 的正确说法是：将区域产业规划环评作为受理审批区域内高耗能项目环评文件的前提，避免产能过剩、重复建设引发新的区域性环境问题。

17．ABD 【解析】环发[2009]96 号中明确提出，严格规范各类开发区的规划环评，把园区布局、产业结构和重要环保基础设施建设方案的环境合理性作为重中之重。

六、《建设项目环境影响评价资质管理办法》

一、单项选择题

1．依据《建设项目环境影响评价资质管理办法》，适用特殊项目环境影响报告表的评价范围是（　　）类项目。（2006 年）

A．海洋工程　　B．冶金机电

C．化工石化医药　　D．输变电及广电通讯、核工业

2．依据《建设项目环境影响评价资质管理办法》，以下不符合甲级环境影响评价机构条件的是（　　）。（2006 年）

A．具备 20 名以上的专职技术人员

B．具有健全的环境影响评价工作质量保证体系

C．在中华人民共和国境内登记的各类所有制企业或事业法人

D．近三年主持过 2 项省级以上环境行政主管部门负责审批的环境影响报告书

3．依照《建设项目环境影响评价资质管理办法》，依法取得的《建设项目环境影响评价资质证书》有效期为（　　）。（2007 年）

A．3 年　　B．4 年

C．5 年　　D．6 年

4．依据《建设项目环境影响评价资质管理办法》，不得申请环境影响评价资质的单位是（　　）。（2009 年）

A．某水运工程设计院　　B．某环境设备开发公司

C．某铁路局环境监测站　　D．某环境保护科学研究所

5．某单位拟申请乙级评价资质，评价范围为一般项目环境影响报告表，依据《建设项目环境影响评价资质管理办法》，该单位的环境影响评价专职技术人员至少为（　　）名。（2009 年）

A．6　　B．8

C．10　　D．12

6．某评价机构在评价工作中弄虚作假，致使环境影响评价文件失实。依据《建设项目环境影响评价资质管理办法》，该评价机构应当受到的处罚是（　　）。（2009

年）

A．通报批评

B．缩减评价范围

C．责令限期整改 3 个月

D．吊销资质证书并处所收费用 2 倍罚款

7．依据建设项目环境影响评价资质管理的相关规定，下列说法中正确的是（　　）。（2010 年）

A．建设单位可在环境保护主管部门指导下选择评价机构

B．环境影响登记表应由具有相应评价资质的机构编制

C．承接环境影响评价业务时，评价机构或其分支机构应与建设单位签订书面委托协议

D．两个或两个以上评价机构合作编制环境影响评价文件，就由主持机构的环境影响评价工程师作为项目负责人

8．某甲级评价机构，具备轻工纺织化纤类乙级环境影响报告书评价范围。依据《建设项目环境影响评价资质管理办法》和相关规定，该评价机构不能编制（　　）。（2010 年）

A．地级市环境保护主管部门负责审批的造纸项目环境影响报告

B．省级环境保护主管部门负责审批的印染厂建设项目环境影响报告书

C．环境保护部负责审批的林纸一体化建设项目环境影响报告

D．省级环境保护主管部门负责审批的服装加工厂项目环境影响报告表

9．依据《建设项目环境影响评阶资质管理办法》，在抽查、考核评价机构过程中，环境保护部可根据抽查、考核结果给予评价机构降低资质等级处罚的情形是评价机构（　　）。（2010 年）

A．存在出租、出借资质证书的行为

B．达不到规定的业绩要求

C．超越评价范围提供环境影响评价技术服务

D．编制的环境影响评价文件的评价结论不明确

10．依据《建设项目环境影响评价资质管理办法》，资质证书规定的评价范围类别为冶金机电（甲级）、建材火电（乙级）及一般项目环境影响报告表的甲级评价机构，可以编制（　　）。（2011 年）

A．石化项目环境影响报告书　　B．输变电工程环境影响报告表

C．核工业工程环境影响报告表　　D．房地产开发项目环境影响报告表

11．依据《建设项目环境影响评价资质管理办法》，关于对乙级评价机构进行业绩考核的要求，下列说法中正确的是（　　）。（2011 年）

A．每年应主持编制完成至少 5 项环境影响报告书或环境影响报告表

B．每年应主持编制完成至少 3 项环境影响报告书或环境影响报告表

C．资质证书有效期内主持编制完成至少 5 项环境影响报告书或环境影响报告表

D．资质证书有效期内主持编制完成至少 3 项环境影响报告书或环境影响报告表

12．依据《建设项目环境影响评价资质管理办法》，在抽查、考核评价机构过程中，评价机构因（　　），可能受到警告、通报批评、责令限期整改、缩减评价范围或降低资质等级的处罚。（2011 年）

A．达不到规定的业绩要求

B．存在出租、出借资质证书的行为

C．主持编制的环境影响评价文件质量较差

D．超越评价范围提供环境影响评价技术服务

13．根据《建设项目环境影响评价资质管理办法》，（　　）应当对环境影响评价结论负责。（2012 年）

A．建设单位　　　　B．评价机构

C．评估机构　　　　D．审批机关

14．根据《建设项目环境影响评价资质管理办法》，建设项目环境影响评价资质中的环境影响报告书的评价范围划分为（　　）。（2013 年）

A．11 类　　　　B．12 类

C．13 类　　　　D．16 类

15．根据《建设项目环境影响评价资质管理办法》和有关文件，（　　）属于甲级评价机构应当具备的条件之一。（2013 年）

A．具有健全的环境影响评价市场营销体系

B．近 3 年内主持编制过至少 5 项省级以上环境保护行政主管部门负责审批的环境影响评价文件

C．具备 20 名以上环境影响评价专职技术人员，其中至少有 12 名登记于该机构的环境影响评价工程师

D．甲级环境影响报告书评价范围内的每个类别应当配备至少 3 名登记于该机构的相应类别的环境影响评价工程师，且至少 2 人主持编制过相应类别省级以上环境保护行政主管部门审批的环境影响报告

16．根据《建设项目环境影响评价资质管理办法》，下列说法中正确的是（　　）。（2013 年）

A．各级环境保护行政主管部门对本辖区内评价机构负有日常监督检查的职责

B．各级环境保护行政主管部门在日常监督检查或考核中发现评价机构不符合相应资质条件的，应及时进行处罚

C. 各级环境保护行政主管部门应当加强对评价机构的业务指导，并结合环境影响评价文件审批，对评价机构的环境影响评价工作质量进行日常考核

D. 各级环境保护行政主管部门可组织对本辖区内评价机构的资质条件、环境影响评价工作质量和是否存在违法违规行为等进行定期考核

17. 根据《建设项目环境影响评价资质管理办法》，（　　）属于建设项目环境影响评价资质的环境影响评价报告书评价范围类别。（2014 年）

A. 油气开采　　B. 农林牧渔

C. 冶金机电　　D. 海岸工程

18. 根据《建设项目环境影响评价资质管理办法》，下列说法中错误的是（　　）。（2014 年）

A. 评价机构所主持编制的环境影响报告书的各章节应当由本机构的环境影响评价专职技术人员主持

B. 评价机构所主持编制的环境影响报告书的各专题应当由本机构的环境影响评价专职技术人员主持

C. 评价机构所主持编制的环境影响报告书须由登记于该机构的相应类别的环境影响评价工程师主持

D. 评价机构所主持编制的环境影响报告表须由登记于该机构的相应类别的环境影响评价工程师主持

19. 根据《建设项目环境影响评价资质管理办法》，环境影响评价机构受到取消评价资质处罚的情形不包括（　　）。（2014 年）

A. 出借资质证书的

B. 以欺骗、贿赂等不正当手段取得评价资质的

C. 超越评价范围提供环境影响评价技术服务的

D. 乙级评价机构在资质证书有效期内主持编制的环境影响评价报告书或环境影响评价报告表不少于 5 项的

二、不定项选择题

1. 根据《建设项目环境影响评价资格证书管理办法》，对（　　）的评价单位，可以责其进行 3 个月以上，12 个月以下的限期改正。（2005 年）

A. 无正当理由不履行评价合同

B. 变相转包评价工作或承接的项目与评价证书业务范围不一致

C. 环境影响报告书质量差

D. 在环境影响评价中编造数据、弄虚作假

2．依据《建设项目环境影响评价资格证书管理办法》，国家环保总局对（　　）评价单位，吊销其评价证书。(2005 年)

A．转借评价证书的

B．因评价结论错误造成严重环境污染后果和经济损失的

C．无正当理由不履行合同的

D．超过国家规定的收费标准收费的

3．国家环境保护总局取消或注销环境影响评价机构评价资质的情形有（　　）。(2006 年)

A．法人资格终止的

B．涂改资质证书的

C．资质证书有效期满未申请延续的

D．超越评价资质等级、评价范围提供环境影响评价服务的

4．依据《建设项目环境影响评价资质管理办法》，有权对本辖区内承担环境影响评价的机构进行日常监督检查的有（　　）。(2007 年)

A．县级环境保护行政主管部门　　B．市级环境保护行政主管部门

C．省级环境保护行政主管部门　　D．国务院环境保护行政主管部门

5．依据《建设项目环境影响评价资质管理办法》，以下适用特殊项目环境影响报告表的评价范围有（　　）项目。(2007 年)

A．医药　　B．广电

C．交通运输　　D．海洋工程

6．某评价机构在编制某建设项目环境影响报告书过程中，私自编造了监测数据，导致环境影响评价文件失实，依据《建设项目环境影响评价资质管理办法》，该评价机构和有关责任人可受到的处罚有（　　）。(2008 年)

A．缩减该机构评价范围

B．降低该机构评价资质等级

C．给予该机构警告或通报批评

D．吊销该机构评价机构资质证书

E．对主持该建设项目环境影响评价文件的环境影响评价工程师注销登记

7．依据《建设项目环境影响评价资质管理办法》，评价机构需及时报国家环保总局备案的情况有（　　）。(2008 年)

A．法定代表人发生变化

B．单位迁新址，由某市甲县迁至乙县

C．固定资产由原来的 1 000 万元增至 2 000 万元

D．1 名持有环境影响评价岗位证书的技术人员调离

E．新购置专项仪器设备用于开展环境影响评价工作

8．县级环境保护行政主管部门对在本辖区内承担建设项目环境影响评价工作的评价机构考核与监督的职责有（　　）。（2008 年）

A．对该评价机构加强业务指导

B．对该评价机构的环境影响评价工作质量进行日常考核

C．若发现该评价机构有违规行为，应及时向上级环境保护行政主管部门报告有关情况

D．对该评价机构进行日常监督检查

E．对该评价机构实施监督管理，并向社会公布有关情况

9．依据《建设项目环境影响评价资质管理办法》，乙级评价机构应当具备的条件包括（　　）。（2008 年）

A．具备文件和图档的数字化处理能力

B．具有健全的环境影响评价工作质量保证体系

C．具有至少 10 名登记于该机构的环境影响评价工程师

D．具有分析、审核协作单位提供的技术报告和监测数据的能力

E．该评价机构环境影响报告书评价范围的每个类别，应当配备至少 3 名登记于该机构相应类别的环境影响评价工程师

10．取得乙级评价资质的某评价机构位于 M 省 N 市，评价范围为社会区域、轻工纺织化纤类环境影响报告书和一般项目环境影响报告表。依据《建设项目环境影响评价资质管理办法》，其可编制的环境影响评价文件有（　　）。（2009 年）

A．由环境保护部负责审批的轻工项目环境影响报告书

B．由 Q 省环保局负责审批的化纤项目环境影响报告书

C．由 N 市环保局负责审批的海洋工程项目环境影响报告书

D．由 M 省 P 市环保局负责审批的房地产项目环境影响报告书

E．由 M 省 N 市环保局负责审批的交通运输项目环境影响报告表

11．取得乙级评价资质的某评价机构位于 M 省 N 市，其资质证书规定的评价范围为社会区域、轻工纺织化纤类环境影响报告书和一般项目环境影响报告表。依据《建设项目环影响评价资质管理办法》，该评价机构可编制的环境影响评价文件有（　　）。（2010 年）

A．由环境保护部负责审批的轻工项目环境影响报告书

B．由 Q 省环保局负责审批的化纤项目环境影响报告书

C．由 N 市环保局负责审批的水利工程项目环境影响报告书

D．由 N 市环保局负责审批的交通运输项目环境影响报告表

12．根据《建设项目环境影响评价资质管理办法》，关于环境影响评价机构资质条件的规定，下列说法中正确的有（　　）。（2012 年）

A．甲级评价机构报告表评价范围内的特殊项目报告表类别，应配备至少 2 名登记于该机构的相应类别的环境影响评价工程师

B．乙级评价机构具备 12 名以上环境影响评价专职技术人员，其中至少有 6 名登记于该机构的环境影响评价工程师，其他人员应取得环境影响评价岗位证书

C．甲级评价机构具备 20 名以上环境影响评价专职技术人员，其中至少有 10 名登记于该机构的环境影响评价工程师，其他人员应取得环境影响评价岗位证书

D．评价范围为报告表的乙级评价机构具备 8 名以上环境影响评价专职技术人员，其中至少有 2 名登记于该机构的环境影响评价工程师，其他人员应取得环境影响评价岗位证书

13．根据《建设项目环境影响评价资质管理办法》，评价机构环境影响评价资质被取消的情形有（　　）。（2012 年）

A．评价机构达不到评价资质条件的

B．评价机构涂改、倒卖、出租、出借资质证书的

C．评价机构以欺骗、贿赂等不正当手段取得评价资质的

D．评价机构超越评价资质等级、评价范围提供环境影响评价技术服务的

14．根据《建设项目环境影响评价资质管理办法》和《关于进一步加强环境影响评价管理工作的通知》，关于建设项目环境影响评价机构管理、考核与监督的规定，下列说法中正确的有（　　）。（2013 年）

A．环境影响报告书加盖的环评机构公章不得以报告书专用章、下设机构或分支机构印章及其他印章替代

B．环境影响报告书由两个环评机构合作编制的，各章节应当由主持机构环境影响评价专职技术人员主持

C．乙级环评机构在每个定期考核期内，至少应在省市级以上刊物发表一篇与环境管理或技术有关的论文

D．环境影响报告书中必须注明项目负责人、各章节负责人姓名、环境影响评价工程师登记证或环评上岗证编号并签名

15．根据《建设项目环境影响评价资质管理办法》，具有编制环境影响报告书评价范围的乙级评价机构，在资质证书有效期内主持完成的环境影响评价文件的数量，可满足要求的有（　　）。（2013 年）

A．3 项环境影响报告书

B. 5 项环境影响报告表

C. 5 项环境影响报告书

D. 3 项环境影响报告表和 2 项环境影响报告书

16. 根据《建设项目环境影响评价资质管理办法》，下列说法中正确的有（　　）。（2014 年）

A. 环境影响评价资质分为甲、乙两个等级

B. 环境影响评价范围分为环境影响报告书的 11 个小类和环境影响报告表的 1 个小类

C. 甲级评价机构可在其环境影响报告书类别范围内，承担各级环境保护行政主管部门负责审批的环境影响报告书的编制工作

D. 乙级评价机构可在其环境影响报告书类别范围内，承担省级以下环境保护行政主管部门负责审批的环境影响报告书的编制工作

17. 根据《建设项目环境影响评价资质管理办法》环境影响评价机构考核和监督的规定，下列说法中正确的有（　　）。（2014 年）

A. 国务院环境保护行政主管部门负责对评价机构实施统一监督管理

B. 省级环境保护行政主管部门可对承担本辖区内环境影响评价工作的评价机构进行定期考核

C. 各级环境保护行政主管部门在日常监督检查或考核中发现评价机构不符合相应资质条件的，可进行处罚

D. 各级环境保护行政主管部门可结合环境影响评价文件审批时评价机构的环境影响评价工作质量进行日常考核

参考答案

一、单项选择题

1. D

2. D 【解析】要晋升甲级的业绩条件是：近 3 年内主持编制过至少 5 项省级环境保护行政主管部门负责审批的环境影响报告书。

3. B

4. C 【解析】政府机关及下属事业单位是不能申请资质的。某铁路局环境监测站属政府的下属事业单位。

5. B

6. D 【解析】评价机构在环境影响评价工作中不负责任或者弄虚作假，致使

环境影响评价文件失实的，依据《环境影响评价法》第三十三条的规定，降低其评价资质等级或者吊销其资质证书，并处所收费用一倍以上三倍以下的罚款，同时依据有关规定对主持该环境影响评价文件的环境影响评价工程师注销登记。这条处罚较重，但“致使环境影响评价文件失实”又比较虚。

7．D 【解析】环境保护主管部门不能指定环评机构。环境影响登记表无需评价资质的机构编制，建设单位也可以自行编制。承接环境影响评价业务时，分支机构不能与建设单位签订书面委托协议。

8．C 【解析】甲级能承担该类别国家环保部及以下审批的项目，乙级则不能承担环保部审批的项目。该评价机构的轻工纺织化纤类属乙级，不是甲级。

9．D 【解析】评价机构的行为可以分为两大类型，一种行为很严重，性质恶劣，影响极坏，因此需要取消其评价资质，评价机构不能从事这个行业；另一种所犯的行为较轻，改正后还可以继续从事这个行业，给予的处罚是警告、通报批评、责令限期整改 3 至 12 个月、缩减评价范围或者降低资质等级。另外，从管理的角度来看，又可分为两种情况，一种是在审批、抽查或考核中发现评价机构主持完成的环境影响报告书或环境影响报告表质量较差，这点主要是针对环评文件的质量。另一种是评价机构除环评文件的质量外，其他方方面面，如出现问题都要受到处罚。本题的题干是“抽查、考核评价机构过程中”，因此，是针对环评文件的质量。

10．D 【解析】选项 A、B、C 的类别都不是冶金机电、建材火电。一般项目环境影响报告表，是指除输变电及广电通讯、核工业类别以外的其余任何项目的环境影响报告表。

11．C 【解析】业绩的考核时间要求是资质证书有效期内（四年），无论是甲级还是乙级，业绩都是 5 项。

12．C 【解析】从“抽查、考核评价机构过程中”，可知应当是针对环评文件的。

13．B

14．A 【解析】评价范围分为环境影响报告书的 11 个小类和环境影响报告表的 2 个小类。

15．D 【解析】选项 B 的正确说法是：“近 3 年内主持编制过至少 5 项省级环境保护行政主管部门负责审批的环境影响报告书”；选项 C 的正确说法是：“具备 20 名以上环境影响评价专职技术人员，其中至少有 10 名登记于该机构的环境影响评价工程师”。

16．C 【解析】选项 A 的正确说法是：“各级环境保护行政主管部门对在本辖区内承担环境影响评价工作的评价机构负有日常监督检查的职责”。在本辖区内承担环境影响评价工作的评价机构不一定是本辖区内评价机构，本辖区内评价机构也不一定在本辖区内承担环评工作。评价机构的资质条件考核、处罚权并不是各级环境保护行政主管部门都有的。

17. C 【解析】其他选项比较具体，不是类别。

18. D 【解析】一般项目环境影响报告表须由登记于该机构的环境影响评价工程师主持。如果是甲级或乙级报告书的环评师，登记类别不是一般项目，也可以主持一般项目的报告表。

19. D

二、不定项选择题

1. AC 【解析】选项 A 属不诚信。选项 B 和 D 的性质很严重。

2. AB 【解析】因评价结论错误造成严重环境污染后果和经济损失的情形很严重。

3. ABCD 【解析】A、C 属注销的情形，B、D 属取消的情形。

4. ABCD 【解析】各级环境保护行政主管部门对在本辖区内承担环境影响评价工作的评价机构负有日常监督检查的职责。各级环境保护行政主管部门也应包括环保部。

5. B 6. BDE 7. ABD 8. ABCDE

9. ABD 【解析】乙级评价机构分为两种情况，一是只有报告表资质的机构，二是有报告书和报告表的机构，这两种机构要求的环评师的数量是不一样的。前一种只需 2 名登记于该机构的环境影响评价工程师。

10. BDE 【解析】评价资质的使用范围没有地域范围的概念。

11. BD

12. CD 【解析】特殊项目环境影响报告表类别，配备 1 名登记于该机构的相应类别的环境影响评价工程师就可以了。选项 B 的要求只是针对申请报告书的机构，而申请报告表的评价机构，不需要这么多技术人员。

13. ABCD

14. AD 【解析】发表论文对环评机构没有业绩要求。

15. BC 16. ACD 17. ABD

七、环境影响评价工程师职业资格制度

一、单项选择题

1．环境影响评价工程师职业资格实行定期登记制度，登记有效期为（　　）。（2005 年）

A．2 年　　B．3 年

C．4 年　　D．5 年

2．环境影响评价工程师对其主持完成的环境影响评价相关（　　）承担相应的责任。（2005 年）

A．工作的技术文件　　B．人员的行为

C．工作的一切文件　　D．人员的素质

3．依据《环境影响评价工程师职业资格登记管理暂行办法》，环境影响评价工程登记有效期届满后，再次登记的有效期为（　　）。（2007 年）

A．1 年　　B．3 年

C．4 年　　D．5 年

4．依据《环境影响评价工程师职业资格登记管理暂行办法》，关于环境影响评价工程师职业资格再次登记和变更登记的规定，下列说法正确的是（　　）。（2008 年）

A．再次登记者应当于有效期满 3 个月前办理再次登记

B．若环境影响评价工程师自登记有效期满之日起未办理再次登记，其职业资格证书自动失效

C．登记者再次登记的同时可申请变更登记类别，每次只可申请变更两个登记类别

D．登记者单位调动的，应自变更之日起 60 日内向登记管理办公室申请单位变更登记

5．依据《环境影响评价工程师职业资格登记管理暂行办法》，环境影响评价工程师应受注销登记处罚的情形或行为是（　　）。（2008 年）

A．私自涂改、出借、出租和转让登记证

B．以个人名义承揽环境影响评价及相关业务

C．主持编制的环境影响评价相关技术文件质量较差

D．以他人名义或允许他人以本人名义从事环境影响评价及相关业务

6．依据《环境影响评价工程师职业资格登记管理暂行办法》，环境影响评价工程师被注销登记后，自注销之日起3年内不得重新参加环境影响评价工程师职业资格考试的情形是（　　）。（2008年）

A．脱离环境影响评价及相关业务工作岗位3年以上

B．在两个或两个以上单位以环境影响评价工程师的名义从事环境影响评价及相关业务

C．在环境影响评价及相关业务活动中不负责任或弄虚作假，致使环境影响评价相关技术文件失实

D．不具备完全民事行为能力

7．依据《环境影响评价工程师职业资格登记管理暂行办法》，环境影响评价工程师被注销登记的情形是（　　）。（2009年）

A．以个人名义承揽环境影响评价及相关业务的

B．脱离环境影响评价及相关业务工作岗位2年以上的

C．超出登记类别所对应的业务领域从事环境影响评价工作的

D．以他人名义或允许他人以本人名义从事环境影响评价及相关业务的

8．某环境影响评价工程师的工作单位发生了变更。依据《环境影响评价工程师职业资格登记管理暂行办法》，其应当（　　）向登记管理办公室申请单位变更登记。（2011年）

A．自变更之日起30日内　　B．自变更之日起3个月内

C．自变更之日起6个月内　　D．自上次登记日起3年内

9．根据《环境影响评价工程师职业资格制度暂行规定》，环境影响评价工程师职业资格实行定期登记制度，下列说法中正确的是（　　）。（2012年）

A．登记有效期为2年，有效期满时，应按有关规定办理再次登记

B．登记有效期为2年，有效期满后，应按有关规定办理再次登记

C．登记有效期为3年，有效期满前，应按有关规定办理再次登记

D．登记有效期为5年，有效期满前，应按有关规定办理再次登记

10．根据环境影响评价工程师执业资格登记管理有关规定，下列说法中正确的是（　　）。（2013年）

A．环境影响评价工程师登记有效期为4年

B．申请登记的单位名称应与其所持有的环境影响评价岗位证书中的单位名称一致

C. 环境影响评价工程师应当在取得职业资格证书后 1 年内到登记管理办公室申请登记

D. 登记有效期满需要继续以环境影响评价工程师名义从事环境影响评价及相关业务的，应当于有效期满时办理再次登记

11. 根据《环境影响评价工程师职业资质制度暂行规定》，环境影响评价工程师可主持的工作是（　　）。(2013 年)

A. 环境监测　　B. 施工期环境监理

C. 环境影响后评价　　D. 上市公司环境保护核查

12. 根据《环境影响评价工程师登记管理暂行办法》，属于对环境影响评价工程师予以注销登记的情形是（　　）。(2013 年)

A. 私自涂改、出租登记证的

B. 以他人名义从事环境影响评价及相关业务的

C. 超出登记类别所对应的业务领域从事环境影响评价业务的

D. 接受环境影响评价及相关业务委托后，未为委托人保守商务秘密的

13. 根据《环境影响评价工程师执业资格制度暂行规定》中关于环境影响评价工程师职责的规定，下列说法中错误的是（　　）。(2014 年)

A. 环境影响评价工程师应按规定参加继续教育

B. 环境影响评价工程师可主持环境影响技术评估

C. 环境影响评价工程师可主持竣工环境保护验收

D. 环境影响评价工程师可以个人名义接受环境影响评价委托业务

二、不定项选择题

1. 环境影响评价工程师可主持进行（　　）工作。(2005 年)

A. 环境影响评价　　B. 环境影响后评估

C. 环境影响技术评估　　D. 环境保护验收

2. 自《环境影响评价工程师职业资格制度暂行规定》生效之日起，环境影响评价工程师可主持进行的工作是（　　）。(2006 年)

A. 环境影响评价　　B. 建设项目竣工环境保护验收

C. 环境影响后评估　　D. 环境影响技术评估

E. 环境审计

3. 依据《环境影响评价工程师职业资格管理暂行办法》，在登记有效期内，由登记管理办公室视情节轻重对环评工程师的下述行为予以通报批评或暂停业务 3 至 12 个月处罚的有（　　）。(2007 年)

A. 出租登记证的

B. 私自涂改登记证的

C. 以个人名义承揽环境影响评价业务的

D. 主持编制的地表水环境影响评价专题内容质量较差的

4. 依据《环境影响评价工程师职业资格登记管理暂行办法》关于环境影响评价工程师职业资格登记、再次登记和变更登记的规定，下列说法中正确的有（　　）。（2009 年）

A. 若登记者不具备完全民事行为能力，不予登记

B. 登记者因单位调动发生的变更登记，一年内最多可申请两次

C. 登记者再次登记的同时，可申请变更登记类别

D. 登记有效期届满需要继续以环境影响评价工程师名义从事环境影响评价及相关业务的，应当于有效期满 3 个月前办理再次登记

5. 环境影响评价工程师违反《环境影响评价工程师职业资格登记管理暂行办法》的有关规定，应当被通报批评的情形有（　　）。（2010 年）

A. 有效期满未获准再次登记的

B. 私自涂改、出借、出租和转让登记证的

C. 主持编制的环境影响评价相关技术文件质量较差的

D. 以不正当手段取得环境影响评价工程师职业资格的

6. 根据《环境影响评价工程师职业资格制度暂行规定》，下列说法中正确的有（　　）。（2012 年）

A. 环境影响评价工程师对其主持完成的环境影响评价文件承担相应责任

B. 环境影响评价工程师对其主持完成的环境影响技术评估文件承担相应责任

C. 环境影响评价工程师对其主持完成的竣工环境保护验收监测文件承担相应责任

D. 环境影响评价工程师对其协助完成的环境影响评价相关工作的技术文件承担相应责任

7. 根据《环境影响评价工程师继续教育暂行规定》，环境影响评价工程师继续教育的主要任务有（　　）。（2012 年）

A. 不断完善知识结构

B. 更新和补充专业知识

C. 拓展和提高业务能力

D. 达到独立开展工作的能力

8. 根据《环境影响评价工程师职业资格登记管理暂行办法》，环境影响评价工程师（　　），登记管理办公室视情节轻重，予以通报批评或暂停业务 3～12 个月。（2013 年）

A. 主持的环境影响评价文件质量较差的

B. 脱离环境影响评价相关业务工作岗位 3 年以上的

C．以不正当手段取得环境影响评价工程师职业资格或登记的

D．因环境影响评价及相关业务工作失误，造成严重环境污染和生态破坏后果的

9．根据《环境影响评价工程师职业资格登记管理暂行办法》，环境影响评价工程师登记的规定，下列说法中错误的有（　　）。（2014 年）

A．因单位调动发生的变更登记，一年内可申请两次

B．因单位调动申请变更登记者，应提交原单位出具的调出证明

C．再次登记同时可申请变更登记类别，每次可申请变更一个登记类别

D．因单位调动申请变更登记者，应提交现聘用单位出具的劳动合同证明

10．根据《环境影响评价工程师继续教育暂行规定》，下列说法中正确的有（　　）。（2014 年）

A．接受继续教育是环境影响评价工程师申请再次登记的必备条件之一

B．经环保培训班培训获得合格证明，其培训时间可累计计入接受继续教育学时

C．环境影响评价工程师在登记有效期内接受继续教育的累计时间应不少于 48 学时

D．在国内统一刊号的期刊上作为第一作者发表论文 1 篇（不少于 2 000 字），相当于接受继续教育 16 学时

参考答案

一、单项选择题

1．B　2．A　3．B

4．A　【解析】选项目 B 的正确说法是：自登记有效期满起 6 个月内仍未办理再次登记的，其职业资格证书自动失效。选项目 C 的正确说法是：再次登记同时可申请变更登记类别，每次只可申请变更一个登记类别。选项目 D 的正确说法是：登记者单位调动时，应自变更之日起 30 日内向登记管理办公室申请单位变更登记。

5．D

6．C　【解析】以下四种情况，自注销之日起 3 年内不得重新参加环境影响评价工程师职业资格考试。（1）以不正当手段取得环境影响评价工程师职业资格或登记的；（2）在环境影响评价及相关业务活动中不负责任或弄虚作假，致使环境影响评价相关技术文件失实的；（3）因环境影响评价及相关业务工作失误，造成严重环境污染和生态破坏后果的；（4）受刑事处罚的。

7．D　【解析】其他三个选项属通报批评或暂停业务 3 至 12 个月的情形。

8．A　9．C

10．B 【解析】选项 C 的正确说法是：环境影响评价工程师应当在取得职业资格证书后 3 年内向登记管理办公室申请登记。选项 D 的正确说法是：登记有效期届满需要继续以环境影响评价工程师名义从事环境影响评价及相关业务的，应当于有效期满 3 个月前办理再次登记。

11．C 12．B 13．D

二、不定项选择题

1．ABCD 2．ABCD 3．ABCD

4．ACD 【解析】选项 B 的正确说法是：登记者因单位调动发生的变更登记，一年内最多可申请一次。

5．BC 【解析】其他两个选项属注销登记的。

6．ABC 7．ABC

8．A 【解析】其他两个选项属注销登记的。

9．A

10．ACD 【解析】参加登记管理办公室举行的环境影响评价工程师继续教育培训班才可计入继续教育学时。

八、环境影响评价从业人员职业道德规范

一、单项选择题

1．依据《建设项目环境影响评价行为准则与廉政规定》，（　　）对建设项目竣工环境保护验收报告或验收调查报告结论负责。（2008 年）

A．仅由验收监测或调查的单位

B．由审查验收监测或调查报告的专家组长

C．由承担验收监测或调查的单位及其主要负责人

D．仅由主持编制验收监测或调查报告的环境影响评价工程师

2．下列做法中，不违反《环境影响评价从业人员职业道德规范（试行)》的行为是（　　）。（2013 年）

A．挑选部分公众参与调查意见用于环评文件编制

B．服从单位安排，在未参加编制的环评文件上署名

C．选择最优的历史监测资料作为环境现状分析的基础

D．在征得业主同意后，利用承担编制的环评文件信息编写学术论文，用于职称

3．根据《建设项目环境影响评价行为准则与廉政规定》，环境影响评价机构或者其环境影响评价技术人员应当遵守的行为准则不包括（　　）。（2014 年）

A．为建设单位保守技术秘密和业务秘密

B．评价机构及评价项目负责人对环境影响评价结论负责

C．按照环境保护行政主管部门的要求编制环境影响评价文件

D．按照相应环境影响评价资质等级、评价范围承担环境影响评价工作

4．根据《建设项目环境影响评价行为准则与廉政规定》，承担建设项目环境影响评价工作的机构，应当遵守的行为准则是（　　）。（2014 年）

A．充分降低评价费用，提升市场竞争能力

B．将环境影响评价业务转包给有经验的评价机构

C．按照有关的技术规范要求编制环境影响评价文件

D．不得参加其承担环评工作的项目的竣工环境保护验收工作

5．根据《建设项目环境影响评价行为准则与廉政规定》，承担建设项目竣工环

境保护验收的监测单位，应遵守的行为准则不包括（　　）。（2014 年）

A．建立严格的质量审核制度和质量保证体系

B．按要求配备相应类别的环境影响评价工程师

C．禁止泄露建设项目技术秘密和业务秘密

D．严格按照国际有关法律法规规章、技术规范和技术要求要开展验收监测工作和编制验收监测报告

二、不定项选择题

1．依据《建设项目环境影响评价行为准则与廉政规定》，评价机构不得承接（　　）的环境影响评价工作。（2009 年）

A．高耗能高污染项目

B．公众争议较大的项目

C．资源利用率较低的项目

D．国家明令禁止建设的项目

E．违反国家产业政策的项目

2．根据《建设项目环境影响评价行为准则与廉政规定》，承担建设项目竣工环境保护验收监测或调查工作的单位及其人员应当（　　）。（2013 年）

A．不在验收监测或调查工作中为个人谋取私利

B．接受环境保护行政主管部门的日常监督检查

C．在验收监测或调查中严格执行国家和地方有关规定

D．对建设项目竣工环境保护验收监测或调查报告结论负责

3．根据《环境影响评价从业人员职业道德规范（试行）》，环境影响评价从业人员应当坚持做到（　　）。（2014 年）

A．依法遵规

B．公正诚信

C．忠于职守

D．廉洁自律

参考答案

一、单项选择题

1．C　2．D

3．C　【解析】环评技术人员必须依照有关的技术规范要求编制环境影响评价文件。

4．C　【解析】应当严格执行国家和地方规定的收费标准，不得随意抬高或压低评价费用，或者采取其他不正当的竞争手段；不得转包或者变相转包环境影响评价，不得转让环境影响评价资质证书。

5．B 【解析】承担建设项目竣工环境保护验收的监测单位对于配备相应类别的环境影响评价工程师，没有规定。

二、不定项选择题

1．DE 2．ABC 3．ABCD

九、建设项目竣工环境保护验收

一、单项选择题

1．进行试生产建设项目，建设单位应当自试生产之日起（　　）内，向有审批权的环境保护行政主管部门申请该建设项目竣工环境保护验收。（2005 年）

A．1 个月　　B．3 个月

C．6 个月　　D．一年

2．对主要因排放污染对环境产生污染和危害的建设项目竣工验收时，建设单位应提交环境保护验收（　　）。（2005 年）

A．监测报告（表）　　B．调查报告

C．工程验收报告　　D．环境背景调查表

3．工业生产型建设项目竣工环境保护验收监测应在工况稳定、生产负荷达到设计生产能力的（　　）的情况下进行。（2005 年）

A．50%以上　　B．75%以上

C．85%以上　　D．95%以上

4．按照建设项目竣工环境保护验收管理办法规定的程序，分期建设、分期投入生产或者使用的建设项目，（　　）环境保护验收。（2005 年）

A．同时进行　　B．分期进行

C．最后统一进行　　D．与工程同步进行

5．1 200 MW 火电厂在环保验收时，应向环境保护行政主管部门提供（　　）。（2006 年）

A．环境保护验收调查报告　　B．环境保护验收监测报告

C．环境保护验收登记卡　　D．环境保护设施一览表

6．某建设项目依据《建设项目竣工环境保护验收管理办法》，申请竣工环境保护验收，其不符合验收条件的是（　　）。（2006 年）

A．环境监测点位比环评文件增加 2 处

B．试运行 6 个月未发生重要环境污染事故

C．对环境保护敏感点进行环境影响验证

D．环保设施运转的原料、动力供应落实，符合交付使用要求

7．依据《建设项目竣工环境保护验收管理办法》，需要进行试生产的非核项目，获准延期验收的，其试生产期最长不得超过（　　）。（2007 年）

A．3 个月　　B．6 个月

C．1 年　　D．2 年

8．依据《建设项目竣工环境保护验收管理办法》，某大型水库建设项目竣工，在申请环境保护验收时，应向有审批权的环境保护行政主管部门提供的文件包括（　　）。（2007 年）

A．环境保护验收登记卡　　B．环境保护验收监测报表

C．环境保护验收调查报告　　D．环境保护验收监测报告

9．某建设项目环境影响报告书已经批准，依据《建设项目竣工环境保护验收管理办法》，该项目竣工验收时不属于建设项目竣工环境保护验收条件的是（　　）。（2007 年）

A．环境影响报告书提出的对清洁生产进行指标考核的要求已按规定完成

B．环境影响报告书要求建设单位削减其他设施污染物排放的措施得到落实

C．环境影响报告书提出需对环境保护敏感点进行环境影响验证的要求已按规定完成

D．环境影响报告书批准后，所在地人民政府为了改善区域环境质量，要求该企业削减污染物排放总量的措施得到落实

10．依据《建设项目竣工环境保护验收管理办法》，对填报环境影响登记表的建设项目，向有权审批的环保行政主管部门报请竣工环境保护验收时，建设单位应提交（　　）。（2007 年）

A．建设项目竣工环境保护验收登记卡

B．建设项目竣工环境保护验收监测表

C．建设项目竣工环境保护验收调查表

D．建设项目竣工环境保护验收监测报告

11．依据《建设项目竣工环境保护验收管理办法》，需进行试生产的建设项目获准延期验收的，其试生产的期限最长不超过（　　）。（2008 年）

A．3 个月　　B．6 个月

C．1 年　　D．3 年

12．依据《建设项目竣工环境保护验收管理办法》，编制环境影响报告表的建设项目竣工环境保护验收时，建设单位应向负责审批该项目环境影响报告表的环境保护行政主管部门提交竣工环境保护验收（　　）。（2008 年）

A．登记卡　　B．申请表
C．申请报告　　D．监测或调查报告

13．依据《建设项目竣工环境保护验收管理办法》，建设项目需要配套建设的环境保护设施未建成而主体工程正式投入生产或者使用的，有权责令其停止生产或者使用的是（　　）。（2008 年）

A．建设单位主管部门
B．建设项目所在地地方人民政府
C．审批该建设项目环境影响评价文件的环境保护行政主管部门
D. 审批该建设项目环境影响评价文件的环境保护行政主管部门的上一级环境保护行政主管部门

14．依据《建设项目竣工环境保护验收管理办法》，国务院环境保护行政主管部门负责审批环境影响评价文件的非核设施建设项目试生产申请由（　　）负责受理。（2008 年）

A．国家发展和改革委员会
B．国务院环境保护行政主管部门
C．所在地省级人民政府发展和改革委员会
D．所在地省、自治区、直辖市人民政府环境保护行政主管部门

15．依据《建设项目竣工环境保护验收管理办法》，建设单位收到责令限期办理竣工环境保护验收手续的通知后，逾期仍未办理手续，审批该建设项目环境影响评价文件的环境保护行政主管部门对该建设单位处罚正确的是（　　）。（2008 年）

A．责令其停止试生产，并处 5 万～20 万元罚款
B．责令其停止试生产，可以处 5 万元以下罚款
C．处 5 万～20 万元以下罚款，允许其继续生产
D．处 5 万元以下罚款，允许其继续生产

16．依据《建设项目竣工环境保护验收管理办法》，高速公路建设项目竣工环境保护验收不包括的设施是（　　）。（2009 年）

A．声屏障　　B．收费岗亭
C．服务区的锅炉　　D．隧道内的涡流风机

17．依据《建设项目竣工环境保护验收管理办法》，关于申请建设项目竣工环境保护验收应当提交材料的要求，下列说法中正确的是（　　）。（2009 年，2010 年，2011 年）

A. 编制环境影响报告书的建设项目，应当提交建设项目竣工环境保护验收报告，并附环境保护验收监测表或调查表
B．填报环境影响登记表的建设项目，应当提交建设项目竣工环境保护验收申请

表，并附建设项目环境保护验收登记卡

C. 编制环境影响报告表的建设项目，应当提交建设项目竣工环境保护验收申请表，并附环境保护验收监测表或调查表

D. 编制环境影响报告书的建设项目，应当提交建设项目竣工环境保护验收申请表，并附环境保护验收监测报告或调查报告

18. 依据《建设项目竣工环境保护验收管理办法》，建设单位提出建设项目环境保护延期验收申请的正确做法是（　　）。（2009 年，2011 年）

A. 在试生产的 3 个月内，向行业主管部门提出该建设项目环境保护延期验收的申请

B. 在试生产的 1 年内，向当地环境保护行政主管部门提出该建设项目环境保护延期验收的申请

C. 在试生产的 1 年内，向有审批权的环境保护行政主管部门提出该建设项目环境保护延期验收的申请

D. 在试生产的 3 个月内，向有审批权的环境保护行政主管部门提出该建设项目环境保护延期验收的申请

19. 依据《建设项目竣工环境保护验收管理办法》规定的建设项目竣工环境保护验收条件，下列情景中符合要求的是（　　）。（2009 年）

A. 环境保护设施安装完成，正在制订相关操作人员的培训计划

B. 建设前期环境保护审查、审批手续完备，技术资料与环境保护档案资料齐全

C. 建设单位对受破坏的生态环境已编制生态恢复方案

D. 建设单位已向当地政府报送环境影响报告书要求的污染削减方案

20. 某建设项目需要配套建设的环境保护设施未建成而主体工程正式投入生产。依据《建设项目竣工环境保护验收管理办法》，有权责令其停止生产的部门或机关是（　　）。（2009 年）

A. 该项目的行业主管部门

B. 该项目的核准许可部门

C. 该项目所在地人民政府

D. 审批该项目环境影响评价文件的环境保护行政主管部门

21. 某企业的建设项目超过了试生产期，审批该项目的环境保护行政主管部门责令其限期办理环境保护验收手续，但逾期仍未办理。按照《建设项目竣工环境保护验收管理办法》的相关规定，该企业应当受到（　　）的处罚。（2009 年）

A. 责令停止试生产，处 4 万元罚款

B. 责令停止试生产，处 10 万元罚款

C. 责令提交延期验收的申请，处 5 万元罚款

D．责令限期办理环境保护验收手续，处10万元罚款

22．依据《建设项目竣工环境保护验收管理办法》，对于环境保护行政主管部门工作人员在建设项目竣工环境保护验收工作中徇私舞弊、滥用职权、玩忽职守的行为，可进行的处罚是（　　）。（2009年）

A．构成犯罪的，依法追究刑事责任

B．根据情节轻重处5万～10万元罚款

C．尚不构成犯罪的，由所在单位给予通报批评

D．没收全部非法所得，根据情节轻重，处非法所得1～3倍的罚款

23．某建设项目经批准于2008年6月1日投入试生产。依据《建设项目竣工环境保护验收管理办法》，该项目的建设单位应当在（　　）前，向有审批权的环境保护主管部门申请该项目竣工环境保护验收。（2010年）

A．2008年9月1日　　B．2008年12月1日

C．2009年6月1日　　D．2010年6月1日

24．依据《建设项目竣工环境保护验收管理办法》，需要编制环境保护验收监测报告或调查报告的是（　　）的建设项目。（2011年）

A．填写环境影响登记表　　B．编制环境影响报告表

C．编制环境影响报告书　　D．编制环境影响报告表及专项评价报告

25．依据《建设项目竣工环境保护验收管理办法》，某跨越三省的天然气管道输送工程，在试生产前，建设单位应向（　　）提出试生产申请。（2011年，2012年）

A．国务院环境保护行政主管部门

B．管道所在地的省级环境保护行政主管部门

C．管道所在地的市级环境保护行政主管部门

D．管道所在地的县级环境保护行政主管部门

26．根据《建设项目竣工环境保护验收管理办法》，进行试生产的非核设施建设项目，经批准后试生产的期限最长不超过（　　）。（2012年）

A．3个月　　B．6个月

C．1年　　D．2年

27．根据《建设项目竣工环境保护验收管理办法》，关于建设单位申请竣工环境保护验收提交验收材料的规定，对编制环境影响报告表的建设项目，提交的验收材料为建设项目竣工环境保护验收（　　）。（2012年）

A．申请表，并附环境保护验收监测表或调查表

B．申请表，并附环境保护验收监测报告或调查报告

C．申请报告，并附环境保护验收监测表或调查表

D．申请报告，并附环境保护验收监测报告或调查报告

28．某房地产建设项目位于城市次干道旁，项目设中水回用系统及地下车库。根据《建设项目竣工环境保护验收管理办法》，关于建设项目竣工环境保护验收范围的规定，该建设项目应验收的环境保护设施不包括（　　）。（2013 年）

A．隔声门窗　　B．住户空调

C．地下车库送排风系统　　D．中水回用系统

29．根据《建设项目竣工环境保护验收管理办法》，关于建设项目申请竣工环境保护延期验收的要求，下列不符合申请延期验收条件的情形是（　　）。（2013 年）

A．某煤矿生产负荷达到设计负荷的 50%，配套环保设施运行正常

B．某钢铁厂生产负荷为设计负荷的 50%，配套环保设施运行正常

C．某铁路建设项目大型弃渣场破坏的植被短期内难以恢复，无法达到验收合格要求

D．某化工企业生产工况短期内难以达到正常水平，致使配套的污染防治措施不能正常有效运行

30．根据《建设项目竣工环境保护验收管理办法》，关于建设项目竣工环境保护验收时限的规定，建设单位应当自试生产之日起（　　），向有审批权的环境保护行政主管部门申请该建设项目竣工环境保护验收。（2013 年）

A．30 日内　　B．2 个月内

C．3 个月内　　D．3 个月后

31．某建设单位按一、二期建设两条相同的生产线。根据《建设项目环境保护管理条例》和《建设项目竣工环境保护验收管理办法》，下列说法中正确的是（　　）。（2013 年）

A．一、二期项目建成投产后均应当进行竣工环境保护验收

B．一、二期项目全部建成投产后一并进行竣工环境保护验收

C．在一期项目建成投产后，二期项目建成前完成一期项目竣工环境保护验收

D．一期项目建成后应当进行竣工环境保护验收，二期项目建成后可不再进行竣工环境保护验收

32．根据《建设项目竣工环境保护验收管理办法》，关于建设项目试生产环境保护的规定，核设施建设项目试运行前，建设单位应向（　　）报批首次装料阶段的环境影响报告书，经批准后，方可进行试生产。（2013 年）

A．国务院环境保护行政主管部门

B．项目所在地省级环境保护行政主管部门

C．项目所在地市级环境保护行政主管部门

D．项目所在地县级环境保护行政主管部门

33. 某建设项目首期建设产能的一半，两年后建设剩余产能，其污染治理设施按全部产能在首期建成运行。根据《建设项目竣工环境保护验收管理办法》，下列说法中正确的是（　　）。(2014 年)

A. 该项目的建设单位应在首期产能投入试生产之日起 3 个月内，申请该项目的环境保护设施竣工验收

B. 该项目的建设单位应在全部产能投入试生产之日起 3 个月内，申请该项目的环境保护设施竣工验收

C. 该项目的建设单位应分期申请验收，在各期产能投入试生产之日起 3 个月内，申请该项目的环境保护设施竣工验收

D. 该项目的建设单位应在首期产能投入试生产之日 3 个月后，申请环境保护延期验收，待二期项目投入试生产后申请环境保护竣工验收

34. 某工业项目环境影响报告书经省级环境保护行政主管部门批准后建设完成并投入试生产。根据《建设项目竣工环境保护验收管理办法》，该项目的建设项目应当向所在地（　　）申请竣工环境保护验收。(2014 年)

A. 省级环境监测部门

B. 省级环境保护行政主管部门

C. 县级环境保护行政主管部门

D. 设区的市区环境保护行政主管部门

35. 根据《建设项目"三同时"监督检查和竣工环保验收管理规程（试行）》，建设单位在申请竣工环境保护验收时，提供的申请材料可以不包括（　　）。(2014 年)

A. 施工期环境监理报告

B. 验收监测或验收调查报告

C. 建设项目竣工环保验收申请报告

D. 由验收监测或调查单位编制的竣工环保验收公示材料

36. 根据《建设项目竣工环境保护验收管理办法》，建设项目竣工环境保护验收条件不包括（　　）。(2014 年)

A. 具备排污许可证

B. 具备环境保护设施正常运转的条件

C. 具备齐全的技术资料与环境保护档案资料

D. 具有完备的建设前期环境保护审查、审批手续

37. 根据《建设项目竣工环境保护验收管理办法》，（　　）属于建设项目竣工环境保护验收的必备条件。(2014 年)

A．取得污染排污许可证

B．通过清洁生产审核

C．进行施工期环境监理

D．具有健全的环保设施岗位操作规程

38．根据《建设项目竣工环境保护验收管理办法》，由国务院环境保护行政主管部门审批环境影响报告表的非核设施建设项目，其试生产申请的受理部门是（　　）。（2014 年）

A．国务院环境保护行政主管部门

B．项目所在地的省级环境保护行政主管部门

C．项目所在地的市级环境保护行政主管部门

D．项目所在地的县级环境保护行政主管部门

39．根据《建设项目竣工环境保护验收管理办法》，对于建设项目投入试生产超过 3 个月未申请竣工环境保护验收或延期验收的建设单位，有审批权的环境保护行政部门应对其进行的处罚是（　　）。

A．责令停止试生产

B．处以 5 万元以下的罚款

C．责令限期办理环境保护设施竣工验收手续

D．责令停止试生产并处以 5 万元以下的罚款

二、不定项选择题

1．依据《建设项目竣工环境保护验收管理办法》，验收的范围包括（　　）。（2005 年）

A．建设项目有关的各项环保设施

B．各项环保设施的投资预算

C．项目设计文件规定应采取的各项环保措施

D．环境影响报告书（表）规定应采取的各项环境保护措施

2．依据《建设项目竣工环境保护验收管理办法》，建设单位申请建设项目竣工环境保护验收应当提交的验收材料有（　　）。（2005 年）

A．环境影响报告书（表）

B．验收申请报告（表）

C．工程竣工报告

D．验收监测报告（表）或调查报告（表）

3．根据《建设项目竣工环境保护验收管理办法》，以生态影响为主的建设项目竣工环境保护验收时应提交（　　）。（2005 年）

A．环境保护验收申请报告（表、登记卡）

B．环境保护验收监测报告（表）

C．环境保护验收调查报告（表）

D．环境敏感区调查报告

4．《建设项目竣工环境保护验收管理办法》规定的建设项目竣工环境保护验收范围包括（　　）。（2008年）

A．生态保护设施

B．防治污染的设备

C．环境影响报告书规定应采取的环境保护措施

D．有关项目设计文件规定应采取的环境保护措施

E．防治污染所配备的监测手段

5．依据《建设项目竣工环境保护验收管理办法》，关于建设项目试生产，下列说法中正确的有（　　）。（2008年）

A．建设单位未申请环境保护设施竣工验收的，其建设项目投入试生产不得超过3个月

B．建设项目投入试生产超过3个月，建设单位未申请环境保护设施竣工验收的，由审批该项目环境影响评价文件的环境保护行政主管部门责令限期办理环境保护设施竣工验收手续

C．超过环境保护行政主管部门责令限期办理环境保护竣工验收手续期限的，应停止试生产

D．超过环境保护行政主管部门责令限期办理环境保护竣工验收手续期限的，在缴纳一定数额罚款后，可继续试生产

6．依据《建设项目竣工环境保护验收管理办法》，建设单位若未按规定申请建设项目竣工环境保护验收或延期验收，依照相关规定对其采取的处罚可以有（　　）。（2009年）

A．责令限期办理环境保护验收手续

B．逾期未办理验收手续的，责令停止试生产

C．责令限期办理环境保护验收手续，并处10万元以下罚款

D．逾期未办理验收手续的，责令停止试生产，并处5万元以下罚款

7．根据《建设项目竣工环境保护验收管理办法》，某编制环境影响报告书的天然气管道工程的建设单位，申请环境保护竣工验收时，应提交的验收材料包括（　　）。（2013年）

A．验收申请报告

B．环境影响报告书

C．环境保护验收监测报告

D．环境保护验收调查报告

8．某干法水泥生产线建设项目拟进行竣工环境保护验收。根据《建设项目竣工环境保护验收管理办法》，该建设项目符合竣工环境保护验收的条件包括（　　）。（2013 年）

A．环境影响报告书及其批复文件等环境保护档案资料齐全

B．全厂工艺粉尘达标排放，其排放总量符合核定的总量控制指标要求

C．环境影响报告书要求的对厂界周边敏感点噪声影响达标的验证正在进行中

D．旋转窑尾气净化装置和余热锅炉已按批准的环境影响报告书建成，经负荷试车检测合格

9．根据《建设项目竣工环境保护验收管理办法》，（　　）属于环境保护验收范围。（2014 年）

A．生态保护设施　　B．环境监测手段

C．环境管理制度　　D．副产品回收装置

参考答案

一、单项选择题

1．B　2．A　3．B　4．B　5．B

6．B　【解析】环境污染事故不属于验收的条件。

7．C　【解析】试生产的期限最长不超过一年。核设施建设项目试生产的期限最长不超过两年。

8．C　9．D　10．A　11．C　12．B　13．C

14．D　【解析】对国务院环境保护行政主管部门审批环境影响报告书（表）或环境影响登记表的非核设施建设项目，由建设项目所在地省、自治区、直辖市人民政府环境保护行政主管部门负责受理其试生产申请，并将其审查决定报送国务院环境保护行政主管部门备案。

15．B　16．B　17．C　18．D

19．B　【解析】生态恢复方案、污染削减方案都不属建设项目竣工环境保护验收条件。

20．D

21．A　【解析】逾期未办理的，责令停止试生产，可以处 5 万元以下罚款。

22．A　【解析】环境保护行政主管部门的工作人员在建设项目竣工环境保护

验收工作中徇私舞弊，滥用职权，玩忽职守，构成犯罪的，依法追究刑事责任；尚不构成犯罪的，依法给予行政处分。

23．A 【解析】试生产三个月内。

24．C

25．A 【解析】跨省的项目，应当由其共同的上级环境保护行政主管部门提出试生产申请。

26．C 27．A

28．B 【解析】住户空调不属于环境保护设施。

29．D 【解析】对环境保护设施已建成及其他环境保护措施已按规定要求落实的，同意试生产申请。

30．C 31．A

32．A 【解析】核设施建设项目试运行前，建设单位应向国务院环境保护行政主管部门报批首次装料阶段的环境影响报告书，经批准后，方可进行试运行。

33．C 【解析】分期建设、分期投入生产或者使用的建设项目，按照规定的程序分期进行环境保护验收。

34．B

35．A 【解析】对环境影响评价审批文件要求开展环境监测的建设项目，才提交施工期环境监理报告。

36．A

37．D 【解析】其他选项不是必备条件。

38．B 39．C

二、不定项选择题

1．ACD 【解析】环保设施投资预算不属于验收的范围。

2．BD 3．AC 4．ABCDE 5．ABC

6．ABD 【解析】逾期未办理环境保护验收手续，责令停止试生产，可以处5万元以下罚款。

7．AD

8．ABD 【解析】对厂界周边敏感点噪声影响达标的验证应该完成了。

9．AB 【解析】环境保护验收范围和验收条件有所不同。环境保护验收范围包括：（1）建设项目有关的各项环境保护设施，包括为防治污染和保护环境所建成或配置的工程、设备、装置和检测手段，各项生态保护设施；（2）环境影响报告书（表）或登记表和有关项目设计文件规定应采取的其他各项环境保护措施。

十、环境影响评价相关法律法规

（一）《大气污染防治法》

一、单项选择题

1．根据《大气污染防治法》，建设项目的大气污染防治设施没有建成或者没有达到国家有关建设项目环境保护管理规定的要求，投入生产或者使用的，由（　　）责令停产和使用。（2005 年）

A．审批该建设项目环境影响报告书的环境保护的行政主管部门

B．当地人民政府

C．当地环境保护行政主管部门

D．当地环境保护行政主管部门及当地人民政府

2．某排放恶臭气体的工厂，其主导风上风向 100 m 处有一居民区。依据《大气污染防治法》，该工厂（　　）。（2006 年）

A．必须采取措施防止该居民区受到污染

B．必须采取措施防止车间和厂区受到污染

C．不必采取措施防止该居民区受到污染

D．不必采取措施防止车间和厂区受到污染

3．依据《大气污染防治法》，新建排放二氧化硫的火电厂，超过规定的污染物排放标准或总量控制指标的，应配套建设（　　）。（2006 年）

A．集中供热管网　　B．粉煤灰综合利用和循环经济体系

C．脱硫和除尘装置　　D．脱氮和中水回用系统

4．某电石厂向大气排放电石气，依据《大气污染防治法》，该企业须报经（　　）批准。（2007 年）

A．当地人民政府　　B．上一级人民政府

C．当地环境保护行政主管部门　　D．上一级环境保护行政主管部门

5．依据《大气污染防治法》的有关规定，国家对严重污染大气环境的落后生产工艺和严重污染大气环境的落后设备的规定是（　　）。（2007 年）

A．限制使用　　B．实行淘汰制度

C．要求限期治理　　D．要求革新改造

6．依据《大气污染防治法》，国家对严重污染大气环境的落后生产工艺和严重污染大气环境的落后设备实行（　　）。（2008 年）

A．淘汰制度　　B．限制使用制度

C．技术改造制度　　D．服役期满停用制度

7．依据《大气污染防治法》，企业应当（　　）能源利用效率高、污染物排放量少的清洁生产工艺。（2008 年）

A．逐步采用　　B．尽量采用

C．自愿采用　　D．优先采用

8．依据《大气污染防治法》，不得新建燃煤供热锅炉的区域是（　　）。（2008 年）

A．大、中城市的城区　　B．集中供热管网覆盖的地区

C．国家级风景名胜区　　D．大气污染防治重点城市的城区

9．依据《大气污染防治法》，"两控区"内超过大气污染物排放标准的已建企业，应当（　　）。（2008 年）

A．予以关闭　　B．限制生产

C．限期治理　　D．停产治理

10．依据《大气污染防治法》，在当地政府划定的禁止销售、使用高污染燃料的区域，使用高污染燃料的单位和个人应在当地政府规定期限内（　　）。（2008 年）

A．减少高污染燃料用量

B．停止燃用高污染燃料

C．交纳一定费用，继续燃用高污染燃料

D．采取有效措施降低燃用高污染燃料的污染物排放量

11．对于工业生产中产生的可燃性气体，依据《大气污染防治法》，下列说法正确的是（　　）。（2008 年，2010 年）

A．向大气排放转炉气、电石气、电炉法黄磷尾气、有机烃类尾气的，须报经当地人民政府批准

B．工业生产中产生的可燃性气体应当回收利用，不具备回收利用条件而向大气排放的，应当进行防治污染处理

C．可燃性气体回收利用装置不能正常作业的，必须停产修复

D．在回收利用装置不能正常作业期间确需排放可燃性气体的，报经当地人民政府批准后可以排放

12. 依据《大气污染防治法》，主要大气污染物排放总量控制的具体办法由（　　）规定。（2009年）

A．国务院　　B．地方人民政府

C．地方环境保护行政主管部门　　D．国务院环境保护行政主管部门

13．依据《大气污染防治法》，国务院经济综合主管部门会同国务院有关部门公布限期禁止生产、禁止销售、禁止进口、禁止使用的（　　）名录。（2009年，2011年）

A．燃料　　B．原料

C．设备　　D．产品

14．依据《大气污染防治法》，在人口集中地区和其他依法需要特殊保护的区域内（　　）。（2009年）

A．禁止焚烧产生恶臭气体的物质

B．严格限制焚烧产生恶臭气体的物质

C．取缔产生恶臭气体物质的生产厂家或生产工艺

D．焚烧产生恶臭气体的物质必须采取有效的防治措施

15．某已投产的2×300MW火电企业处于国务院划定的二氧化硫控制区内，其大气污染物超标排放。依据《大气污染防治法》，对该企业应当（　　）。（2010年）

A．限期关停　　B．限期治理

C．限期搬迁　　D．限期淘汰

16．依据《大气污染防治法》，关于燃煤产生大气污染的防治，下列说法中错误的是（　　）。（2010年，2011年，2012年）

A．国家鼓励企业采用先进的脱硫、除尘技术

B．企业应当对燃料燃烧过程中产生的氮氧化物采取控制措施

C．在集中供热管网覆盖的地区，不得新建燃煤供热锅炉

D．国家推行煤炭洗选加工，降低煤的硫分和灰分，禁止高硫分、高灰分的煤炭开采

17．根据《大气污染防治法》，关于防治废气、尘和恶臭污染的规定，下列说法中错误的是（　　）。（2012年）

A．禁止向大气排放含放射性物质的气体和气溶胶

B．严格限制向大气排放含有毒物质的废气和粉尘

C．向大气排放有机烃类尾气的，须报经当地环境保护行政主管部门批准

D．向大气排放恶臭气体的排污单位，必须采取措施防止周围居民区受到污染

18．根据《大气污染防治法》，关于防治燃煤产生大气污染的规定，下列说法中错误的是（　　）。（2013年）

A．企业应当对燃料燃烧过程中产生的氮氧化物采取控制措施

B．在集中供热管网覆盖地区，不得新建除燃煤供热锅炉外的其他燃煤锅炉

C．不得制造、销售或进口产品质量达不到国家规定的锅炉大气污染物排放标准的锅炉

D．大、中城市人民政府应当制定规划，对饮食服务业企业限期使用天然气、液化石油气、电或其他清洁能源

19．根据《大气污染防治法》，禁止露天焚烧秸秆、落叶等产生烟尘污染物质的区域是（　　）。（2013 年）

A．工业集中区　　B．人口集中区

C．乡村道路两侧　　D．基本农田保护区

20．根据《大气污染防治法》，为减少大气污染的产生，企业应优先采用（　　）。（2014 年）

A．设备投资省、生产效率高的生产工艺

B．能源利用率高、设备投资省的生产工艺

C．设备投资省、污染排放达到标准的工艺

D．能源利用率高、污染物排放量少的清洁生产工艺

二、不定项选择题

1．依据《大气污染防治法》，为了防治燃煤产生的大气污染，应当采取的措施是（　　）。（2007 年）

A．在集中供热管网覆盖的地区，不得新建燃煤锅炉

B．对燃料燃烧过程中产生的氮氧化物采取控制措施

C．新建的高硫分、高灰分煤矿，必须配套建设煤炭洗选设施

D．不得制造、销售或者进口超过生产大气污染物排放标准的锅炉

2．依据《大气污染防治法》，关于防治燃烧产生大气污染的有关规定，下列说法中正确的有（　　）。（2009 年）

A．国家鼓励企业采用先进的脱硫、除尘技术

B．在集中供热管网覆盖的地区可以新建燃煤供热锅炉

C．企业应当对燃料燃烧过程中产生的氮氧化物采取控制措施

D．大、中城市人民政府应当制定规划，对饮食服务企业限期使用天燃气、液化石油气、电或者其他清洁能源

3．依据《大气污染防治法》，关于消耗臭氧层物质，下列说法中正确的有（　　）。（2010 年）

A．国家禁止消耗臭氧层物质的生产

B．国家禁止消耗臭氧层物质的使用

C．国家鼓励消耗臭氧层物质替代品的使用

D．国家鼓励消耗臭氧层物质替代品的生产

4．根据《大气污染防治法》，禁止露天焚烧秸秆的地区包括（　　）。（2012 年）

A．机场周围　　B．人口集中地区

C．高速公路附近　　D．当地人民政府划定的区域

5．根据《大气污染防治法》，防治燃煤产生大气污染的规定，下列说法正确的有（　　）。（2014 年）

A．各禁止高硫分、高灰分煤炭的开采

B．鼓励和支持洁净煤技术的开发和推广

C．鼓励和支持使用低硫分、低灰分的优质煤炭

D．改进城市能源结构，推广清洁能源的生产和使用

6．根据《大气污染防治法》防治废气、粉尘和恶臭污染的有关规定，下列说法中正确的是（　　）。（2014 年）

A．禁止消耗臭氧层物质的生产和使用

B．禁止向大气排放含放射性物质的气体和气溶胶

C．禁止在交通干线附近露天焚烧枯秆、落叶等产生烟尘污染的物质

D．禁止在人口集中地区焚烧沥青、塑料等产生有毒有害气体和恶臭气体的物质

7．根据《大气污染防治法》防治废气、粉尘和恶臭污染的有关规定，下列说法中错误的是（　　）。（2014 年）

A．向大气排放粉尘的排污单位，必须采取防尘措施

B．煤气生产过程中产生的含硫化物气体，应当充分燃烧后排放

C．向大气排放恶臭气体的排污单位，必须采取措施防止周围居民区受到污染

D．向大气排放有机烃类尾气的排污单位，必须报经当地环境保护行政主管部门批准

参考答案

一、单项选择题

1．A　2．A　3．C

4．C　【解析】向大气排放转炉气、电石气、电炉法黄磷尾气、有机烃类尾气的，须报经当地环境保护行政主管部门批准。

5．B　6．A

7. D 【解析】企业应当优先采用能源利用效率高、污染物排放量少的清洁生产工艺，减少大气污染物的产生。

8. B 9. C

10. B 【解析】大气污染防治重点城市人民政府可以在本辖区内划定禁止销售、使用国务院环境保护行政主管部门规定的高污染燃料的区域。该区域内的单位和个人应当在当地人民政府规定的期限内停止燃用高污染燃料，改用天然气、液化石油气、电或者其他清洁能源。

11. B 【解析】可燃性气体回收利用装置不能正常作业的，应当及时修复或者更新。在回收利用装置不能正常作业期间确需排放可燃性气体的，应当将排放的可燃性气体充分燃烧或者采取其他减轻大气污染的措施。

12. A 13. C

14. A 【解析】在人口集中地区和其他依法需要特殊保护的区域内，禁止焚烧沥青、油毡、橡胶、塑料、皮革、垃圾以及其他产生有毒有害烟尘和恶臭气体的物质。

15. B

16. D 【解析】选项 D 的正确说法是：国家推行煤炭洗选加工，降低煤的硫分和灰分，限制高硫分、高灰分煤炭的开采。

17. A

18. B 【解析】在集中供热管网覆盖的地区，不得新建燃煤供热锅炉。

19. B 【解析】禁止在人口集中地区、机场周围、交通干线附近以及当地人民政府划定的区域露天焚烧秸秆、落叶等产生烟尘污染的物质。

20. D

二、不定项选择题

1. ABCD 【解析】新建的所采煤炭属于高硫分、高灰分的煤矿，必须建设配套的煤炭洗选设施，使煤炭中的含硫分、含灰分达到规定的标准。

2. ACD

3. CD 【解析】国家鼓励、支持消耗臭氧层物质替代品的生产和使用，逐步减少消耗臭氧层物质的产量，直至停止消耗臭氧层物质的生产和使用。在国家规定的期限内，生产、进口消耗臭氧层物质的单位必须按照国务院有关行政主管部门核定的配额进行生产、进口。

4. ABCD 5. BCD 6. BCD

7. AB 【解析】向大气排放粉尘的排污单位，必须采取除尘措施。炼制煤气过程中排放含有硫化物气体的应当配备脱硫装置或者采取其他脱硫措施。

（二）《水污染防治法》

一、单项选择题

1．根据《水污染防治法》中有关生活饮用水地表水源保护区的规定，下列说法中不正确的是（　　）。（2005 年）

A．生活饮用水地表水源取水口附近一定水域和陆域为一级保护区

B．禁止向一级保护区水体内排放污水

C．向一级保护区的水体内排放的污水必须经处理达标

D．禁止在一级保护区内从事旅游和游泳活动

2．根据《水污染防治法》，船舶的（　　）必须回收，禁止排入水体。（2005 年）

A．生活污水　　B．含油污水

C．残油、废油　　D．各种污水

3．根据《水污染防治法》，在开采多层地下水的时候，对已受污染的潜水和承压水（　　）。（2005 年）

A．措施得当时，可以混合开采　　B．严格禁止开采

C．不得混合开采　　D．经批准，可以混合开采

4．依据《水污染防治法》，某市的化工企业，因事故，含硫酸废水超过正常排放量造成污染事故，该企业必须采取应急措施，通报可能受到水污染危害和损害的单位，并向当地（　　）报告。（2006 年）

A．水主管部门　　B．环境保护行政主管部门

C．行业主管部门　　D．人民政府

5．依据《水污染防治法》，在开采多层地下水的时候，如果各含水层的水层差异较大，应当（　　）。（2006 年）

A．混合开采　　B．分层开采

C．禁止开采　　D．边开采边回灌

6．依据《水污染防治法》，有关防止地表水污染的规定中，未明文禁止的行为是（　　）。（2006 年）

A．向水体倾倒低放射性固体废弃物

B．向水体倾倒含低放射性物质废水

C．向水体倾倒高、中放射性固体废弃物

D．向水体倾倒含高、中放射性物质废水

7. 为了防止地表水污染，以下属于《水污染防治法》明文禁止的行为是（　　）。（2007 年）

A．向水体排放含热废水　　B．向水体排放含病原体的污水

C．向水体排放、倾倒城市垃圾　　D．向水体排放含低放射性物质的废水

8．依据《水污染防治法实施细则》，下列生活饮用水地表水源适用于国家《地面水环境质量标准》Ⅱ类标准的水质是（　　）。（2007 年）

A．生活饮用水地表水源准保护区内的水质

B．生活饮用水地表水源一级保护区内的水质

C．生活饮用水地表水源二级保护区内的水质

D．生活饮用水地表水源一级和二级保护区内的水质

9．依据《水污染防治法》，必要时，在生活饮用水地表水源取水口附近可以划定一定的水域和陆域作为（　　）。（2007 年）

A．准保护区　　B．一级保护区

C．二级保护区　　D．重点保护区

10．依据《水污防治法实施细则》和国家《地表水环境质量标准》，关于生活饮用水地表水源保护区，下列说法中正确的是（　　）。（2008 年）

A．一级保护区的水质适用Ⅱ类标准　　B．一级保护区的水质适用Ⅲ类标准

C．二级保护区的水质适用Ⅳ类标准　　D．二级保护区的水质适用Ⅴ类标准

11．依据《水污染防治法实施细则》，可允许（　　）。（2008 年）

A．船舶向地表水体倾倒垃圾

B．电镀企业向地表水体排放酸液

C．在河漫滩设置垃圾填埋场并向河体排放渗滤液

D．医院向地表水体排放经消毒处理并达到排放标准的含病原体污水

12．在中华人民共和国领域内，适用《水污染防治法》的活动是（　　）。（2009 年）

A．建设海岸防护工程　　B．建设跨海桥梁工程

C．生产经营滨海大型养殖场　　D．从事海洋航运的船舶进入内河航行

13．依据《水污染防治法》，水污染防治应当坚持的原则是（　　）。（2009 年）

A．预防为主、限期治理、综合整治　　B．预防为主、防治结合、限期整改

C．预防为主、防治结合、综合治理　　D．预防为主、防治结合、区域限批

14．依据《水污染防治法》，关于排放水污染物正确的说法是（　　）。（2009 年）

A．达到国家或者地方规定的水污染物排放标准就合法

B. 达到国家规定的水污染物排放标准以及总量控制指标就合法

C. 达到地方规定的水污染物排放标准或水污染物排放总量控制指标就合法

D. 达到国家和地方规定的水污染物排放标准以及重点水污染物排放总量控制指标就合法

15. 依据《水污染防治法》，对超过重点水污染物排放总量控制指标的地区，有关人民政府环境保护部门应当（　　）。（2009 年）

A. 停止审批本地区所有排放水污染物的建设项目的环境影响评价文件

B. 暂停审批新增重点水污染物排放总量的建设项目的环境影响评价文件

C. 暂停审批新增水污染物排放总量的所有建设项目的环境影响评价文件

D. 停止审批新增重点水污染物排放总量的建设项目的环境影响评价文件

16. 依据《水污染防治法》，关于船舶水污染防治的规定，下列说法中正确的是（　　）。（2009 年）

A. 禁止向水体倾倒船舶垃圾

B. 禁止向水体排放船舶含油污水

C. 船舶排放生活污水，应当执行国家污水综合排放标准

D. 船舶排放生活污水，应当执行当地污水综合排放标准

17. 依据《水污染防治法》，应当对城镇污水处理设施出水水质负责的单位是（　　）。（2009 年）

A. 设施的运营单位

B. 设施的施工设计单位

C. 设施所在地的建设主管部门

D. 设施所在地的环境保护主管部门

18. 依据《水污染防治法》，关于船舶水污染防治的规定，下列说法中正确的是（　　）。（2009 年）

A. 船舶无毒垃圾可以排入水体

B. 船舶的少量残油可以排入水体

C. 船舶产生的废油禁止排入水体

D. 船舶含油污水处理达标后也不得排入水体

19. 依据《水污染防治法》，有权批准饮用水水源保护区的是（　　）。（2009 年）

A. 国务院环境保护主管部门

B. 省级人民政府环境保护主管部门

C. 县级以上人民政府水行政主管部门

D. 国务院和省、自治区、直辖市人民政府

20. 依据《水污染防治法》，在饮用水水源二级保护区已建成的排放污染物的建设项目，由县级以上人民政府责令（ ）。（2009 年）

A. 限期治理　　B. 搬迁改造

C. 停产治理　　D. 拆除或关闭

21. 依据《水污染防治法》，在饮用水水源准保护区内被禁止的行为是（ ）。（2009 年，2010 年）

A. 垂钓

B. 网箱养殖

C. 新设排污口

D. 扩建对水体污染严重但不增加排污量的项目

22. 依据《水污染防治法》，当饮用水水源受到污染并可能威胁到供水安全时，有权作出责令有关企业事业单位采取停止或减少排放水污染物等措施决定的是（ ）。（2009 年）

A. 当地人民政府　　B. 水行政主管部门

C. 环境保护主管部门　　D. 建设行政主管部门

23.《水污染防治法》的适用范围不包括（ ）。（2010 年）

A. 湖泊污染防治　　B. 渠道污染防治

C. 海洋污染防治　　D. 地下水污染防治

24. 依据《水污染防治法》，对超过 COD 排放总量控制指标的地区，环境保护主管部门应当暂停审批（ ）的环境影响评价文件。（2010 年）

A. 新建水电站　　B. 新建制浆造纸厂

C. 新建输变电工程　　D. 铁路电气化改造工程

25. 依据《水污染防治法》，关于水污染防治措施，下列说法中错误的是（ ）。（2010 年）

A. 水质差异大的多层地下水可以混合开采

B. 人工回灌补给地下水不得恶化地下水质

C. 已受污染的潜水和承压水不得混合开采

D. 利用工业废水和城镇污水进行灌溉，应当防止污染地下水

26. 依据《水污染防法》，（ ）可以对风景名胜区水体划定保护区。（2010 年）

A. 县级以上民政府　　B. 县级以上建设主管部门

C. 县级以上环境保护主管部门　　D. 县级以上水行政主管部门

27. 依据《水污染防法》，在饮用水二级保护区内已建成的排放水污染物的建设项目，由（ ）责令拆除或者关闭。（2010 年）

A．县级以上民政府　　B．县级以上建设主管部门

C．县级以上环境保护主管部门　　D．县级以上水行政主管部门

28．依据《水污染防治法》，关于船舶水污染防治的规定，下列说法中正确的是（　　）。（2011年）

A．禁止向水体倾倒船舶垃圾

B．船舶残油排入水体，应当执行国家污水综合排放标准

C．禁止向水体排放船舶含油污水

D．船舶排放生活污水，应当执行地方污水综合排放标准

29．依据《水污染防治法》，在河流建设排污口涉及通航水域的，在审批环境影响评价文件时，（　　）应当征求交通、渔业主管部门的意见。（2011年）

A．建设单位　　B．环境保护主管部门

C．当地水行政主管部门　　D．承担环境影响评价的评价机构

30．依据《水污染防治法》，省级人民政府可以根据本行政区域水环境质量状况和水污染防治工作的需要，确定本行政区域的（　　）。（2011年）

A．水环境敏感区

B．地表水环境质量控制区

C．重点水污染物排放总量控制区

D．实施总量削减和控制的重点水污染物

31．依据《水污染防治法》，在饮用水水源准保护区内禁止（　　）。（2011年）

A．垂钓　　B．旅游

C．网箱养殖　　D．新设排污口

32．中华人民共和国领域内的（　　）污染防治不适用《水污染防治法》。（2012年）

A．海洋　　B．湖泊地表水体

C．江河地表水体　　D．地下水体

33．根据《水污染防治法》，建设单位在江河、湖泊新建、改建、扩建排污口时，应当取得（　　）或者流域管理机构同意。（2012年）

A．水行政主管部门　　B．交通行政主管部门

C．渔业行政主管部门　　D．环境保护行政主管部门

34．根据《水污染防治法》，关于城镇水污染防治的规定，下列说法中错误的是（　　）。（2012年）

A．城镇污水应当集中处理

B．向城镇污水集中处理设施排放污水，已缴纳污水处理费用的，还须缴纳排污费

C. 城镇污水集中处理设施的运营单位按照国家规定向排污者提供污水处理的有偿服务

D. 向城镇污水处理设施排放水污染物，应当符合国家或者地方规定的水污染物排放标准

35. 根据《水污染防治法》，水污染防治应当坚持预防为主、防治结合、综合治理的原则，优先保护（　　）。（2013 年）

A. 生态用水　　B. 景观用水

C. 农业用水　　D. 饮用水水源

36. 根据《水污染防治法》，关于地方水污染物排放标准，下列说法中正确的是（　　）。（2013 年）

A. 地方水污染物排放标准须报国务院环境保护行政主管部门备案

B. 地方水污染物排放标准须报国务院环境保护行政主管部门批准后实施

C. 省、自治区、直辖市环境保护行政主管部门对国家水污染物排放标准中未作规定的项目，可制定地方水污染物排放标准

D. 省、自治区、直辖市环境保护行政主管部门对国家水污染物排放标准中已作规定的项目，可以制定严于国家水污染物排放标准的地方水污染物排放标准

37. 根据《水污染防治法》，下列说法中正确的是（　　）。（2013 年）

A. 县级以上环境保护主管部门对违反水污染防治法规定、严重污染水环境的企业予以公布

B. 对超过重点水污染物排放总量控制指标的地区，有关人民政府环境保护主管部门应当暂停审批建设项目环境影响评价文件

C. 市、县人民政府可根据本行政区域水环境质量状况和水污染防治工作的需要，确定本行政区域实施总量削减和控制的重点水污染物

D. 省、自治区、直辖市人民政府应当按照国务院规定削减和控制本行政区域的重点水污染物排放总量，并将重点水污染物排放总量控制指标分解落实到排污单位

38. 根据《水污染防治法》，关于水污染防治措施的规定，下列说法中错误的是（　　）。（2013 年）

A. 禁止向水体排放酸液、碱液

B. 人工回灌补给地下水，不得恶化地下水水质

C. 禁止在水库最高水位线以上的滩地存贮固体废物

D. 多层地下水的含水层水质差异较大的，应当分层开

39. 某企业生产废水经预处理后排入所在镇的污水集中处理厂处理后排放。根据《水污染防治法》，关于水污染防治措施的规定，下列说法中正确的是（　　）。

（2013 年）

A．该企业已向镇污水集中处理厂缴纳污水处理费用，可不缴纳排污费

B. 排入镇污水集中处理厂的生产废水应符合双方协商确定的水污染物排放标准

C. 镇污水集中处理厂可将收取的污水处理费用一部分用于该企业废水预处理设施建设

D. 该企业和镇污水集中处理厂的运营单位，共同对镇污水集中处理厂的出水水质负责

40．根据《水污染防治法》，关于饮用水水源保护的有关规定，下列说法中正确的是（　　）。（2013 年）

A．禁止在饮用水水源一级和二级保护区内从事网箱养殖、旅游等活动

B．禁止在饮用水水源准保护区内扩建多水体污染严重的建设项目

C．禁止在饮用水水源一级和二级保护区内新建与供水设施无关的建设项目

D．禁止在饮用水水源一级和二级保护区内设置排污口，限制在饮用水水源准保护区内设置排污口

41．某省级环境保护行政主管部门负责审批的建设项目，拟向已有地方水污染物排放标准的水体排放水污染物。根据《水污染防治法》，其水污染物排放应执行（　　）。（2014 年）

A．国家水污染物排放标准

B．地方水污染物排放标准

C．由行业主管部门确认的排放标准

D．由省级质量技术监督主管部门确认的排放标准

42．根据《水污染防治法》，下列说法中错误的是（　　）。（2014 年）

A．禁止向水体排放酸液、碱液

B．禁止向水体排放含病原体的污水

C．禁止向水体排放、倾倒放射性固体废物

D．禁止向水体排放、倾倒工业废渣、城镇垃圾和其他废弃物

43. 根据《水污染防治法》水污染防治措施的规定，下列说法中错误的是（　　）。（2014 年）

A．人工回灌补给地下水，不得恶化地下水质

B．多层地下水的含水层水质差异大的，应当分层开采

C．禁止在水库最高水位线以上的滩地存储固体废弃物

D．存放可溶性剧毒废渣的场所，应当采取防水、防渗漏、防流失的措施

二、不定项选择题

1．依据《水污染防治法》，禁止在水库最高水位线以下的滩地和岸坡堆放、存贮（　　）。（2006 年）

A．生活垃圾　　B．煤矸石堆

C．建筑废物　　D．防洪应急沙石料

2．依据《水污染防治法》，在生活饮用水地表水源一级保护区为禁止的行为是（　　）。（2007 年）

A．游泳　　B．从事旅游

C．设置排污口　　D．新建公路

3．某县一电镀企业在当地生活饮用水地表水源一级保护区内新设置了一排污口，按照《水污染防治法》的有关规定，对这一排污口应当（　　）。（2007 年）

A．由县级以上人民政府按照国务院规定的权限责令限期拆除

B．由县级以上人民政府责令拆除或者关闭

C．由省级以上环保行政主管部门按照国务院规定的权限责令限期治理

D．由县级以上环保行政主管部门按照国务院规定的权限责令限期拆除

4．《水污染防治法》适用于中华人民共和国领域内的（　　）。（2008 年）

A．江河　　B．水库

C．近海　　D．湖泊

E．渠道

5．《水污染防治法》规定，禁止企业事业单位和个人工商户采取规避监管的方式排放水污染物。下列排放方式中属于规避监管的行为包括（　　）。（2009 年）

A．私设暗管排放废水

B．将废水进行稀释后排放

C．将废水用槽车转移出厂并随意倾倒

D．擅自改变污水处理方式且不经法定排放口排放废水

6．依据《水污染防治法》，禁止向水体排放或者倾倒的有（　　）。（2009 年）

A．工业废渣　　B．含热废水

C．城镇生活污水　　D．城镇生活垃圾

E．含病原体的污水

7．依据《水污染防治法》，根据保护饮用水水源的实际需要，可以对饮用水水源保护区的保护范围进行调整。有权作出该项调整决定的有（　　）。（2009 年）

A．国务院

B．省级人民政府环境保护主管部门

C．饮用水水源保护区所在地的县级人民政府

D．饮用水水源保护区所在地的市级人民政府

E．饮用水水源保护区所在地的省级人民政府

8．依据《水污染防治法》，水污染防治应当坚持的原则有（　　）。（2010 年）

A．综合治理　　B．预防为主

C．规划优先　　D．防治结合

9．依据《水污染防治法》，在饮用水水源二级保护区内未禁止的活动有（　　）。（2010 年，2011 年）

A．开展旅游活动　　B．从事网箱养殖

C．建造水源涵养林工程　　D．建设城市垃圾填埋处理场

10．适用《水污染防治法》的行为有（　　）。（2011 年）

A．向湖泊直接排放水污染物

B．向河流水体倾倒船舱生活垃圾

C．向深海排放经处理达标的生活污水

D．向江河水体排放符合国家相关标准和规定的含有低放射性物质的废水

11．依据《水污染防治法》，下列说法中错误的有（　　）。（2011 年）

A．国家对向水体排放的所有污染物均实施总量控制

B．国家对重点水污染物排放实施总量控制制度

C．国家仅对环境质量不达标的水体实施污染物排放总量控制

D．各级地方人民政府可以根据水污染防治的需要，确定本行政区域实施总量控制的重点污染物

12．依据《水污染防治法实施细则》，下列说法中正确的有（　　）。（2011 年）

A．生活饮用水地表水源一级保护区内的水质，适用国家《地表水环境质量标准》Ⅰ类标准

B．生活饮用水地表水源一级保护区内的水质，适用国家《地表水环境质量标准》Ⅱ类标准

C．生活饮用水地表水源二级保护区内的水质，适用国家《地表水环境质量标准》Ⅱ类标准

D．生活饮用水地表水源二级保护区内的水质，适用国家《地表水环境质量标准》Ⅲ类标准

13．根据《水污染防治法》，国务院环境保护行政主管部门制定国家水污染物排放标准的根据有（　　）。（2012 年）

A．国家经济条件　　B．国家技术条件

C．国家监测能力　　D．国家水环境质量标准

14．根据《水污染防治法》，利用工业废水和城镇污水进行灌溉，应当防止污染（　　）。（2012 年）

A．土壤　　B．地表水

C．地下水　　D．农产品

15．根据《水污染防治法》，禁止在饮用水水源准保护区内（　　）。（2013 年）

A．新建排污口

B．新建排放水污染物的建设项目

C．扩建排放水污染物的建设项目

D．新建对水体污染严重的建设项目

16．某化工企业管线爆裂后生产废液进入周边地表水体，并导致下游死鱼事件发生。根据《水污染防治法》，下列做法中正确的是（　　）。（2013 年）

A．立即启动本单位应急方案，采取应急措施

B．向事故发生地环境保护主管部门报告

C．向事故发生地的县级以上地方人民政府报告

D．向事故发生地的渔业主管部门报告，接受调查处理

17．《水污染防治法》适用于（　　）的污染防治。（2014 年）

A．河流　　B．水库

C．地下水　　D．近岸海城

18．根据《水污染防治法》，环境保护行政主管部门审批在通航渔业水体设立排污口的建设项目环境影响评价文件时，应征求（　　）的意见。（2014 年）

A．水行政主管部门　　B．流域管理机构

C．渔业行政主管部门　　D．交通行政主管部门

参考答案

一、单项选择题

1．C　2．C

3．C　【解析】多层地下水的含水层水质差异大的，应当分层开采；对已受污染的潜水和承压水，不得混合开采。

4．B　5．B

6．B　【解析】向水体排放含低放射性物质的废水，应当符合国家有关放射性污染防治的规定和标准。

7．C　8．B　9．B　10．A

11．D 【解析】其他三个选项都是禁止的行为。

12．D 【解析】《水污染防治法》适用于中华人民共和国领域内的江河、湖泊、运河、渠道、水库等地表水体以及地下水体的污染防治。海洋污染防治适用《海洋环境保护法》。

13．C

14．D 【解析】排放水污染物，不得超过国家或者地方规定的水污染物排放标准和重点水污染物排放总量控制指标。

15．C

16．A 【解析】船舶的残油、废油应当回收，禁止排入水体。禁止向水体倾倒船舶垃圾。含油污水、生活污水的排放应达标排放，但没有明确是执行国标还是地标。

17．A 18．C 19．D 20．D

21．C 【解析】禁止在饮用水水源准保护区内新建、扩建对水体污染严重的建设项目；改建建设项目，不得增加排污量。

22．C 【解析】环境保护主管部门有权限责令企业事业单位采取停止或减少排放污染物，但没有权限责令企业拆除或者关闭，权限在人民政府。

23．C 24．B 25．A

26．A 【解析】县级以上人民政府可以对风景名胜区水体、重要渔业水体和其他具有特殊经济文化价值的水体划定保护区，并采取措施，保证保护区的水质符合规定用途的水环境质量标准。

27．A 28．A 29．B 30．D 31．D 32．A 33．A

34．B 【解析】向城镇污水集中处理设施排放污水、缴纳污水处理费用的，不再缴纳排污费。

35．D

36．A 【解析】地方标准只有省、自治区、直辖市人民政府有能制定。

37．A 【解析】省、自治区、直辖市人民政府可以根据本行政区域水环境质量状况和水污染防治工作的需要，确定本行政区域实施总量削减和控制的重点水污染物。总量控制指标分解不是直接由省、自治区、直辖市人民政府分解落实到排污单位，而是先分配到市、县人民政府，再分解落实到排污单位。

38．C 【解析】禁止在江河、湖泊、运河、渠道、水库最高水位线以下的滩地和岸坡堆放、存贮固体废弃物和其他污染物。

39．A 【解析】收取的污水处理费用应当用于城镇污水集中处理设施的建设和运行，不得挪作他用。

40．B 【解析】在饮用水水源二级保护区内从事网箱养殖、旅游等活动的，应当按照规定采取措施，防止污染饮用水水体。在饮用水水源保护区内，禁止设置排污口，因此，选项是错误的。禁止在饮用水水源准保护区内新建、扩建对水体污染严重的建设项目；改建建设项目，不得增加排污量。

41．B

42．B 【解析】含病原体的污水应当经过消毒处理，符合国家有关标准后，方可排放。

43．C

二、不定项选择题

1．ABC 【解析】禁止在江河、湖泊、运河、渠道、水库最高水位线以下的滩地和岸坡堆放、存贮固体废弃物和其他污染物。

2．ABCD 3．B 4．ABDE 5．ABCD 6．AD 7．AE 8．ABD 9．ABC

10．BD 【解析】“向深海排放经处理达标的生活污水”不是《水污染防治法》的行为，应该是《海洋环境保护法》的行为。

11．ACD 12．BD

13．ABD 【解析】国务院环境保护主管部门根据国家水环境质量标准和国家经济、技术条件，制定国家水污染物排放标准。

14．ACD 【解析】向农田灌溉渠道排放工业废水和城镇污水，应当保证其下游最近的灌溉取水点的水质符合农田灌溉水质标准。利用工业废水和城镇污水进行灌溉，应当防止污染土壤、地下水和农产品。

15．D 16．ABCD 17．ABC

18．CD 【解析】建设单位在江河、湖泊新建、改建、扩建排污口，涉及通航、渔业水域的，环境保护主管部门在审批环境影响评价文件时，应当征求交通、渔业主管部门的意见。

（三）《环境噪声污染防治法》

一、单项选择题

1．根据《环境噪声污染防治法》，城市规划部门在确定建筑物布局时，应当依据国家声环境质量标准和民用建筑隔声设计规划，合理规定（　　）的防噪声距离。（2005年）

A．交通干线与工业区　　B．建筑物与交通干线

C．文教区与工业区　　D．交通枢纽区与工业区

2．依据《环境噪声污染防治法》，下列不属于“噪声敏感建筑物”的是（　　）。（2006年）

A．医院　　B．学校

C．工厂　　D．机关

3．依据《环境噪声污染防治法》，在夜间可进行产生环境噪声污染的建筑施工作业的区域是（　　）。（2006年）

A．医院和疗养区　　B．城市商业区

C．城市文教科研区　　D．居民住宅区

4．依据《环境噪声污染防治法》，城市人民政府当地民用航空器起飞、降落的净空周围划定限制建设噪声敏感建筑物的区域，在该区域内（　　）。（2006年）

A．禁止建设建筑物

B．禁止建设噪声敏感建筑物

C．可建设噪声敏感建筑物，但噪声建筑物的建设单位应当采取减轻、避免航空器运行时产生的噪声影响的措施

D．可限制建设噪声敏感建筑物，但航空部门应当采取减轻、避免航空器运行时产生的噪声影响的措施

5．某房产商拟在已有的城市交通干线一侧受交通噪声影响的距离内建设住宅区。依据《环境噪声污染防治法》，下列关于减轻住宅区交通噪声影响的说法，正确的是（　　）。（2006年）

A．房产商应当采取减轻噪声影响的措施，所需经费由房产商承担

B．城市交通干线的管理单位应当采取减轻噪声影响的措施，所需经费由房产商承担

C．房产商应当采取减轻噪声影响的措施，但所需经费应由房产商、城市交通

干线管理单位共同承担

D．房产商应当采取减轻噪声影响的措施，但所需经费应由城市交通干线管理单位承担

6．依据《环境噪声污染防治法》，在城市建设营业性文化娱乐场所的边界噪声，必须符合（　　）。（2006 年）

A．城市区域环境噪声标准　　B．工业企业厂界噪声标准

C．社会生活环境噪声排放标准　　D．民用建筑隔声设计规范

7．依据《环境噪声污染防治法》，下列表述正确的是（　　）。（2006 年）

A．产生环境噪声的工业企业，应当采取有效措施，减轻噪声对周围生活环境的影响

B．产生环境噪声的工业企业，应当采取有效措施，减轻噪声对周围生产环境的影响

C．产生环境噪声污染的工业企业，应当采取有效措施，减轻噪声对周围生活环境的影响

D．产生环境噪声污染的工业企业，应当采取有效措施，减轻噪声对周围生产环境的影响

8．按照《环境噪声污染防治法》，地方各级人民政府在制定城乡建设规划时，应当充分考虑建设项目和区域开发、改造所产生的噪声对周围（　　）的影响，合理安排功能区和建设布局。（2006 年）

A．生产环境　　B．生活环境

C．生态环境　　D．生活环境和生态环境

9．依据《环境噪声污染防治法》，城市规划部门在确定建设布局时，以下表述正确的是（　　）。（2007 年）

A．合理制定交通干线噪声监测方案，并提出相应的规划设计要求

B．合理制定民用建筑物的噪声隔声要求，并提出相应的规划设计要求

C．合理划定建筑物与交通干线的防噪声距离，并提出相应的规划设计要求

D．合理提出建筑物与交通干线间应安装声屏障的要求，并提出相应的规划设计要求

10．依据《环境噪声污染防治法》，某新建营业性文化娱乐场所的边界噪声不符合国家规定的环境噪声排放标准，文化行政主管部门对其管理行为中正确的做法是（　　）。（2007 年）

A．暂缓核发文化经营许可证　　B．不核发文化经营许可证

C．暂缓核发营业执照　　D．不核发营业执照

11．依据《环境噪声污染防治法》，在已有的城市交通干线两侧建设噪声敏感建

筑物，应当按照国家规定间隔一定距离，并采取减轻、避免交通噪声影响措施的单位是（　　）。（2007 年）

A．建设单位　　B．规划单位

C．环保部门　　D．交通部门

12．位于城市居民区内的某建筑施工场地施工时产生环境噪声污染，以下不符合《环境噪声污染防治法》中规定的是（　　）。（2007 年）

A．夜间不进行作业

B．夜间进行抢险作业

C．夜间进行抢修作业

D．未取得有关部门的证明，因生产工艺上要求，夜间进行连续作业

13．依据《环境噪声污染防治法》，以下不属于"噪声敏感建筑物"的是（　　）建筑物。（2007 年）

A．医院　　B．学校

C．工厂　　D．科研单位

14．依据《环境噪声污染防治法》，在城市市区范围内建设的某楼房向周围生活环境排放建筑施工噪声，应当符合国家规定的标准是（　　）。（2007 年）

A．城市区域环境噪声标准　　B．工业企业厂界噪声标准

C．建筑施工场界噪声限值　　D．民用建筑隔声设计规范

15．依据《环境噪声污染防治法》，在城市人民政府已经划定的限制建设噪声敏感建筑物的区域内建设噪声敏感建筑物的，应当采取减轻、避免航空器运行时产生噪声影响措施的单位是（　　）。（2007 年）

A．民航部门　　B．建设单位

C．地方人民政府　　D．地方环境保护行政主管部门

16．依据《环境噪声污染防治法》，新建营业性文化娱乐场所的边界噪声必须符合国家规定的标准是（　　）。（2007 年）

A．城市区域环境噪声标准　　B．建筑施工场界噪声限值

C．社会生活环境噪声排放标准　　D．城市区域环境振动标准

17．依据《环境噪声污染防治法》，在城市范围内向周围生活环境排放工业噪声的，应当符合国家规定的标准是（　　）。（2007 年）

A．城市区域环境噪声标准　　B．工业企业厂界噪声标准

C．建筑施工场界噪声限值　　D．城市区域环境振动标准

18．依据《环境噪声污染防治法》，对于社会生活噪声及其污染防治，下列说法正确的是（　　）。（2008 年）

A．公安机关因工作需要可以在市区任一区域使用高音广播喇叭

B．昼间的商业经营活动可以使用高音广播喇叭招揽顾客，但应控制音量

C．新建营业性文化娱乐场所的边界噪声必须符合国家规定的环境噪声排放标准

D．在已竣工交付使用的住宅楼进行室内装修活动，应当限制作业时间或采取其他降噪措施

19．依据《环境噪声污染防治法》，城市规划部门在确定建设布局时，应当根据国家声环境质量标准和民用建筑隔声设计规范，合理划定（　　）的防噪声距离。（2008 年）

A．建筑物之间　　B．交通干线之间

C．工业用地与商业用地之间　　D．建筑物与交通干线之间

20．依据《环境噪声污染防治法》，（　　）可以根据本地城市市区区域声环境保护的需要，划定禁止机动车行驶和禁止其使用声响装置的路段和时间，并向社会公告。（2008 年）

A．市政管理部门　　B．交通行政管理部门

C．公安机关　　D．环境保护行政主管部门

21．某企业生产过程中产生的噪声在厂界超过规定的环境噪声排放标准，并直接影响厂界外居民的正常生活。依据《环境噪声污染防治法》，该企业应当（　　）。（2009 年）

A．搬迁

B．与相邻居民协商解决办法

C．给予受影响居民一定的经济补偿

D．采取有效措施，减轻噪声对周围生活环境的影响

22．依据《环境噪声污染防治法》，某建筑工地在城市市区范围内向周围生活环境排放建筑施工噪声，应当符合国家规定的（　　）。（2009 年）

A．声环境质量标准

B．社会生活环境噪声排放标准

C．建筑施工场界环境噪声排放标准

D．工业企业厂界环境噪声排放标准

23．依据《环境噪声污染防治法》，下列关于“使用声响装置”的正确说法是（　　）。（2009 年）

A．机动车辆在城市市区范围内行驶时，禁止鸣喇叭

B．警车、消防车在执行非紧急任务时，可以使用警报器

C．铁路机车驶经或者进入城市市区、疗养区时，必须按照规定使用声响装置

D．消防车、工程抢险车、救护车等机动车辆安装、使用警报器，必须符合当地人民政府的规定

24．依据《环境噪声污染防治法》，关于社会生活噪声污染的防治，下列说法中错误的是（　　）。（2010 年）

A．使用乐器等进行其他家庭内娱乐活动时，避免对他人造成环境噪声污染

B．禁止在商业经营活动中使用高声广播喇叭或者采用其他发出高噪声的方法招揽顾客

C．新建营业性文化娱乐场所的边界噪声必须符合国家规定的声环境质量标准

D．在城市市区街道、广场、公园等公共场所组织娱乐、集会等活动，使用音响器材可能产生干扰周围生活环境的过大音量的，必须遵守当地公安机关的规定

25．依据《环境噪声污染防治法》，关于声响装置的使用，下列说法中正确的是（　　）。（2010 年）

A．机动车辆在城市市区范围内行驶，禁止鸣喇叭

B．警车、消防车在执行非紧急任务时，可以使用警报器

C．铁路机车驶经或者进入城市市区、疗养区时，必须按照规定使用声响装置

D．消防车、工程抢险车、救护车等机动车辆安装、使用警报器，必须符合当地人民政府的规定

26．依据《环境噪声污染防治法》，产生环境噪声污染的工业企业，应当采取的措施是（　　）。（2011 年）

A．关闭噪声源

B．避免噪声对周围环境产生影响

C．减轻噪声对周围生活环境产生影响

D．使其厂界噪声满足区域声环境质量标准

27．某城市地铁车站开挖施工中，机械设备产生的噪声影响到周围学校。依据《环境噪声污染防治法》，该施工活动应执行的排放标准是（　　）。（2011 年）

A．城市区域环境振动标准　　B．建筑施工场界环境噪声排放标准

C．地下铁道车站站台噪声限值　　D．社会生活环境噪声排放标准

28．依据《环境噪声污染防治法》，关于交通运输噪声污染防治的规定，下列说法中正确的是（　　）。（2011 年）

A．机动车辆在城市市区范围内行驶时，禁止鸣喇叭

B．警车、消防车在执行非紧急任务时，可以使用警报器

C．铁路机车驶经或者进入城市市区、疗养区时，必须按照规定使用声响装置

D．消防车、工程抢险车、救护车等机动车辆安装、使用警报器，必须符合当地人民政府的规定

29．根据《环境噪声污染防治法》，产生环境噪声污染的工业企业，应当采取有效措施，（　　）噪声对周围生活环境的影响。（2012 年）

A．减轻　　B．避免

C．防止　　D．预防

30．根据《环境噪声污染防治法》，在城市市区噪声敏感建筑物集中区域内，禁止夜间进行（　　）建筑施工作业。（2012 年）

A．全部　　B．产生环境噪声污染的

C．建筑机械产生严重噪声的　　D．建筑施工场界环境噪声超标的

31．根据《环境噪声污染防治法》，在已有的城市交通干线两侧建设噪声敏感建筑物的，建设单位应当（　　）。（2012 年）

A．采取有效的减缓交通噪声影响的措施

B．使敏感建筑物远离交通干线，避免交通噪声影响

C．使敏感建筑物与交通干线保持合理的防噪声距离

D．按照国家规定间隔一定距离，并采取减轻、避免交通噪声影响的措施

32．根据《环境噪声污染防治法》，环境噪声污染是指（　　）。（2013 年）

A．所产生的环境噪声干扰他人正常生活、工作和学习的现象

B．所产生的环境噪声超过国家规定的环境噪声排放标准的现象

C．在工业生产、建筑施工、交通运输和社会生活所产生的干扰周围生活环境的现象

D．所产生的环境噪声超过国家规定的环境噪声排放标准，并干扰他人正常生活、工作和学习的现象

33．根据《环境噪声污染防治法》，城市人民政府（　　）可以根据本地城市市区区域声环境保护的需要，划定禁止机动车辆行驶和禁止其使用声响装置的路段和时间，并向社会公告。（2013 年）

A．交通部门　　B．规划部门

C．环保部门　　D．公安机关

34．根据《环境噪声污染防治法》，下列说法中正确的是（　　）。（2014 年）

A．夜间，是指夜晚二十二点至凌晨八点之间的期间

B．噪声排放，是指噪声源向周围生活环境辐射噪声

C．环境噪声，是指工业生产、建筑施工、交通运输和社会生活中所产生的声音

D．环境噪声污染，是指所产生的环境噪音超过国家规定的环境噪声排放标准的现象

35. 根据《环境噪声污染防治法》，建筑施工噪声污染防治的有关规定，下列说法中正确的是（　　）。(2014 年)

A. 在城市市区，禁止夜间进行产生环境噪声污染的建筑施工作业

B. 在城市居民文教区，夜间进行产生环境噪声污染的建筑施工作业应达到国家规定的建筑施工场界环境噪声排放标准

C. 在城市文教科研区，经有关主管部门批准，并告知附近居民的，夜间允许进行产生环境噪声污染的抢修市政管道作业

D. 在城市市区范围内，建筑施工过程中使用机械设备，可能产生环境污染的，施工单位必须在工程开工 7 日以前向工程所在地环境保护行政主管部门申报该工程的项目名称、施工场所和期限、可能产生的环境噪声值以及所采取的环境噪声污染防治措施的情况

36. 根据《环境噪声污染防治法》，交通运输噪声污染防治有关规定，下列说法中错误的是（　　）。(2014 年)

A. 除起飞、降落或者依法规定的情形以外，民用航空器不得飞越城市市区上空

B. 在已有的城市交通干线的两侧建设噪声敏感建筑物的，公路交通管理部门应在采取减轻、避免交通噪声影响的措施

C. 在车站、铁路编组站、港口、码头、航空港等地指挥作业使用广播喇叭的，应当控制音量，减轻噪声对周围生活环境的影响

D. 建设经过已有居民住宅为主区域的城市轨道交通，有可能造成环境噪声污染的应当设置声屏障或采取其他有效控制环境噪声污染的措施

37. 根据《环境噪声污染防治法》，社会生活噪声污染防治的有关规定，下列说法中错误的是（　　）。(2014 年)

A. 严格控制任何单位、个人在城市市区噪声敏感建筑物集中区域内使用高音广播喇叭

B. 使用家用电器、乐器进行家庭室内娱乐活动时，应当控制音量或采取其他有效措施，避免对周围居民造成环境噪声污染

C. 在已竣工交付使用的住宅楼进行室内装修时，应限制作业时间，并采取其他有效措施，以减轻、避免对周周居民造成的环境噪声污染

D. 在城市市区街道、广场组织娱乐、集会活动，使用音响器材可能产生干扰周围生活环境的过大音量时，必须遵守当地公安机关的规定

二、不定项选择题

1．按照《环境噪声污染防治法》的规定，环境噪声污染的含义包括（　　）。（2005 年）

A．环境噪声超过国家规定的排放标准

B．环境噪声引起扰民纠纷

C．环境噪声影响正常生产

D．干扰他人正常生活、工作和学习

2．依据《环境噪声污染防治法》，拟建城市轻轨，经过下列区段，应当设置声屏障的区段有（　　）。（2006 年）

A．大学城　　B．党政机关区

C．两户居民住宅　　D．商业混杂区

3．依据《环境噪声污染防治法》，城市规划部门合理划定建筑物与交通干线的防噪声距离的依据有（　　）。（2006 年）

A．工业企业厂界环境噪声排放标准　　B．声环境质量标准

C．建筑施工场界环境噪声排放标准　　D．民用建筑隔声设计规范

4．依据《环境噪声污染防治法》，产生环境噪声的活动有（　　）。（2006 年）

A．工业生产　　B．建筑施工

C．交通运输　　D．社会生活

5．依据《环境噪声污染防治法》，下列属于“噪声敏感建筑物”的是指（　　）等需要保持安静的建筑物。（2007 年）

A．住宅　　B．机关

C．仓库　　D．科研单位

6．《环境噪声污染防治法》所称环境噪声，是指（　　）所产生的干扰周围生活环境的声音。（2008 年）

A．社会生活　　B．建筑施工

C．交通运输　　D．自然界的蝉鸣

E．工业生产

7．《环境噪声污染防治法》规定禁止夜间进行产生环境噪声污染的建筑施工作业的城市区域有（　　）。（2008 年）

A．工业区　　B．文教区

C．居住区　　D．医疗区

8．依据《环境噪声污染防治法》关于“限期治理”的规定，下列说法中正确的有（　　）。（2009 年）

A．被限期治理的单位必须按期完成治理任务

B．限期治理由县级以上人民政府依照国务院规定的权限决定

C．对于在噪声敏感建筑物集中区域内造成严重环境噪声污染的企业事业单位，应该责令限期治理

D．对小型企业事业单位的限期治理，可以由县级以上人民政府在国务院的规定权限内授权其环境保护行政主管部门决定

9. 某住宅开发建设项目拟布置在城市主干道一侧。依据《环境噪声污染防治法》，该项目的建设单位应当（　　）。（2009 年）

A．按国家规定将住宅与城市主干道间隔一定距离

B．给住宅居民一定的经济补偿

C．将面向城市主干道的房屋不作为住宅使用

D．采取减轻、避免城市主干道交通噪声影响的措施

10.《环境噪声污染防治法》中对民用航空器噪声污染防治的规定有（　　）。（2008 年）

A．民航部门应当采取有效措施，减轻环境噪声污染

B．除起飞、降落或者依法规定的情形外，民用航空器不得飞越城市市区上空

C．城市人民政府应当在航空器起飞、降落的净空周围划定限制建设噪声敏感建筑物的区域

D．在限制建设噪声敏感建筑物的区域内建设噪声敏感建筑物，建设单位应当采取减轻、避免航空器运行时产生的噪声影响的措施

11．某建筑工程位于城市市区噪声敏感建筑物集中区域内，因特殊需要必须夜间连续作业。依据《环境噪声污染防治法》，施工单位必须（　　）才能进行夜间连续作业。（2010 年）

A．公告附近居民

B．采取措施消除环境噪声污染

C．经环境保护行政主管部门批准

D．有县级以上人民政府或者其有关主管部门的证明

12. 依据《环境噪声污染防治法》，噪声敏感建筑物集中区域包括（　　）。（2011 年）

A．医疗区　　B．宾馆区

C．以机关为主的区域　　D．以居民住宅为主的区域

13．依据《环境噪声污染防治法》，关于社会生活噪声污染防治的规定，下列说法中正确的有（　　）。（2011 年）

A．禁止经营中的文化娱乐场所使用大功率音响设备

B．禁止在商业经营活动中使用高音广播喇叭招揽顾客

C．使用家用电器，应当避免对周围居民造成环境噪声污染

D．新建营业性文化娱乐场所的边界噪声必须符合国家规定的环境噪声排放标准

14．根据《环境噪声污染防治法》，关于社会噪声污染防治的规定，下列说法中错误的有（　　）。（2012 年）

A．禁止任何单位、个人在城市市区使用高音广播喇叭

B．进行住宅楼室内装修活动，必须限制作业时间并采取其他有效措施防治噪声污染

C．城市市区公共场所组织娱乐活动，使用音响器材可能产生干扰周围环境的过大音量的，必须遵守当地环境保护行政主管部门的规定

D．商业经营活动中使用冷却塔等可能产生环境噪声污染的设备，其经营者应当采取措施，使其边界噪声不得超过国家规定的环境噪声排放标准

15．根据《环境噪声污染防治法》，工业噪声污染防治的规定，使用固定设备造成环境噪声污染的工业企业，须向环境保护行政主管部门申报的材料包括（　　）。（2014 年）

A．造成环境噪声污染设备的种类

B．造成环境噪声污染设备的数量

C．正常作业条件下，设备所发出的噪声值

D．防治噪声污染的设施情况及有关防治噪声污染的技术资料

参考答案

一、单项选择题

1．B　2．C　3．B

4．C　【解析】 除起飞、降落或者依法规定的情形以外，民用航空器不得飞越城市市区上空。城市人民政府应当在航空器起飞、降落的净空周围划定限制建设噪声敏感建筑物的区域；在该区域内建设噪声敏感建筑物的，建设单位应当采取减轻、避免航空器运行时产生的噪声影响的措施。民航部门应当采取有效措施，减轻环境噪声污染。

5．A　【解析】城市交通干线先建，住宅区后建，减噪措施由开发商承担。

6．C

7．C　【解析】注意“环境噪声”与“环境噪声污染”的区别，“环境噪声污染”一定要达到超标的程度，并且干扰他人正常生活、工作和学习的现象。

8．B 9．C 10．B 11．A

12．D 【解析】在城市市区噪声敏感建筑物集中区域内，禁止夜间进行产生环境噪声污染的建筑施工作业，但抢修、抢险作业和因生产工艺上要求或者特殊需要必须连续作业的除外。因特殊需要必须连续作业的，必须有县级以上人民政府或者其有关主管部门的证明。

13．C

14．C 【解析】目前该标准的名称已改为《建筑施工场界环境噪声排放标准》，但该题有借鉴意义。其他几个标准的名称也有所改变。

15．B 16．C

17．B 【解析】目前该标准的名称已改为《工业企业厂界环境噪声排放标准》，但该题有借鉴意义。

18．C 【解析】在已竣工交付使用的住宅楼进行室内装修活动，应当限制作业时间，并采取其他有效措施，以减轻、避免对周围居民造成环境噪声污染。注意“并”、“或”用词的区别。

19．D

20．C 【解析】城市人民政府公安机关可以根据本地城市市区区域声环境保护的需要，划定禁止机动车辆行驶和禁止其使用声响装置的路段和时间，并向社会公告。

21．D 22．C

23．C 【解析】禁止任何单位、个人在城市市区噪声敏感建筑物集中区域内使用高音广播喇叭。在城市市区范围内行驶的机动车辆的消声器和喇叭必须符合国家规定的要求。警车、消防车、工程抢险车、救护车等机动车辆安装、使用警报器，必须符合国务院公安部门的规定；在执行非紧急任务时，禁止使用警报器。上述情况是由公安部门制定规则。

24．C 【解析】边界噪声执行的不是质量标准，应当是排放标准。

25．C 26．C 27．B 28．C 29．A

30．B 【解析】在城市市区噪声敏感建筑物集中区域内，夜间进行禁止进行的产生环境噪声污染的建筑施工作业。

31．D 32．D 33．D

34．B 【解析】夜间，是指晚二十二点至晨六点之间的期间。环境噪声，是指在工业生产、建筑施工、交通运输和社会生活中所产生的干扰周围环境的声音。

35．C 【解析】在城市市区范围内，建筑施工过程中使用机械设备，可能产生环境噪声污染的，施工单位必须在工程开工 15 日以前向工程所在地县级以上地方人民政府环境保护行政主管部门申报该工程的项目名称、施工场所和期限、可能产生的环境噪声值以及所采取的环境噪声污染防治措施的情况。

36. B 【解析】应当是建设单位采取措施，而不是公路交通管理部门。

37. A

二、不定项选择题

1. AD

2. AB 【解析】应当设置声屏障的区段是“建设经过已有的噪声敏感建筑物集中区域”，“噪声敏感建筑物集中区域”是指医疗区、文教科研区和机关或者居民住宅为主的区域。两户居民住宅、商业混杂区不属于“噪声敏感建筑物集中区域”。

3. BD 4. ABCD 5. ABD 6. ABCE 7. BCD 8. ABCD 9. AD

10. ABCD 11. AD 12. ACD

13. BCD 【解析】经营中的文化娱乐场所，其经营管理者必须采取有效措施，使其边界噪声不超过国家规定的环境噪声排放标准。

14. AC 【解析】禁止任何单位、个人在城市市区噪声敏感建筑物集中区域内使用高音广播喇叭。在城市市区街道、广场、公园等公共场所组织娱乐、集会等活动，使用音响器材可能产生干扰周围生活环境的过大音量的，必须遵守当地公安机关的规定。高音设备能否在交通道路、街道、广场等地使用是由公安机关制定规则。

15. ABCD

（四）《固体废物污染环境防治法》

一、单项选择题

1．根据《固体废物污染环境防治法》，国务院环境保护行政主管部门应当会同国务院有关部门制定国家危险废物的名录，规定统一的（　　）、鉴别方法和识别标志。（2005 年）

A．危险废物鉴别标准　　B．危险废物适用标准

C．危险废物处置方法　　D．危险废物分析方法

2．根据《固体废物污染环境防治法》，直接从事收藏、储存、运输、利用处理危险废物的人员，应当（　　），方可从事该项工作。（2005 年）

A．接受专业培训，经考核合格　　B．接受劳动技能培训

C．接受行政主管部门委托　　D．经环境行政主管部门审批

3．下列有关固体废物过境转移的说法，符合《固体废物污染环境防治法》规定的是（　　）。（2005 年）

A．经省级人民政府批准后，可过境转移

B．经国家环境保护总局批准后，可过境转移

C．有国际间协定的可过境转移

D．禁止过境转移

4．《固体废物污染环境防治法》规定，禁止任何单位或者个人向江河、湖泊、运河、渠道、水库及其（　　）的滩地倾倒、堆放固体废物。（2005 年）

A．平均水位线以下　　B．最低水位线以下

C．最高水位线以下　　D．死库容以下

5．依据《固体废物污染环境防治法》，固体废物污染防治原则是（　　）。（2006 年）

A．市场化、生态化、循环化　　B．规范化、有效性、经济性

C．减量化、资源化、无害化　　D．效率高、效益大、效果好

6．依据《固体废物污染环境防治法》，产生危险废物的单位，不按国家规定处置危险废物的，由所在地（　　）。（2006 年）

A．市级以上地方人民政府责令停业整顿

B．县级以上安全行政主管部门责令限期改正

C．县级以上环境保护行政主管部门责令限期改正

D．县级以上环境保护行政主管部门责令停业整顿

7．依据《固体废物污染环境防治法》，确有必要关闭、闲置或者拆除生活垃圾处置设施、场所，必须经所在地（　　）核准，并采取措施，防止污染环境。（2006年）

A．县级以上地方人民政府

B．县级以上环境卫生行政主管部门

C．县级以上环境保护行政主管部门

D．县级以上环境卫生行政主管部门和环境保护行政主管部门

8．下列有关危险废物经我国过境转移的说法，符合《固体废物污染环境防治法》的是（　　）。（2006年）

A．禁止过境转移

B．有国际间协定的可过境转移

C．经国务院批准后，可过境转移

D．经国家环境保护总局批准后，可过境转移

9．依据《固体废物污染环境防治法》，企事业单位对其产生的不能利用的工业固体废物，以下正确的做法是（　　）。（2007年）

A．向海洋倾倒　　B．采取无害化处置措施

C．送城市生活垃圾填埋场　　D．送城市医疗垃圾焚烧中心

10．《固体废物污染环境防治法》的适用范围是（　　）。（2007年）

A．工业固体废物污染海洋环境的防治　　B．生活垃圾污染陆域环境的防治

C．放射性固体废物污染环境的防治　　D．放射性废液污染环境的防治

11．依据《固体废物污染环境防治法》，某海滨化工企业应将其生产过程中产生的暂时不能利用的工业固体废物（　　）。（2008年）

A．倾倒于海洋　　B．无害化处置

C．送城市生活垃圾填埋场　　D．送城市医疗垃圾焚烧中心

12．依据《固体废物污染环境防治法》，组织编制危险废物集中处置设施、场所建设规划的部门是（　　）。（2008年）

A．国务院环境保护行政主管部门

B．国务院经济综合宏观调控部门

C．危险废物集中处置设施所在地的地方人民政府

D．国务院环境保护行政主管部门会同国务院经济综合宏观调控部门

13．依据《固体废物污染环境防治法》，建设生活垃圾处置的设施、场所，必须符合国务院环境保护行政主管部门和国务院建设行政主管部门规定的（　　）。（2008年）

A. 建筑设计规范　　B. 环境保护标准和环境卫生标准

C. 环境保护标准和建筑设计规范　　D. 环境卫生标准和建筑设计规范

14.《固体废物污染环境防治法》适用我国境内（　　）。(2008 年)

A. 液态废物的污染防治　　B. 排入水体的废水的污染防治

C. 固体废物污染海洋环境的防治　　D. 放射性固体废物污染环境的防治

15. 依据《固体废物污染环境防治法》，国家对固体废物污染环境防治实行（　　）的原则。(2009 年)

A. 污染者依法负责

B. 当地人民政府依法负责

C. 当地人民政府环境保护行政主管部门依法负责

D. 当地人民政府环境卫生行政主管部门依法负责

16. 依据《固体废物污染环境防治法》，危险废物管理计划应当报产生危险废物的单位所在地县级以上地方人民政府环境保护行政主管部门（　　）。(2009 年)

A. 核准　　B. 批准

C. 备案　　D. 同意

17. 依据《固体废物污染环境防治法》，除法律、行政法规另有规定外，贮存危险废物必须采取符合国家环境保护标准的防护措施，并不得超过（　　）。(2009 年)

A. 一个月　　B. 半年

C. 一年　　D. 二年

18. 依据《固体废物污染环境防治法》，对产生危险废物而不处置的单位，由所在地县级以上人民政府环境保护行政主管部门责令（　　）。(2009 年)

A. 关闭　　B. 限期改正

C. 限制生产　　D. 停产治理

19. 依据《固体废物污染环境防治法》，关于贮存、利用、处置、危险废物的含义，下列说法中错误的是（　　）。(2010 年，2011 年)

A. 贮存，是指将固体废物临时置于特定设施或者场所中的活动

B. 利用，是指从固体废物中提取物质作为原材料或者燃料的活动

C. 处置，是指将固体废物临时置于符合环境保护规定要求的填埋场的活动

D. 危险废物，是指列入国家危险废物名录或者根据国家规定的危险废物鉴别标准和鉴别方法认定的具有危险特性的固体废物

20. 依据《固体废物污染环境防治法》，除法律、行政法规另有规定外，贮存危险废物必须采取符合国家环境保护标准的防护措施，并不得超过（　　）。确需延长期限的，必须报经原批准经营许可证的环境保护行政主管部门批准。(2010 年)

A. 二年　　B. 一年

C．半年　　D．一个月

21．《固体废物污染环境防治法》中所称的“生活垃圾”不包括（　　）。（2011年）

A．家庭生活中产生的废纸屑

B．生活垃圾焚烧发电产生的底渣

C．建筑工地产生的厨余垃圾

D．为日常生活提供服务的活动中产生的固体废物

22．依据《固体废物污染环境防治法》，对产生危险废物而未进行处置的单位，又不承担依法应当承担的处置费用的，由所在地县级以上人民政府环境保护行政主管部门责令（　）。（2011年）

A．限制生产，并指定单位代为处置

B．关闭，并处代为处置费用三倍罚款

C．限期改正，处代为处置费用一倍以上三倍以下的罚款

D．停产治理，并处代为处置费用一倍以上三倍以下的罚款

23．依据《固体废物污染环境防治法》，危险废物管理计划内容有重大改变的，应当及时（　　）。（2011年）

A．备案　　B．申报

C．报请核准　　D．编制环境影响评价文件

24．依据《固体废物污染环境防治法》，危险废物集中处置设施、场所的建设规划实施前应报国务院（　　）。（2011年）

A．核准　　B．批准

C．备案　　D．审查

25．某产生危险废物单位已采取符合国家环境保护标准的防护措施贮存危险废物一年。依据《固体废物污染环境防治法》，该单位如需延长贮存期限，必须（　　）。（2011年）

A．报所在地市人民政府批准

B．报所在地市人民政府备案

C．报经批准其经营许可证的环境保护行政主管部门批准

D．报经批准其经营许可证的环境保护行政主管部门备案

26．依据《固体废物污染环境防治法》，必须按（　　）分类进行收集、贮存危险废物。（2011年）

A．危险废物的种类　　B．危险废物的特性

C．危险废物的产生量　　D．危险废物的处置方式

27．根据《固体废物污染环境防治法》，关于该法适用的范围，下列说法中错误

的是（　　）。（2012 年）

A．固体废物污染海洋环境的防治不适用该法

B．放射性固体废物污染环境的防治不适用该法

C．该法适用于中华人民共和国境内固体废物污染环境的防治

D．该法适用于中华人民共和国领域内固体废物污染环境的防治

28．根据《固体废物污染环境防治法》，不属于国家对固体废物污染环境防治实行的原则是（　　）。（2012 年）

A．无害化处置固体废物　　B．充分合理利用固体废物

C．促进清洁生产和循环经济发展　　D．减少固体废物的产生量和危害性

29．某事业单位因技术条件对其产生的工业固体废物暂时不能利用。根据《固体废物污染环境防治法》，下列说法中错误的是（　　）。（2012 年）

A．该单位应当建设工业固体废物贮存、处置场所

B．该单位建设的工业固体废物贮存、处置的设施、场所，必须符合国家环境保护标准

C．该单位必须按国务院环境保护行政主管部门的规定建设贮存设施、场所，对其产生的工业固体废物安全分类存放

D．该单位必须按国务院环境保护行政主管部门的规定建设贮存设施、场所，对其产生的工业固体废物采取无害化处置措施

30．根据《固体废物污染环境防治法》，（　　）应当依据国务院批准的危险废物集中处置设施、场所的建设规划组织建设危险废物集中处置设施、场所。（2012 年）

A．县级以上地方人民政府

B．县级环境保护行政主管部门

C．国务院环境保护行政主管部门

D．省、设区的市级环境保护行政主管部门

31．根据《固体废物污染环境防治法》，收集、贮存危险废物，必须按照危险废物（　　）分类进行。（2012 年）

A．形态　　B．特性

C．来源　　D．去向

32．根据《固体废物污染环境防治法》，国家对固体废物污染环境防治实行的原则不包括（　　）。（2013 年）

A．无害化处置固体废物　　B．充分合理利用固体废物

C．促进清洁生产和循环经济发展　　D．减少固体废物的产生量和危害性

33.《固体废物污染环境防治法》不适用于（　　）污染环境的防治。（2014 年）

A．废酸　　B．废矿物油

C．教学用的射线装置　　D．置于容器中的废甲苯

34．根据《固体废物污染环境防治法》，工业固体废物利用、安全分类存放和无害化处置措施的规定，下列说法中错误的是（　　）。（2014 年）

A．国家实行工业固体废物申报制度

B．矿山企业应当减少尾扩、矸石、废石等矿业固体废物的产生量和贮存量

C．企事业单位应当根据经济、技术条件对其产生的工业固体废物加以利用

D．建设工业固体废物贮存、处置的设施、场所，必须符合国家和地方环境保护标准

35．根据《固体废物污染环境防治法》，建设、关闭生活垃圾收集及处置设施、场所的规定，下列说法中错误的是（　　）。（2014 年）

A．禁止擅自关闭、闲置或者拆除生活垃圾处置的设施、场所

B．建设生活垃圾处置的设施、场所必须符合国务院环境保护行政主管部门和国务院建设行政主管部门规定的环境保护和环境卫生标准

C．确有必要关闭、闲置或拆除生活垃圾处置的设施、场所，必须经所在地县级以上地方人民政府环境卫生行政主管部门核准，并采取措施，防止污染环境

D．县级以上人民政府应当统筹安排建设城乡生活垃圾收集、运输、处置设施，提高生活垃圾的利用率和无害化处理率，促进生活垃圾收集、处置的产业化发展，逐步建立和完善生活垃圾污染防治的社会服务体系

二、不定项选择题

1．根据《固体废物污染环境防治法》，产生危险废物的单位必须按国家有关规定，（　　）。（2005 年）

A．制定危险废物管理条例

B．向所在地县级以上环境保护行政主管部门申报危险废物的有关资料

C．委托有资质的单位处置

D．将危险废物就地堆放处置

2．按照《固体废物污染环境防治法》，性质不相容而未经安全性处置的危险废物禁止（　　）。（2006 年）

A．混合收集　　B．混合运输

C．混合贮存　　D．混合处置

3．依据《固体废物污染环境防治法》，在国务院有关主管部门及省、自治区、直辖市人民规定的自然保护区、风景名胜区、饮用水水源保护区、基本农田保护区和其他需要特别保护的区域内，禁止建设（　　）。（2006年）

A．煤矸石堆场　　B．农作物秸秆堆放场

C．生活垃圾填埋场　　D．污水处理厂污泥填埋场

4．依据《固体废物污染环境防治法》，对贮存和处置下列固废的设施和场所，必须设置识别标志的有（　　）。（2007年）

A．炉渣　　B．厨房剩余垃圾

C．医疗垃圾　　D．感光材料废物

5．《固体废物污染环境防治法》适用于（　　）的防治。（2007年）

A．生活垃圾污染土壤　　B．放射性固废污染环境

C．固体废物污染海洋环境　　D．列入国家危险废物名录的固体废物

6．依据《固体废物污染环境防治法》固体废物是指在生产、生活和其他活动中产生的丧失原有利用价值或者虽未丧失利用价值但被抛弃或者放弃的（　　）以及法律、行政法规规定纳入固体废物管理的物品、物质。（2007年）

A．固态物品　　B．半固态物质

C．排入水体的废水　　D．置于容器中的气态物质

7. 依据《固体废物污染环境防治法》，下列活动中属于固体废物处置的有（　　）。（2007年）

A．焚烧

B．临时置于特定设施或场所

C．最终置于符合环保要求的填埋场所

D．采用改变固废化学特性的方法，以达到消除其危害成分的活动

8. 依据《固体废物污染环境防治法》，禁止露天焚烧秸秆的区域有（　　）。（2007年）

A．机场周围　　B．基本农田

C．人口集中地区　　D．交通干线附近

9．依据《固体废物污染环境防治法》，固体废物的“处置”包括（　　）。（2008年）

A．将固体废物焚烧的方法

B．将固体废物临时置于特定设施的活动

C．将固体废物置于符合环境保护规定要求的填埋场的活动

D．改变固体废物的物理、化学、生物特性的方法，减少或者清除其危险成分的活动

10.《固体废物污染环境防治法》所称固体废物包括（　　）。（2008 年）

A．在生产中产生的丧失原有利用价值的固态物质

B．在生活中产生的虽未丧失利用价值但被放弃的半固态物品

C．在生产中产生的丧失原有利用价值被置于容器中的气态的物质

D．在生活中产生的虽未丧失利用价值，但被放弃的并置于容器中的液态物质

11.《固体废物污染环境防治法》所称“固体废物处置”是指（　　）。（2009 年）

A．将固体废物压缩以减小体积

B．将固体废物焚烧以改变特性

C．将固体废物临时置于特定设施或者场所中

D．将固体废物最终置于符合环境保护规定要求的填埋场

12．依据《固体废物污染环境防治法》生活垃圾处置设施、场所的有关规定，必须经过县级以上地方人民政府环境保护行政主管部门和环境卫生行政主管部门核准的行为包括（　　）。（2009 年）

A．拆除生活垃圾处置设施　　B．关闭生活垃圾处置场所

C．闲置生活垃圾处置设施　　D．建设生活垃圾处置设施、场所

13．依据《固体废物污染环境防治法》，关于危险废物收集、贮存的规定，下列说法中符合该规定的有（　　）。（2009 年）

A．危险废物禁止与非危险废物进行混合收集、贮存

B．收集、贮存危险废物，必须按照危险废物特性分类进行

C．性质相容且经安全性处置的危险废物可以与非危险废物混合贮存运输

D．性质不相容且未经过安全性处置的危险废物，可以混合收集、贮存、运输

14．依据《固体废物污染环境防治法》，应当按照国家有关环境卫生的规定，配套建设生活垃圾收集设施的单位有（　　）。（2010 年）

A．飞机场的经营管理单位　　B．商店的经营管理单位

C．码头的经营管理单位　　D．从事城市旧区改建的单位

15．依据《固体废物污染环境防治法》，关于危险废物的收集、贮存，下列说法中正确的有（　　）。（2010 年）

A．性质相容的危险废物可以混合收集、贮存

B．收集、贮存危险废物，必须按照危险废物特性分类进行

C．性质相容且经安全性处置的危险废物可以与非危险废物混合贮存

D．性质不相容且未经过安全性处置的危险废物禁止混合收集、贮存

16. 依据《固体废物污染环境防治法》，国家对固体废物污染环境防治实行（　　）的原则。（2011 年）

A．总量控制　　B．无害化处置固体废物

C．充分合理利用固体废物　　D．减少固体废物的产生量和危害性

17．依据《固体废物污染环境防治法》，（　　）必须经过县级以上地方人民政府环境保护行政主管部门和环境卫生行政主管部门核准。（2011 年）

A．拆除生活垃圾处置设施　　B．关闭生活垃圾处置场所

C．闲置生活垃圾处置设施　　D．建设生活垃圾处置场所

18．依据《固体废物污染环境防治法》，产生危险废物的单位按国家有关规定制定的危险废物管理计划应当包括（　　）。（2011 年）

A．危险废物利用措施　　B．危险废物贮存处置措施

C．减少危险废物产生量的措施　　D．减少危险废物危害性的措施

19．依据《固体废物污染环境防治法》，关于危险废物收集、贮存的规定，下列说法中正确的有（　　）。（2011 年）

A．禁止危险废物与非危险废物混合收集、贮存

B．收集、贮存危险废物，必须按照危险废物赋存形态分类进行

C．性质相容且经安全性处置的危险废物可以与非危险废物混合贮存运输

D．性质不相容且未经过安全性处置的危险废物，可以混合收集、贮存、运输

20．根据《固体废物污染环境防治法》，关于固体废物贮存、处置、利用的含义，下列说法中正确的有（　　）。（2012 年）

A．利用，是指将固体废物直接作为产品原料的活动

B．处置，包括将固体废物焚烧以消除其危险成分的活动

C．贮存，是指将固体废物临时置于特定设施或者场所中的活动

D．处置，包括将固体废物最终置于符合环境保护规定要求的填埋场的活动

21．根据《固体废物污染环境防治法》，关于产生危险废物的单位必须处置危险废物的规定，下列说法中正确的有（　　）。（2012 年）

A．产生危险废物的单位不处置的，代为处置的处置费用由该单位承担

B．产生危险废物的单位不处置的，由所在地县级以上人民政府责令限期改正

C．产生危险废物的单位，必须按照国家有关规定处置危险废物，不得擅自倾倒、堆放

D．产生危险废物的单位逾期不处置或者处置不符合国家有关规定的，由国家环境保护行政主管部门指定单位按国家有关规定代为处置

22．某化工厂已从城区搬迁至化工区，原址用地交当地政府收储后由房地产开发公司竞拍开发建设，一拾荒者发现原址地块内遗留有化工厂贮存的危险废物。根据《固体废物污染环境防治法》，关于固体废物污染环境防治原则的规定，下列说法中正确的是（　　）。（2013 年）

A．该拾荒者对危险废物依法承担污染防治责任

B．当地政府对危险废物依法承担污染防治责任

C．该化工厂对该危险废物依法承担污染防治责任

D．购地的房地产开发公司对危险废物依法承担污染防治责任

23．根据《固体废物污染环境防治法》，下列关于固体废物的说法中正确的有（　　）。（2014 年）

A．工业固体废物指在工业生产活动中产生的固体废物

B．丧失原有利用价值，放置于容器中的气态物品属固体废物

C．在日常生活中或为日常生活提供服务的活动中产生的固体废物属生活垃圾

D．根据国家规定的危险废物鉴别标准和鉴别方法认定具有危险特性的固体废物属危险废物

24．根据《固体废物污染环境防治法》，危险废物污染环境防治的规定，产生危险废物的单位制定的危险废物管理计划应当包括（　　）。（2014 年）

A．危险废物处置措施

B．危险废物贮存、利用措施

C．减少危险废物产生的措施

D．减少危险废物危害性的措施

参考答案

一、单项选择题

1．A　2．A　3．D　4．C　5．C

6．C　【解析】产生危险废物的单位，必须按照国家有关规定处置危险废物，不得擅自倾倒、堆放；不处置的，由所在地县级以上地方人民政府环境保护行政主管部门责令限期改正；逾期不处置或者处置不符合国家有关规定的，由所在地县级以上地方人民政府环境保护行政主管部门指定单位按照国家有关规定代为处置，处置费用由产生危险废物的单位承担。

7．D　【解析】生活垃圾处置设施、场所的管理部门涉及环境卫生行政主管部门和环境保护行政主管部门，管理的侧重点不同。

8．A　9．B　10．B　11．B　12．D

13．B　【解析】生活垃圾处置设施、场所的管理部门涉及两个部门，两个标准都要执行。

14．A 【解析】固体废物，是指在生产、生活和其他活动中产生的丧失原有利用价值或者虽未丧失利用价值但被抛弃或者放弃的固态、半固态和置于容器中的气态的物品、物质，以及法律、行政法规规定纳入固体废物管理的物品、物质。液态废物的污染防治，适用本法；但是，排入水体的废水的污染防治适用有关法律，不适用本法。

15．A 16．C

17．C 【解析】贮存危险废物必须采取符合国家环境保护标准的防护措施，并不得超过一年；确需延长期限的，必须报经原批准经营许可证的环境保护行政主管部门批准；法律、行政法规另有规定的除外。

18．B

19．C 【解析】处置应该是最终处理，不是临时。

20．B 21．B

22．C 【解析】危险废物产生者不处置其产生的危险废物又不承担依法应当承担的处置费用的，由县级以上地方人民政府环境保护行政主管部门责令限期改正，处代为处置费用一倍以上三倍以下的罚款。

23．B 24．B 25．C 26．B 27．D 28．C

29．A 【解析】企业事业单位应当根据经济、技术条件对其产生的工业固体废物加以利用；对暂时不利用或者不能利用的，必须按照国务院环境保护行政主管部门的规定建设贮存设施、场所，安全分类存放，或者采取无害化处置措施。建设工业固体废物贮存、处置的设施、场所，必须符合国家环境保护标准。

30．A 【解析】县级以上地方人民政府只需执行规划就可以了。

31．B 32．C

33．C 【解析】置于容器中的气态物品、物质以及法律、行政法规规定纳入固体废物管理的物品、物质以及液态废物的污染防治，也适用本法。但是，排入水体的废水的污染防治适用有关法律，不适用本法。

34．D 【解析】建设工业固体废物贮存、处置的设施、场所，必须符合国家环境保护标准。

35．C 【解析】关闭、闲置或者拆除的生活垃圾处置的设施、场所，必须经两个部门即经所在地的市、县人民政府环境卫生行政主管部门和环境保护行政主管部门核准。

二、不定项选择题

1．BC 【解析】产生危险废物的单位，必须按照国家有关规定制订危险废物管理计划，并向所在地县级以上地方人民政府环境保护行政主管部门申报危险废物的种类、产生量、流向、贮存、处置等有关资料。

2．ABCD 【解析】收集、贮存危险废物，必须按照危险废物特性分类进行。禁止混合收集、贮存、运输、处置性质不相容而未经安全性处置的危险废物。

3．ACD 【解析】在国务院和国务院有关主管部门及省、自治区、直辖市人民政府划定的自然保护区、风景名胜区、饮用水水源保护区、基本农田保护区和其他需要特别保护的区域内，禁止建设工业固体废物集中贮存、处置的设施、场所和生活垃圾填埋场。

4．CD 【解析】对危险废物的容器和包装物以及收集、贮存、运输、处置危险废物的设施、场所，必须设置危险废物识别标志。

5．A 6．ABD 7．ACD

8．ACD 【解析】禁止在人口集中地区、机场周围、交通干线附近以及当地人民政府划定的区域露天焚烧秸秆。

9．ACD 10．ABC

11．ABD 【解析】处置，是指将固体废物焚烧和用其他改变固体废物的物理、化学、生物特性的方法，达到减少已产生的固体废物数量、缩小固体废物体积、减少或者消除其危险成分的活动，或者将固体废物最终置于符合环境保护规定要求的填埋场的活动。

12．ABC

13．AB 【解析】禁止混合收集、贮存、运输、处置性质不相容而未经安全性处置的危险废物。对于性质不相容的危险废物，在进行混合收集、贮存、运输或处置前，必须经过安全性处理、处置。如果不采取安全性混合，就可能会使一般废物转化为危险废物，或使危险废物的危害性质更为强烈、严重，或产生新的或更为严重污染环境的危险废物，甚至产生爆炸事故、火灾或其他严重事故。

14．ABCD 15．ABD 16．BCD 17．ABC

18．ABCD 【解析】危险废物管理计划应当包括减少危险废物产生量和危害性的措施以及危险废物贮存、利用、处置措施。危险废物管理计划应当报产生危险废物的单位所在地县级以上地方人民政府环境保护行政主管部门备案。

19．A 20．BCD

21．AC 【解析】其余 2 个选项的执行部门都是所在地县级以上地方人民政府环境保护行政主管部门。

22．CD 【解析】产生工业固体废物的单位需要终止的，应当事先对工业固体废物的贮存、处置的设施、场所采取污染防治措施，并对未处置的工业固体废物作出妥善处置，防止污染环境。产生工业固体废物的单位发生变更的，变更后的单位应当按照国家有关环境保护的规定对未处置的工业固体废物及其贮存、处置的设施、场所进行安全处置或者采取措施保证该设施、场所安全运行。变更前当事人对工业固体废物及其贮存、处置的设施、场所的污染防治责任另有约定的，从其约定；但是，不得免除当事人的污染防治义务。

23．ABCD　24．ABCD

（五）《海洋环境保护法》

一、单项选择题

1．根据《海洋环境保护法》，下列关于向海洋排放污水的说法错误的是（　　）。（2005 年）

A．有些特殊污染物的排放是法律所允许的，但是鉴于其特殊性，在排放是须采取有效措施进行处理或者予以限制

B．向海域排放含病原体的医疗污水、生活污水和工业废水，必须经过处理，符合排放标准后，方能排入海域

C．向海洋排放含热废水时，可以直接排放

D．含有机物和营养物质的工业废水生活污水应严格控制向海湾、半封闭海及其他自净能力差的海域排放

2．依据《海洋环境保护法》，入海排污口位置的选择，报设区的市级以上（　　）审查批准。（2006 年）

A．人民政府　　B．海事行政主管部门

C．海洋行政主管部门　　D．环境保护行政主管部门

3．按照《海洋环境保护法》的规定，禁止向海域排放的是（　　）。（2006 年）

A．酸、碱液　　B．工业废水

C．含重金属废水　　D．含病原体医疗污水

4．按照《海洋环境保护法》的规定，应当采取有效措施保护具有典型性、代表性的海洋生态系统的是（　　）。（2006 年）

A．国家海洋行政主管部门　　B．国家海事行政主管部门

C．国家环境保护行政主管部门　　D．国务院沿海地方各级人民政府

5．依据《海洋环境保护法》，应当采取有效措施，保护珍稀、濒危海洋生物的天然集中分布区的部门是国务院和（　　）。（2007 年）

A．沿海地方各级人民政府

B．沿海地方各级海事行政主管部门

C．沿海地方各级海洋行政主管部门

D．沿海地方各级环境保护行政主管部门

6．依据《海洋环境保护法》，严格限制向海域排放的废水或废液包括（　　）。（2007 年）

A．酸液、碱液　　B．重金属废水
C．中水平放射性废水　　D．低水平放射性废水

7．依据《海洋环境保护法》，下列说法正确的是（　　）。（2007 年）

A．严格控制向海域排放油类
B．严格限制中水平放射性废水向海域排放
C．禁止中水平放射性废水向半封闭海域排放
D．严格限制含有机物的工业废水向自净能力较差的海域排放

8．依据《海洋环境保护法》，必须经过处理符合国家有关排放标准后，方能排入海域的是（　　）。（2008 年）

A．油类　　B．碱液
C．工业废水　　D．中水平放射性废水

9．依据《海洋环境保护法》，关于陆源污染物设置入海排污口的规定，下列说法中正确的是（　　）。（2008 年）

A．任何情况下，不得将排污口深海设置
B．必须将排污口深海设置，实行离岸排放
C．达不到排放标准的，可以将排污口深海设置
D．有条件的，应当将排污口深海设置，实行离岸排放

10．依据《海洋环境保护法》，关于防治陆源污染物对海洋环境污染损害的有关规定，在海洋自然保护区（　　）。（2008 年）

A．不得新建入海排污口
B．应根据海水动力条件设置入海排污口
C．应将入海排污口深海设置，实行离岸排放
D．入海排污口的设置须征得海洋、海事、渔业行政主管部门的意见

11．依据《海洋环境保护法》，海岸工程建设项目环境影响报告书应由（　　）。（2008 年）

A．项目的建设单位直接报海洋行政主管部门审批
B．项目的建设单位先报环保行政主管部部门预审后，再报海洋行政主管部门审批
C．项目的建设单位先报经海洋行政主管部门审批后，报环境保护行政主管部门备案
D．项目的建设单位先报经海洋行政主管部门提出审核意见后，报环境保护行政主管部门审批

12．依据《海洋环境保护法》，设置陆源污染物深海离岸排放口的依据不包括（　　）。（2009 年）

A．海洋功能区划　　B．海水动力条件

C．海底工程设施　　D．海岸保护设施

13．依据《海洋环境保护法》，向海域排放含热废水，必须采取有效措施，保证邻近渔业水域的水温符合（　　）。(2009 年)

A．国家污染物排放标准　　B．地方污染物排放标准

C．国家海洋环境质量标准　　D．国家地表水环境质量标准

14．某设区市内有一企业的入海排污口经科学论证后拟报请审查批准。依据《海洋环境保护法》，对该排污口有审批权的是（　　）。(2010 年)

A．该市人民政府　　B．该市海洋行政主管部门

C．该市所在地的省级人民政府　　D．该市环境保护行政主管部门

15．依据《海洋环境保护法》，海岸工程环境影响报告书应当经（　　）提出审核意见后，报环境保护行政主管部门审查批准。(2010 年)

A．海事行政主管部门　　B．渔业行政主管部门

C．海洋行政主管部门　　D．军队环境保护部门

16．依据《海洋环境保护法》，下列区域中不属于滨海湿地的是（　　）。(2011 年)

A．低潮时水深不超过 6 米的潮间带

B．低潮时水深低于 6 米的沿海低地

C．低潮时水深超过 6 米的永久性海域

D．低潮时水深浅于 6 米的沿岸浸湿地带

17．依据《海洋环境保护法》，未被禁止向海域排放的是（　　）。(2011 年)

A．油类　　B．碱液

C．剧毒废液　　D．低水平放射性废水

18．根据《海洋环境保护法》，关于防治海岸工程建设项目对海岸环境污染损害的规定，下列说法中错误的是（　　）。(2012 年)

A．严格限制在海岸采挖砂石

B．海岸工程的环境保护设施未经海洋行政主管部门验收不得投入生产

C．在依法划定的海滨风景名胜区，不得从事污染环境的海岸工程项目建设

D．兴建海岸工程建设项目，必须采取有效措施，保护国家和地方重点保护的野生动物及其生存环境

19．根据《海洋环境保护法》，关于入海排放口位置选择的规定，下列说法中错误的是（　　）。(2013 年)

A．在有条件地区，应当将排污口深海设置，实行离岸排放

B．在海洋自然保护区和其他需要特别保护的区域，不得新建入海排污口

C．海滨风景名胜区、半封闭海及其他自净能力较差的海域不得新建入海排污口

D．入海排污口位置的选择，须报设区的市级以上人民政府环境保护行政主管部门审查批准

20．根据《海洋环境保护法》，关于禁止、严格控制或严格向海域排放废液或废水的有关规定，下列说法中错误的是（　　）。（2013 年）

A．禁止向海域排放含重金属废水

B．禁止向海域排放高、中水平放射性废水

C．含病原体的医疗污水经过处理达到国家有关排放标准后，可排入海域

D．严格控制向海湾、半封闭海及其他自净能力较差的海域排放含有机物和营养物质的工业废水、生活污水

21．根据《海洋环境保护法》，关于防治海岸工程建设项目对海洋环境的污染损害，下列说法中错误的是（　　）。（2013 年）

A．禁止在海岸采挖砂石

B．禁止在沿海陆域内新建不具备有效治理措施的化工项目

C．从岸上打井开采海底矿产资源，必须采取有效措施，防止污染海洋环境

D．兴建海岸工程建设项目，必须采取有效措施，保护国家和地方重点保护的野生动植物及其生存环境和海洋水产资源

22．根据《海洋环境保护法》，下列说法中错误的是（　　）。（2014 年）

A．沿海低地不属于滨海湿地

B．我国领海基线向内陆一侧的所有海域称为内水

C．海洋功能区划是指依据海洋自然属性和社会属性，以及自然资源和环境特定条件，界定海洋利用的主导功能和使用范畴

D．海洋环境污染损害是指直接或者间接地把物质或者能量引入海洋环境，产生损害海洋生物资源、危害人体健康、妨碍渔业和海上其他合法活动、损害海水使用素质和减损环境质量等有害影响

23．根据《海洋环境保护法》，向海域排污的有关规定，下列说法中正确的是（　　）。（2014 年）

A．禁止向海域排放油类

B．严格控制向海域排放剧毒废液

C．禁止向海域排放有机物和重金属废水

D．禁止向海湾、半封闭海域排放含有有机物和营养物质的生活污水

24．根据《海洋环境保护法》，向海域排污的有关规定，下列说法中错误的是（　　）。（2014 年）

A．工业废水必须经处理，符合国家有关排放标准后，方能排入海域

B．含病原体的医疗污水经过处理后符合国家有关排放标准，方能排入海域

C．含中水平放射性废水经过处理符合国家有关排放标准后，方能排入海域

D．向海湾排放含热废水，必须采取有效措施，保证邻近渔业水域的水温符合国家海洋环境质量标准

25．根据《海洋环境保护法》，下列说法中错误的是（　　）。（2014 年）

A．严格限制在海岸采挖砂石

B．禁止在重要渔业水域建设滨海大型养殖场

C．禁止在沿海陆域内新建不具备有效治理措施的岸边冲滩拆船项目

D．海岸工程项目的环保设施，必须与主体工程同时设计、同时施工、同时投产使用

二、不定项选择题

1．依据《海洋环境保护法》，不得新建排污口的区域有（　　）。（2007 年）

A．海湾　　B．半封闭海域

C．重要渔业水域　　D．海滨风景名胜区

E．海洋自然保护区

2．依据《海洋环境保护法》，严格控制向海域排放的废水有（　　）。（2009 年）

A．经过处理的含热废水　　B．含有重金属的废水

C．中水平放射性的废水　　D．含有不易降解有机物的废水

3．依据《海洋环境保护法》，下列说法中符合海岸工程建设项目对海洋环境的污染损害防治规定的有（　　）。（2009 年）

A．严格限制在海岸采挖砂石

D．环境保护设施未经海洋行政主管部门验收不得投入生产

C．兴建海岸工程建设项目，必须采取有效措施，保护海洋水产资源

D．环境保护设施未经海洋行政主管部门检查批准，建设项目不得试运行

4．依据《海洋环境保护法》，海洋功能划分，是指依据海洋（　　），界定海洋利用的主导功能和使用范畴。（2010 年）

A．自然资源和环境特定条件　　B．自然属性和社会属性

C．海水使用素质损害的程度　　D．生物资源利用的主导功能

5．某芦苇生长茂盛的无人海岛拟开发用于建设造船基地。依据《海洋环境保护法》，基地建设过程中，符合海洋生态保护要求的做法有（　　）。（2010 年）

A．利用该岛原有岸滩靠泊船只

B．基础设施建设过程中砍伐海岛上的芦苇

C．为平整场地，将海岛西侧山体削平填至东侧

D．经科学论证，引进国外经济鱼种在海岛周边放养，以丰富周边海域鱼类品种

6．依据《海洋环境保护法》，关于防治海岸工程建设项目污染损害海洋环境，正确的有（　　）。（2010 年）

A．在海岸采挖沙石，必须采取有效措施，防治污染海洋环境

B．海岸工程的环保设施未经海洋行政主管部门验收，海岸工程建设项目不得投入生产

C．在依法划定的海滨风景名胜区，不得从事破坏景观的海岸工程项目建设

D．兴建海岸工程建设项目，必须采取有效措施，保护国家和地方重点保护的野生动植物

7．适用《海洋环境保护法》的行为有（　　）。（2011 年）

A．围海造地

B．从事海上旅游观光

C．在海洋专属经济区内从事海洋石油勘探

D．在海洋自然保护区的实验区开展海洋生态系统研究

8．某灌丛生长茂盛的无人海岛拟开发用于建设造船基地。依据《海洋环境保护法》，基地建设过程中，符合海洋生态保护要求的做法有（　　）。（2011 年）

A．利用该岛原有岸滩靠泊船只

B．基础设施建设过程中砍伐海岛上的灌丛

C．为平整场地，将海岛西侧山体削平填至东侧

D．经科学论证，引进国外经济鱼种在海岛周边放养，以丰富周边海域鱼类品种

9．依据《海洋环境保护法》，关于防治海岸工程建设项目对海洋环境污染损害的有关规定，下列说法中正确的有（　　）。（2011 年）

A．禁止在海岸采沙挖石

B．严格限制在沿海陆域内新建不具备有效防治措施的岸边冲滩拆船项目

C．兴建海岸工程建设项目，必须采取有效措施，保护国家和地方重点保护的野生动植物

D．在依法划定的海滨风景名胜区不得从事污染环境、破坏景观的海岸工程建设项目

10．根据《海洋环境保护法》，关于向海域排放废水或污水的规定，下列说法中错误的有（　　）。（2012 年）

A．严格控制向海域排放含有重金属的废水

B．严格控制含有机物的生活污水向海湾排放

C．含病原体的医疗废水可与处理达标后的工业废水混合后排入海域

D．向海域排放含热废水，必须采取有效措施，保护邻近渔业水域的水温符合国家海洋环境质量标准

11．根据《海洋环境保护法》，设置陆源污染物深海离岸排放排污口的，应依据（　　）的有关情况确定，具体办法由国务院规定。（2013 年）

A．海洋功能区划　　B．海水动力条件

C．海底工程设施　　D．海岸防护设施

12．根据《海洋环境保护法》，可建立海洋自然保护区的区域包括（　　）。（2014年）

A．海洋生物物种高度丰富的区域

B．具有特殊保护价值的入海河口

C．遭受破坏且经保护不能恢复的海洋自然生态区域

D．具有重大科学文化价值的海洋自然遗迹所在区域

参考答案

一、单项选择题

1．C　【解析】向海域排放含热废水，必须采取有效措施，保证邻近渔业水域的水温符合国家海洋环境质量标准，避免热污染对水产资源的危害。

2．D　【解析】入海排污口位置的选择，应当根据海洋功能区划、海水动力条件和有关规定，经科学论证后，报设区的市级以上人民政府环境保护行政主管部门审查批准。

3．A　【解析】其余三个选项为限制和控制排放。

4．D　【解析】具有典型性、代表性的海洋生态系统属于重要的生态系统，应由政府负责。

5．A

6．D　【解析】其余三个选项为禁止排放。

7．C

8．C　【解析】禁止向海域排放油类、酸液、碱液、剧毒废液和高、中水平放射性废水。严格限制向海域排放低水平放射性废水；确需排放的，必须严格执行国家辐射防护规定。严格控制向海域排放含有不易降解的有机物和重金属的废水。

9．D　【解析】在有条件的地区，应当将排污口深海设置，实行离岸排放。

10．A　【解析】在海洋自然保护区、重要渔业水域、海滨风景名胜区和其他需要特别保护的区域，不得新建排污口。

11．D 【解析】海岸工程建设项目环境影响报告书的审批有些特殊。

12．D 【解析】设置陆源污染物深海离岸排放排污口，应当根据海洋功能区划、海水动力条件和海底工程设施的有关情况确定，具体办法由国务院规定。

13．C 14．D 15．C

16．D 【解析】滨海湿地，是指低潮时水深浅于六米的水域及其沿岸浸湿地带，包括水深不超过六米的永久性水域、潮间带（或洪泛地带）和沿海低地等。

17．D

18．B 【解析】环保设施属专业性很强的防治设施，验收应由环保管理部门负责。

19．C 【解析】在海洋自然保护区、重要渔业水域、海滨风景名胜区和其他需要特别保护的区域，不得新建排污口。“其他需要特别保护的区域”，是指除海洋自然保护区、重要渔业水域和海滨风景名胜区以外，具有环境保护上的特殊价值，而划出一定范围，加以特别保护的区域。

20．A 【解析】严格控制向海域排放含有不易降解的有机物和重金属的废水。

21．A 【解析】严格限制在海岸采挖砂石。露天开采海滨砂矿和从岸上打井开采海底矿产资源，必须采取有效措施，防止污染海洋环境。

22．A 23．A

24．C 【解析】禁止向海域排放油类、酸液、碱液、剧毒废液和高、中水平放射性废水。

25．B 【解析】滨海大型养殖场属海岸工程。兴建海岸工程建设项目，必须采取有效措施，保护国家和地方重点保护的野生动植物及其生存环境和海洋水产资源。

二、不定项选择题

1．CDE 2．BD 3．AC

4．AB 【解析】海洋功能区划，是指依据海洋自然属性和社会属性，以及自然资源和环境特定条件，界定海洋利用的主导功能和使用范畴。

5．AD

6．ACD 【解析】选项 B 的正确说法是：“海岸工程的环保设施未经环境保护行政主管部门验收，海岸工程建设项目不得投入生产”。

7．ABCD 8．AD 9．CD

10．C 【解析】含病原体的医疗废水也应达标。

11．ABC

12．ABD 【解析】遭受破坏但经保护能恢复的海洋自然生态区域应当建立海洋自然保护区。

（六）《放射性污染防治法》

一、单项选择题

1．根据《放射性污染防治法》，开发利用或者关闭铀（钍）矿的单位，应当在（　　）编制环境报告书，报国务院环境保护行政主管部门审查批准。（2005 年）

A．开工建设后和矿区关闭后

B．开工建设前和矿区关闭前

C．申请领取采矿许可证前或者办理退役审批手续前

D．申请领取采矿许可证前或者办理退役审批手续后

2．某医院将已使用完毕的钴 60 放射源，送到仓库内储存，依据《放射性污染防治法》，放置放射性固体废物正确的做法是（　　）。（2006 年）

A．医院对钴 60 处理后，送交省级以上环保行政主管部门处置

B．医院对钴 60 无需处理，可送交当地环保行政主管部门处置

C．医院对钴 60 进行处理后，送交放射性固体废物处置单位处置

D．医院对钴 60 无需处理，可直接送交放射性固体废物处置单位处置

3．依据《放射性污染防治法》，根据地质条件和放射性固体废物处置的需要，在环境影响评价的基础上编制的放射性固体废物处置场所选址规划，应当报（　　）批准后实施。（2007 年）

A．国务院　　　　B．所在地省级人民政府

C．国务院核设施主管部门　　　　D．国务院环境保护行政主管部门

4．依据《放射性污染防治法》，对医院使用放射性同位素治疗产生的放射性固体废物，正确的做法是（　　）。（2007 年）

A．在医院内部专门场所处置

B．交环境保护行政主管部门处置

C．交由当地公安部门依法律规定处置

D．送交专门从事放射性固体废物贮存、处置的单位处置

5．产生放射性固体废物的单位，应当按照国务院环境保护行政主管部门的规定，对其产生的放射性固体废物进行处理后，送交（　　）处置。（2007 年）

A．当地政府　　　　B．省级环保行政主管部门

C．当地环保行政主管部门　　　　D．放射性固体废物处置单位

6．依据《放射性污染防治法》，铀矿开发利用项目的环境影响报告书，应报（　　）

审查批准。（2008 年）

A．国务院　B．国务院核设施主管部门

C．省级环境保护行政主管部门　D．国务院环境保护行政主管部门

7. 依据《放射性污染防治法》，放射性固体废物正确的处置方式是（　）。（2008 年）

A．低水平放射性固体废物在内河水域实行水下处置

B．高水平放射性固体废物实行集中的海洋深水处置

C．α 放射性固体废物在符合国家规定的区域实行集中的近地表处置

D．中水平放射性固体废物在符合国家规定的区域实行近地表处置

8. 依据《放射性污染防治法》，放射性固体废物处置场所选址规划应上报（　）批准后实施。（2008 年）

A．国务院　B．省、直辖市、自治区人民政府

C．国务院核设施主管部门　D．国务院环境保护行政主管部门

9．依据《放射性污染防治法》，产生放射性固体废物的单位处置放射性固体废物时，符合规定的做法是（　）。（2009 年）

A．对高水平的放射性固体废物实行集中的海洋深水处置

B．对其产生的放射性固体废物进行处理后，送交放射性固体废物处置单位处置

C．对中水平的放射性固体废物在符合国家规定的区域直接实行近地表处置

D．对低水平的放射性固体废物在符合国家规定的区域直接实行近地表处置

10．依据《放射性污染防治法》，放射性废液产生单位的下列做法中，正确的是（　）。（2010 年）

A．采取严格防渗措施后利用天然裂隙、溶洞排放放射性废液

B．利用渗井、渗坑排放符合国家放射性污染防治标准的放射性废液

C．对不得向环境排放的放射性废液按国家放射性污染防治标准予以贮存

D．采用符合省级环境保护行政主管部门规定的排放方式排放符合国家放射性污染防治标准的放射性废液

11．依据《放射性污染防治法》，关于核设施开展环境影响评价的规定，下列说法中正确的是（　）。（2011 年）

A．在办理核设施选址审批手续前，应当编制环境影响报告书

B．在办理核设施退役审批手续后，应当编制环境影响报告书

C．核设施选址和建造阶段，可进行一次环境影响评价，其报告书内容应包括核设施运行过程中的环境影响评价

D．核设施选址、建造和运行阶段，可进行一次环境影响评价，其报告书内容应包括核设施退役后的环境影响评价

12．依据《放射性污染防治法》，关于放射性固体废物处置方式的规定，下列说法中正确的是（　　）。（2011 年）

A．在海洋上处置放射性固体废物

B．在内河水域处置放射性固体废物

C．中水平放射性固体废物实行集中的深地质处置

D．低水平放射性固体废物在符合国家规定的区域实行近地表处置

13．根据《放射性污染防治法》，产生放射性固体废物的单位，应当按照（　　）的规定，对其产生的放射性固体废物进行处理后，送交放射性固体废物处置单位处置，并承担处置费用。（2012 年）

A．所在地市级人民政府　　B．所在地省级人民政府

C．所在地省级环境保护行政主管部门　　D．国务院环境保护行政主管部门

14．根据《放射性污染防治法》，低、中水平放射性固体废物在符合国家规定的区域实行（　　）。（2013 年）

A．海洋上处置　　B．近地表处理

C．内河水域处置　　D．集中的深地质处置

15．根据《放射性污染防治法》，关于产生放射性固体废物的单位处理处置放射性固体废物的规定，下列说法中正确的是（　　）。（2013 年）

A．禁止将放射性固体废物提供或者委托给无许可证的单位贮存和处置

B．专门从事放射性固体废物贮存处置的单位，须经国务院环境保护行政主管部门审查批准，并取得许可证

C．产生放射性固体废物的单位，对其按规定送交放射性固体废物处置单位处置的放射性固体废物承担处置费用

D．产生放射性固体废物的单位，应当按照国务院环境保护行政主管部门的规定，直接将放射性固体废物送交放射性固体废物处理单位处置

16．根据《放射性污染防治法》放射性固体废物处理处置的有关规定，下列说法中错误的是（　　）。（2014 年）

A．设立专门从事放射性固体废物贮存、处置的单位，须经国务院核设施主管部门审查批准，取得许可证

B．伴生放射性稀土矿开发利用过程中产生的尾矿，应当建设尾矿库进行贮存、处置，建造的尾矿库应当符合放射性污染防治的要求

C．产生放射性固体废物的单位，应按照国家有关规定，对其产生的放射性固体废物进行处理后，送交放射性固体废物处置单位处置，并承当处置费用

D．国务院核设施主管部门会同国务院环境保护行政主管部门根据地质条件和放射性固体废物处置要求，在环境影响评价的基础上编制放射性固体废物

处置场所选址规划，报国务院批准后实施

二、不定项选择题

1．依据《放射性污染防治法》，对放射性固体废物的处置要求，禁止的行为有（　　）。（2006 年）

A．将放射性固体废物输入我国境内或经我国境内转移

B．在内河水域和海洋上处置放射性固体废物

C．将放射固体废物提供或者委托给无许可证的单位贮存和处置

D．未经许可或者不按照许可的有关规定从事贮存和处置放射性固体废物的活动

2．依据《放射性污染防治法》，国家禁止利用（　　）排放放射性废液。（2006 年）

A．渗井　　B．溶洞

C．渗坑　　D．天然裂隙

3．依据《放射性污染防治法》，有关核设施在（　　）前，应当编制环境影响报告书。（2007 年）

A．办理退役审批手续

B．办理核设施选址审批手续

C．申请领取核设施建造审批手续

D．申请领取核设施运行许可证审批手续

4．依据《放射性污染防治法》，适用于（　　）过程中发生的放射性的防治活动。（2010 年）

A．核技术开发利用　　B．铀（钍）矿开发利用

C．伴生放射性矿开发利用　　D．核设施选址、建造、运行、退役

5．依据《放射性污染防治法》，放射性废液禁止采用的方式有（　　）。（2010 年）

A．利用渗井排放　　B．利用渗坑排放

C．利用溶洞排放　　D．利用开然裂隙排放

6．适用《放射性污染防治法》的活动包括（　　）。（2011 年）

A．核设施选址　　B．核设施建造

C．核设施运行　　D．核设施退役

7．根据《放射性污染防治法》，核设施营运单位应当编制环境影响报告书的时段为（　　）。（2012 年）

A．在进行核设施装料活动前

B．在办理核设施选址审批手续前

C．在办理核设施退役审批手续前

D．在申请领取核设施建造、运行许可证前

8．根据《放射性污染防治法》，关于放射性固体废物处置的规定，下列说法中正确的有（　　）。（2012 年）

A．在内河水域和海洋上处置放射性固体废物

B．高水平放射性固体废物实行集中的深地质处置

C．α放射性固体废物按中水平放射性固体废物近地表处置

D．低、中水平放射性固体废物在符合国家规定的区域实行近地表处置

9．根据《放射性污染防治法》，开发利用或者关闭铀（钍）矿的单位，需编制环境影响报告书的时段包括（　　）。（2013 年）

A．铀（钍）矿开发选址前　　B．铀（钍）矿申请领取采矿许可证前

C．铀（钍）矿申请运行许可证前　　D．铀（钍）矿办理退役审批手续前

10.《放射性污染防治法》适用于（　　）的放射性污染的防治活动。（2014 年）

A．射线装置　　B．核设施退役

C．核电厂选址　　D．放射性废物

11．根据《放射性污染防治法》，（　　）项目的环境影响评价报告书应报省以上人民政府环境保护行政主管部门审查批准。（2014 年）

A．关闭钍矿

B．开发利用铀矿

C．开发利用伴生放射性稀土矿

D．开发利用伴生放射性磷酸盐矿

12．根据《放射性污染防治法》，放射性固体废物处理处置的规定，下列说法中正确的有（　　）。（2014 年）

A．禁止在海洋上处置放射性固体废物

B．禁止未经许可从事处置放射性固体废物的活动

C．禁止α放射性固体废物实行集中的深地质处置

D．禁止高水平放射性固体废物实行集中的深地质处置

参考答案

一、单项选择题

1．C　【解析】放射性污染看不见，摸不着，危害严重，环保手续要更严格。

2．C　【解析】放射性固体废物必须交有资质的单位处置。

3．A　4．D　5．D　6．D

7. D 【解析】低、中水平放射性固体废物在符合国家规定的区域实行近地表处置。高水平放射性固体废物实行集中的深地质处置。α 放射性固体废物属高水平放射性固体废物。

8. A

9. B 【解析】低、中水平放射性固体废物不能直接实行近地表处置。

10. C 【解析】产生放射性废液的单位，必须按照国家放射性污染防治标准的要求，对不得向环境排放的放射性废液进行处理或者贮存。产生放射性废液的单位，向环境排放符合国家放射性污染防治标准的放射性废液，必须采用符合国务院环境保护行政主管部门规定的排放方式。禁止利用渗井、渗坑、天然裂隙、溶洞或者国家禁止的其他方式排放放射性废液。

11. A 【解析】在办理核设施选址审批手续前、核设施营运单位在申请领取核设施建造、运行许可证和办理退役审批手续前都应当编制环境影响报告书。

12. D

13. D 【解析】放射性固体废物的危险特性，应当由国务院环境保护行政主管部门规定相关统一的政策。

14. B

15. D 【解析】产生放射性固体废物的单位，应当先处理后送有资质的单位处置。

16. A 【解析】设立专门从事放射性固体废物贮存、处置单位，必须经国务院环境保护行政主管部门审查批准，取得许可证。

二、不定项选择题

1. ABCD 2. ABCD 3. ABCD 4. ABCD 5. ABCD 6. ABCD

7. BCD 【解析】选项 A 的正确说法应该是装料活动运行前。

8. ABD

9. ABCD 【解析】第十八条 在办理核设施选址审批手续前，应当编制环境影响报告书，报国务院环境保护行政主管部门审查批准；第二十条 核设施营运单位应当在申请领取核设施建造、运行许可证和办理退役审批手续前编制环境影响报告书，报国务院环境保护行政主管部门审查批准。

10. BC

11. CD 【解析】A、B 选项应当报国务院环境保护行政主管部门审查批准。C、D 选项属开发利用伴生放射性矿，报省级以上人民政府环境保护行政主管部门审查批准。

12. AB 【解析】禁止在内河水域和海洋上处置放射性固体废物。

（七）《清洁生产促进法》

一、单项选择题

1．根据《清洁生产促进法》，企业在进行技术改造过程中，应当采用（　　）。（2005 年）

A．能达到国家先进水平的污染防治技术

B．能够达到国家或者地方规定的污染物排放标准的污染防治技术

C．能够达到企业认为合理的污染物排放标准的污染防治技术

D．能够达到环保专家认为合理的污染防治技术

2．依据《清洁生产促进法》，企业在进行技术改造过程中应当采取的清洁生产措施不包括（　　）。（2006 年）

A．采用资源存量高的原料和生产效率高的工艺和设备

B．采用资源利用率高、污染物产量少的工艺和设备

C．对生产过程中产生的废物、废水和余热等进行综合利用或循环利用

D．采用无毒、无害或者低毒、低害的原料，替代毒性大、危害严重的原料

3．依据《清洁生产促进法》，企业在进行技术改造过程中，应采用的清洁生产措施是（　　）。（2007 年）

A．对不须包装的产品进行精美包装

B．为降低生产成本使用毒性较大的原料替代原毒性较小的原料

C．采用新工艺，虽比原工艺资源利用率低，但可大大降低生产成本

D．对生产过程中产生的废物、废水和余热进行综合利用和循环使用

4．依据《清洁生产促进法》，为防止农业环境污染，应（　　）。（2008 年）

A．禁用农药　　B．禁用农用薄膜

C．科学地使用饲料添加剂　　D．合理利用有毒废物作肥料

5．依据《清洁生产促进法》，关于农业生产中实施清洁生产的规定，下列说法正确的是（　　）。（2008 年）

A．可将少量有害废物用作肥料　　B．有害废物不经处理即可再用于造田

C．禁止将有害废物用作肥料　　D．有害废物经处理后可用于造田

6．依据《清洁生产促进法》，企业在技术改造过程中应当采取的清洁生产措施不包括（　　）。（2010 年）

A．制定推行清洁生产的规划

B．采用资源利用率高的工艺

C．对产生的余热进行综合利用

D．采用无毒或低毒的原料替代毒性大、危害严重的原料

7．依据《清洁生产促进法》，关于农业生产者采取清洁生产措施的要求，下列说法中错误的是（　　）。（2011 年）

A．禁止将有毒废物用作肥料

B．有害废物经处理后可用于造田

C．农业生产者应当科学地使用饲料添加剂

D．应当实现农业生产废物的资源化，防止农业环境污染

8．依据《清洁生产促进法》，某宾馆符合服务性企业清洁生产要求的做法是（　　）。（2011 年）

A．毛巾、床单天天更换清洗

B．在夏季将中央空调控制温度适当调高

C．为保障食品卫生，尽量使用一次性餐具

D．推出“点得多，折扣多”的餐饮促销活动

9．依据《清洁生产促进法》，关于建筑工程清洁生产措施的要求，下列说法中错误的是（　　）。（2011 年）

A．采用的装修材料必须符合国家标准

B．建筑工程应当采用有利于降低建设成本的装修材料

C．禁止生产、销售和使用有毒、有害物质超过国家标准的建筑材料

D．建筑工程应当采用节能、节水等有利于环境与资源保护的建筑设计方案

10．根据《清洁生产促进法》，关于农业生产者应采取的清洁生产措施，下列说法中错误的是（　　）。（2012 年）

A．国家大力推广饲料添加剂　　B．国家禁止将有害废物用于造田

C．国家禁止将有毒废物用作肥料　　D．农业生产者应当科学使用农用薄膜

11．根据《清洁生产促进法》，关于建筑工程应采取的清洁生产措施，下列说法中错误的是（　　）。（2012 年）

A．国家鼓励建筑工程采用节水设备

B．国家禁止销售有毒物质超过国家标准的装修材料

C．国家禁止生产有害物质超过国家标准的建筑材料

D．建筑工程应当采用有利于环境与资源保护的节能建筑设计方案

二、不定项选择题

1．依据《清洁生产促进法》，企业在进行技术改造过程中，应当采取的清洁生

产措施包括（　　）。（2009 年）

A．对生产过程中产生的余热进行综合利用

B．采用无害或低毒的原料替代毒性大、危害严重的原料

C．采用污染物产生量少的设备替代污染物产生量多的设备

D．采用能够达到国家规定的污染物排放标准的污染防治技术

2．根据《清洁生产促进法》，企业在进行技术改造过程中，应当采取的清洁生产措施有（　　）。（2012 年）

A．采用无毒的原料替代毒性大的原料

B．对生产过程中产生的废水进行综合利用

C．采用污染物产量少的设备替代污染物产生量多的设备

D．采用能够达到国家或者地方规定的污染物排放标准的污染防治技术

参考答案

一、单项选择题

1．B　【解析】能够达到国家或者地方规定的污染物排放标准的污染防治技术是企业最基本的要求。

2．A　【解析】采用资源存量高的原料不属于清洁生产措施。

3．D　4．C　5．C　6．A　7．B　8．B　9．B　10．A

11．A　【解析】建筑工程应当采用（而不是鼓励）节能、节水等有利于环境与资源保护的建筑设计方案、建筑和装修材料、建筑构配件及设备。

二、不定项选择题

1．ABCD　2．ABCD

（八）《循环经济促进法》

一、单项选择题

1.《循环经济促进法》中的循环经济是减量化、再利用、资源化活动的总称，其活动的过程是指（ ）。（2009 年）

A．设计、生产和流通　　B．生产、流通和消费

C．设计、生产和消费　　D．生产、流通和回用

2．依据《循环经济促进法》，新建、改建、扩建项目必须符合项目所在地行政区域（ ）总量控制指标的要求。（2009 年）

A．主要污染物排放、节能和用水

B．主要污染物排放、建设用地和用水

C．主要污染物排放、节能和废物再利用

D．主要污染物排放、建设用地和废物再利用

3．下列说法中符合《循环经济促进法》关于减量化规定的是（ ）。（2009 年）

A．国家禁止一次性消费品的出口

B．县级以上人民政府及其农业等主管部门应当推进土地集约利用

C．在有条件使用再生水的地区，禁止将自来水作为游泳用水使用

D．电力、化工、钢铁、有色金属和建材等企业，必须以洁净煤、石油焦等清洁能源替代燃料油

4．《循环经济促进法》中的“循环经济”是指在（ ）等过程中进行的减量化、再利用、资源化活动的总称。（2010 年）

A．设计、生产和流通　　B．生产、流通和消费

C．设计、生产和消费　　D．生产、流通和回用

5．依据《循环经济促进法》，发展循环经济应当在技术可行、经济合理和有利于节约资源、保护环境的前提下，按照（ ）的原则实施。（2011 年）

A．减量化优先　　B．再利用优先

C．资源化优先　　D．无害化优先

6．依据《循环经济促进法》，下列说法中错误的是（ ）。（2011 年）

A．企业事业单位应当采取措施，降低资源消耗

D．企业事业单位应当采取措施，减少废物的产生量和排放量

C．企业事业单位应当采取措施，提高废物的再利用和资源化水平

D．发展循环经济应当在技术可行、经济合理和有利于节约资源、保护环境的前提下，按照资源化优先的原则实施

7．依据《循环经济促进法》，关于“再利用和资源化的有关规定”，下列做法中错误的是（　　）。（2011 年）

A．某电厂将产生的粉煤灰进行安全填埋

B．某林业企业利用次小薪材生产密度板

C．某选矿厂尾矿库的澄清水回用于选矿生产

D．某屠宰厂利用生猪待宰棚的粪便制备沼气用于全厂取暖

8．根据《循环经济促进法》，发展循环经济应当在技术可行、经济合理和有利于节约资源、保护环境的前提下，按照（　　）的原则实施。（2012 年）

A．资源化优先　　B．减量化优先

C．再利用优先　　D．综合利用优先

9．根据《循环经济促进法》，新建、改建、扩建建设项目必须符合本行政区域总量控制的指标不包括（　　）。（2012 年）

A．用水总量　　B．用电总量

C．建筑用地总量　　D．主要污染物排放总量

10．根据《循环经济促进法》，企业在进行技术改造过程中，应当采用能够达到（　　）的污染防治技术。（2013 年）

A．清洁生产标准

B．行业先进水平

C．能源效率标准

D．国家或地方规定的污染物排放标准和污染物排放总量控制指标

11．根据《循环经济促进法》，关于减量化的规定，下列说法中正确的是（　　）。（2013 年）

A．企业应当使用高效节油产品

B．沿海地区应当进行海水直接利用

C．在缺水地区，应当发展节水型农业

D．有条件的地区，应当充分利用太阳能、地热能、风能等可再生能源

12．根据《循环经济促进法》，关于减量化、再利用和资源化的规定，下列说法中错误的是（　　）。（2013 年）

A．国家鼓励和支持使用再生水

B．国家鼓励和推进废物回收体系建设

C．矿山开采中伴生矿应送废石堆场填埋处理

D．国家鼓励利用无毒无害的固体废物生产建设材料、推广使用预拌混凝土和预拌砂浆

13．《循环经济促进法》所称循环经济。是指（　　）。（2014 年）

A．在生产、流通和消费等过程中进村的减量化、资源化、无害化活动的总称

B．在生产、流通和消费等过程中进行的减量化、再利用、资源化活动的总称

C．在生产、流通和消费等过程中进行的减量化、再利用、资源化、安全处置活动的总称

D．在生产、流通和消费等过程中进行的减量化、再利用、资源化、达标排放活动的总称

14．根据《循环经济促进法》，发展循环经济应当在技术可行、经济合理和有利于节约资源、保护环境的前提下，按照（　　）优先的原则实施。（2014 年）

A．资源化　　B．减量化

C．再利用　　D．达标排放

15．根据《循环经济促进法》减量化的有关规定，下列说法中错误的是（　　）。（2014 年）

A．国家鼓励利用无毒无害的固体废物生产建筑材料

B．矿山企业在开采主要矿种的同时，应当对具有工业价值的共生和伴生矿实行综合开采、合理利用

C．电力、钢铁等企业，必须在国家规定的范围和期限内停止使用不符合国家规定的燃油发电机组

D．在国务院或者省、自治区、直辖市人民政府规定的期限区域内，严格限制生产、销售和使用黏土砖

二、不定项选择题

1．某企业为降低资源消耗，采取相关措施减少废物的产生量和排放量。该企业采取的措施符合《循环经济促进法》相关规定的有（　　）。（2009 年）

A．建立健全管理制度

B．以清洁能源替代燃料油

C．优先选择采用易回收的材料

D．制订并实施节水计划，对生产用水进行全过程控制

2．依据《循环经济法》，废物再利用和资源化过程中必须（　　）。（2010 年）

A．保证再利用优先

B．保障生产安全

C．将废物直接作业原料进行利用

D．保证产品质量符合国家规定的标准，并防止再次污染

3．依据《循环经济促进法》，关于再利用和资源化的规定，下列做法中正确的有（　　）。（2011 年）

A．某沿海电厂使用海水冷却取代原有的淡水冷却

B．某新建项目在主体工程建设完成后，配套建设节水设施

C．某工业园区实施公用工程改造，对入园企业提供集中供热、分质供水

D．某矿山企业在开采主要矿种的同时，对具有工业价值的共生和伴生矿实行综合开采、合理利用

4．依据《循环经济促进法》，在有条件使用再生水的地区，限制或者禁止自来水用于（　　）。（2011 年）

A．景观用水　　B．城市绿化

C．工业生产　　D．城市道路清扫

5．根据《循环经济促进法》，国家鼓励各类产业园区的企业进行（　　）。（2012 年）

A．废物交换利用　　B．能量梯级利用

C．水的分类利用和循环使用　　D．共同使用基础设施和有关设施

6．根据《循环经济促进法》，符合循环经济、减量化、再利用、资源化法律定义的有（　　）。（2013 年）

A．再利用，是指将废物直接作为产品使用

B．资源化，是指将废物直接作为原料利用或对废物进行再生利用

C．减量化，是指生产、流通和消费等过程中减少资源消耗和废物产生

D．循环经济，是指在生产、流通和消费等过程中进行的减量化、再利用、资源化活动的总称

7．根据《循环经济促进法》，新建、改建、扩建建设项目，必须符合本行政区域（　　）的要求。（2014 年）

A．建设用地指标　　B．能源消耗指标

C．用水总量控制指标　　D．主要污染物排放指标

8．根据《循环经济促进法》减量化要求的规定，餐饮、娱乐、宾馆等服务性企业，应当采用（　　）的产品，减少使用或者不使用浪费资源、污染环境的产品。（2014 年）

A．节能　　B．节水

C．节材　　D．节约空间

参考答案

一、单项选择题

1．B 【解析】循环经济，是指在生产、流通和消费等过程中进行的减量化、再利用、资源化活动的总称。

2．B 【解析】第十三条 县级以上地方人民政府应当依据上级人民政府下达的本行政区域主要污染物排放、建设用地和用水总量控制指标，规划和调整本行政区域的产业结构，促进循环经济发展。

3．B 4．B 5．A

6．D 【解析】选项D的正确说法是：发展循环经济应当在技术可行、经济合理和有利于节约资源、保护环境的前提下，按照减量化优先的原则实施。

7．A 【解析】粉煤灰可以综合利用。

8．B 9．B 10．D

11．D 【解析】注意其他选项的用词，“应当”就有强制的意思。国家鼓励和支持沿海地区进行海水淡化和海水直接利用，节约淡水资源；国家鼓励和支持企业使用高效节油产品；在缺水地区，优先发展节水型农业。

12．C 13．B 14．B

15．D 【解析】第二十三条：在国务院或者省、自治区、直辖市人民政府规定的期限和区域内，禁止生产、销售和使用黏土砖。

二、不定项选择题

1．ABCD 2．BD 3．ABCD

4．ABD 【解析】国家鼓励和支持使用再生水。在有条件使用再生水的地区，限制或者禁止将自来水作为城市道路清扫、城市绿化和景观用水使用。

5．ABCD

6．BCD 【解析】再利用，是指将废物直接作为产品或者经修复、翻新、再制造后继续作为产品使用，或者将废物的全部或者部分作为其他产品的部件予以使用。

7．ACD

8．ABC 【解析】第二十六条：餐饮、娱乐、宾馆等服务型企业，应当采用节能、节水、节材和有利于保护环境的产品，减少使用或者不使用浪费资源、污染环境的产品。

（九）《水法》

一、单项选择题

1．根据《水法》，国家鼓励开发、利用水运资源。在水生生物洄游通道，通航或者竹木流放的河流上修建永久性拦河闸坝，建设单位应（　　）。（2005 年）

A．修泄洪防洪设施　　B．修过鱼、过船、过木设施

C．设置水质监测设置　　D．建立鱼类养殖研究机构

2．依据《水法》，在干旱和半干旱地区开发、利用水资源应当充分考虑（　　）。（2006 年）

A．工业用水需要　　B．航运用水需要

C．景观用水需要　　D．生态环境用水需要

3．依据《水法》，开发、利用水资源，应当首先满足（　　）用水，并兼顾其他用水需要。（2007 年）

A．农业　　B．工业

C．生态环境　　D．城乡居民生活

4．依据《水法》，开发利用水资源，应当（　　）。（2008 年）

A．首先考虑生态用水，并兼顾城乡居民生活、农业、工业以及航运等需要

B．首先满足生态用水，并兼顾城乡居民生活、工业、农业用水以及航运等需要

C．首先满足城乡居民生活用水，并兼顾农业、工业、生态环境用水以及航运等需要

D．首先考虑城乡居民生活用水，并兼顾农业、工业、生态环境用水以及航运等需要

5．依据《水法》，国家鼓励开发、利用水能资源，在水能丰富的河流，应当有计划地进行（　　）。（2008 年）

A．水电站建设　　B．多目标梯级开发

C．限制性水能资源开发　　D．以水能资源开发为主的梯级开发

6．依据《水法》，围湖造地是被（　　）的行为。（2008 年）

A．限制　　B．适度允许

C．鼓励　　D．禁止

7．按照《水法》规定，应当采用先进技术工艺和设备，增加循环用水次数，提高水的重复利用率的是（　　）用水。（2008 年）

A．园林绿化　　B．农业灌溉

C．工业生产　　D．水产养殖

8．依据《水法》，建立饮用水水源保护区的目的是（　　）。（2009 年）

A．防止水源枯竭和水体污染，保证生态用水安全

B．保护水源保护区内的生物多样性和防止水体污染

C．防止水源枯竭和水体污染，保证城乡居民饮用水安全

D．防止水源枯竭和水体污染，保证城乡工农业用水安全

9．依据《水法》，国家鼓励开发、利用水能资源，在水能丰富的河流，应当有计划地进行（　　）。　（2010 年）

A．多目标梯级开发

B．以航运为目标的梯级开发

C．以生态保护为目标的梯级开发

D．以水能资源开发为目标的梯级开发

10．依据《水法》，关于排污口设置，下列说法中正确的是（　　）。（2010 年）

A．在湖泊扩大排污口，由流域管理机构审批

B．在江河改建排污口，由有管辖权的水行政主管部门审批

C．在饮用水水源保护区设置排污口，由环境保护行政主管部门审批

D．在湖泊新建排污口，由环境保护行政主管部门负责对该建设项目的环境影响报告书进行审批

11．依据《水法》，关于围湖造地，下列说法中正确的是（　　）。（2010 年）

A．可以适度围湖造地

B．已经围垦的，应当按照国家规定的防洪标准有计划地退地还湖

C．确需围垦的，应当经省、自治区、直辖市人民政府水行政主管部门或国务院水行政主管部门同意后，报本级人民政府批准

D．确需围垦的，应当经过科学论证，经省、自治区、直辖市人民政府水行政主管部门或者国务院水行政主管部门同意后，报本级人民政府批准

12．依据《水法》，（　　）应当划定饮用水水源保护区，并采取相应的保护措施进行保护。（2011 年）

A．县级人民政府

B．县级人民政府水行政主管部门

C．省、自治区、直辖市人民政府

D．省、自治区、直辖市人民政府水行政主管部门

13．依据《水法》，关于围湖造地的规定，下列说法中正确的是（　　）。（2011 年）

A．严格限制围湖造地

B．已经围垦的，应当按照国家规定的防洪标准有计划地退地还湖

C．确需围垦的，应当经省、自治区、直辖市人民政府水行政主管部门或国务院水行政主管部门同意后，报本级人民政府批准

D．确需围垦的，应当先进行科学论证，再经省、自治区、直辖市人民政府水行政主管部门或者国务院水行政主管部门同意后，报本级人民政府批准

14．根据《水法》，开发利用水资源，应当首先满足（　　）。（2012 年）

A．农业用水　　B．工业用水

C．生态环境用水　　D．城乡居民生活用水

15．根据《水法》，为防止水源枯竭和水体污染，保证城乡居民饮用水安全，国家建立（　　）。（2012 年）

A．饮用水保护制度　　B．水源保护区制度

C．水源涵养林保护制度　　D．饮用水水源保护区制度

16．根据《水法》，关于水资源开发利用的规定，下列说法中错误的是（　　）。（2013 年）

A．国家鼓励开发利用水能、水运资源

B．开发、利用水资源，应当首先满足农业、工业、生态环境用水的需要

C．跨流域调水，应当进行全面规划和科学论证，统筹兼顾调出和调入流域的用水需要，防止对生态环境造成破坏

D．开发、利用水资源，应当坚持兴利与除害相结合，兼顾上下游、左右岸和有关地区之间的利益，充分发挥水资源的综合效益，并服从防洪的总体安排

17．根据《水法》（　　）应当划定饮用水水源保护区，并采取措施，防止水源枯竭和水体污染，保证城乡居民饮用水安全。（2014 年）

A．设区的市级人民政府

B．国务院水行政主管部门

C．国务院环境保护行政主管部门

D．省、自治区、直辖市人民政府

二、不定项选择题

1．依据《水法》，在河道管理范围内禁止的行为有（　　）。（2006 年）

A．修建围提　　B．种植芦苇

C．进行考古发掘　　D．开采地下资源

2．依据《水法》，在河道管理范围内禁止从事的活动包括（　　）。（2007 年）

A. 观测水文情势　　B. 种植林木

C. 堆放阻碍行洪的物体　　D. 建设妨碍行洪的建筑物、构筑物

3. 依据《水法》，关于水工程建设移民与安置的规定，下列说法正确的有（　　）。（2008 年）

A. 移民经费由地方财政列支

B. 移民安置应当与工程建设同步进行

C. 国家对水工程建设移民实行开发性移民的方针

D. 移民安置规划经依法批准后，由建设单位负责实施

E. 移民安置原则是“前期补偿、补助与后期扶持相结合”

4. 下列活动中，违反《水法》规定的有（　　）。（2008 年）

A. 在汛期河道中种植芦苇　　B. 因养殖需要在河道投放鱼苗

C. 在河道管理范围内进行房地产开发　　D. 堤防管理部门对堤身采取防渗措施

E. 在河道管理范围内从事影响河势稳定的采砂活动

5. 依据《水法》，关于水资源开发利用的规定，下列说法中符合该规定的有（　　）。（2009 年）

A. 移民安置应当与工程建设同步进行

B. 跨流域调水，应当进行全面规划和科学论证

C. 在水资源不足的地区，应当对城市规模加以限制

D. 在水能丰富的河流，应当有计划地进行多目标梯级开发

E. 在水资源丰富的地区，应当对雨水和微咸水进行收集、开发和利用

6. 依据《水法》，关于排污口设置的规定，下列说法中正确的有（　　）。（2009 年）

A. 禁止在饮用水水源保护区内设置排污口

B. 在湖泊改建排污口，由流域管理机构进行审批

C. 在江河扩大排污口，由有管辖权的水行政主管部负责审批

D. 在江河新建排污口，由环境保护行政主管部门负责对该建设项目的环境影响报告书进行审批

7. 依据《水法》，建立饮用水水源保护区的目的是（　　）。（2010 年）

A. 保证灌溉用水　　B. 防止水体污染

C. 防止水源枯竭　　D. 保证城乡居民饮用水安全

8. 依据《水法》，禁止在（　　）种植阻碍行洪的林木。（2011 年）

A. 渠道　　B. 水库

C. 湖泊　　D. 海滩

9. 根据《水法》，在水资源短缺的地区，国家鼓励（　　）。（2012 年）

A．对海水的利用、淡化　　　　　　B．对雨水收集、开发、利用
C．对微咸水的收集、开发、利用　　D．对苦咸水的收集、开发、利用

10．根据《水法》，关于设置、新建、改建或者扩大排污口的规定，下列说法中正确的有（　　）。（2013 年）

A．在饮用水水源保护区设置排污口，应当由省级人民政府批准

B．在江河新建排污口，应经过有管辖权的水行政主管部门或者流域管理机构同意

C．在饮用水水源保护区设置排污口，应当由省级人民政府环境保护行政主管部门批准

D．在湖泊扩大排污口，应当经过有关部门同意，由环境保护行政主管部门负责对该建设项目的环境影响报告书进行审批

参考答案

一、单项选择题

1．B　2．D　3．D　4．C　5．B　6．D　7．C　8．C　9．A

10．D　【解析】教材中没有此内容。《水法》第三十四条　禁止在饮用水水源保护区内设置排污口。在江河、湖泊新建、改建或者扩大排污口，应当经过有管辖权的水行政主管部门或者流域管理机构同意，由环境保护行政主管部门负责对该建设项目的环境影响报告书进行审批。

11．B　【解析】禁止围湖造地。已经围垦的，应当按照国家规定的防洪标准有计划地退地还湖。禁止围垦河道。确需围垦的，应当经过科学论证，经省、自治区、直辖市人民政府水行政主管部门或者国务院水行政主管部门同意后，报本级人民政府批准。

12．C　13．B　14．D　15．D　16．B　17．D

二、不定项选择题

1．ABCD　【解析】凡是妨碍行洪的和河岸堤防安全的，一律禁止。禁止在江河、湖泊、水库、运河、渠道内弃置、堆放阻碍行洪的物体和种植阻碍行洪的林木及高秆作物。

2．BCD

3．BCE　【解析】移民安置应当与工程建设同步进行。建设单位应当根据安置地区的环境容量和可持续发展的原则，因地制宜，编制移民安置规划，经依法批准

后，由有关地方人民政府组织实施。所需移民经费列入工程建设投资计划。

4．ACE　5．ABCD

6．AD　【解析】B、C选项的审批部门是环境保护行政主管部门，但需经过这两个部门的同意。

7．BCD　【解析】第三十三条　国家建立饮用水水源保护区制度。省、自治区、直辖市人民政府应当划定饮用水水源保护区，并采取措施，防止水源枯竭和水体污染，保证城乡居民饮用水安全。

8．ABC　9．ABC

10．BD　【解析】禁止在饮用水水源保护区内设置排污口。

（十）《节约能源法》

一、单项选择题

1．依据《节约能源法》，对落后的耗能过高的用能产品、设备实行（　　）制度。（2006 年）

A．淘汰　　B．限期治理

C．革新改造　　D．限制使用

2．对拟建的技术落后、耗能过高、严重浪费能源的工业项目，下列符合《节约能源法》规定的是（　　）。（2007 年）

A．禁止建设　　B．制定有关节能的标准

C．允许建设，需加强监督　　D．制定单位产品能耗限额

3．依据《节约能源法》，国家对落后的耗能过高的用能产品、设备（　　）。（2008 年）

A．择优使用　　B．实行鼓励政策

C．实行淘汰制度　　D．限制使用

4．依据《节约能源法》，对超过单位产品能耗限额标准用能的生产单位，（　　）。（2009 年）

A．由当地的人民政府责令限期治理

B．按照国务院的规定实行节能审查和监管

C．按照国务院管理节能部门的规定实行限期淘汰

D．由管理节能工作的部门按照国务院规定的权限责令限期治理

5．依据《节约能源法》，下列资源中，称为“能源”的是（　　）。（2010 年）

A．可直接使用的资源　　B．可间接使用的资源

C．通过转换而取得的资源　　D．通过加工而取得有用能的资源

6．依据《节约能源法》，国家对（　　）实行淘汰制度。（2010 年）

A．高耗能的特种设备　　B．落后的耗能过高的用能产品

C．超过能耗限额标准的设备　　D．能源消耗过高的生产工艺

7．依据《节约能源法》，关于节能管理，下列说法中错误的是（　　）。（2010 年）

A．禁止生产国家明令淘汰的用能设备

B．禁止使用国家明令淘汰的生产工艺

C．禁止进口不符合强制性能源效率标准的用能设备

D．禁止使用不符合强制性能源效率标准的用能产品

8．依据《节约能源法》，关于节能政策，下列说法中错误的是（　　）。（2010 年）

A．国家鼓励、支持开发和利用新能源、可再生能源

B．国家实施节约与开发并举、把开发放在首位的能源发展战略

C．国家推动企业降低单位产值能耗和单位产品消耗，淘汰落后生产能力

D．国家实行有利于节能和环境保护的产业政策，限制发展高耗能、高污染行业

9．依据《节约能源法》，国家鼓励工业企业采用的工业节能措施不包括（　　）。（2010 年）

A．热电联产　　B．余热余压利用

C．原煤替代燃料油　　D．先进的用能监测技术

10．依据《节约能源法》，下列说法中不属于"节能"含义的是（　　）。（2011 年）

A．加强用能管理　　B．限制发展高耗能行业

C．降低能源生产环节消耗　　D．减少能源消费环节污染物排放

11．依据《节约能源法》，关于节能政策的要求，下列说法中正确的是（　　）。（2011 年）

A．用原煤替代燃料油是国家鼓励的工业节能措施

B．禁止使用不符合强制性能源效率标准的用能产品

C．国家鼓励、支持开发和利用新能源、可再生能源

D．国家实施把开发能源放在首位的能源发展战略

12．依据《节约能源法》，国家鼓励工业企业采用的工业节能措施不包括（　　）。（2011 年）

A．发展热电联产　　B．余热余压利用

C．采用高效的风机　　D．采用先进的用能监测技术

13．根据《节约能源法》，（　　）属于该法所称的能源。（2012 年）

A．花岗岩　　B．煤矸石

C．铁矿石　　D．石灰岩

14．根据《节约能源法》，国家对落后的耗能过高的用能产品、设备和生产工艺实行（　　）。（2012 年）

A．准入制度　　B．限制使用制度

C．淘汰制度　　D．限期治理制度

15．根据《节约能源法》，（　　）行业未列入主要耗能行业。（2012 年）

A．电力　　B．电子

C. 建材　　D. 煤炭

16. 根据《节约能源法》，关于国家节能政策，下列说法中错误的是（　　）。（2013 年）

A. 国家实施节约与开发并举，把开发再生能源放在首位的能源发展战略

B. 国家鼓励、支持节能科学技术的研究、开发、示范和推广，促进节能技术创新与进步

C. 国家实行有利于节能和环境保护的产业政策，限制发展高耗能、高污染企业，发展能环保型企业

D. 国家实行节能目标责任制度和节能考核评价制度，将节能目标完成情况作为对地方人民政府及其负责人考核评价的内容

17.《节约能源法》所称能源，是指（　　）。（2014 年）

A. 煤炭、石油、天然气、生物质能和电力、热力

B. 煤炭、石油、天然气、生物质能等可以直接取得有用能的各种自然资源

C. 通过煤炭、石油、天然气、生物物质能等自然资源转化、加工而取得有用能的各种资源

D. 煤炭、石油、天然气，生物质能和电力、热力以及其他直接或者通过加工、转换而取得有用能的各种资源

二、不定项选择题

1. 依据《节约能源法》，国家鼓励发展通用节能技术包括（　　）。（2007 年）

A. 热电联产

B. 集中供热

C. 实现电动机、风机、泵类设备和系统的经济运行

D. 推广流化床燃烧、无烟煤燃烧和气化、液化等洁净煤技术

2.《节约能源法》中“淘汰制度”规定的淘汰对象包括（　　）。（2009 年）

A. 落后的耗能过高的用能产品　　B. 落后的耗能过高的用能设备

C. 落后的耗能过高的用能生产工艺　　D. 落后的耗能过高的行业生产能力

3. 依据《节约能源法》，国家对（　　）实行淘汰制度。（2010 年）

A. 高耗能的特种设备　　B. 落后的耗能过高的用能产品

C. 落后的耗能过高的用能设备　　D. 落后的耗能过高的生产工艺

4. 下列资源中，《节约能源法》所称“能源”的有（　　）。（2010 年）

A. 热力　　B. 天然气

B. 生物质能　　D. 可用于发电的余热

5. 某企业采用未列入国家明令淘汰设备目录的高耗能特种设备生产某种产品。

根据《节约能源法》，下列说法中正确的有（　　）。（2014 年）

A．该企业应当淘汰高能耗的特种设备

B．该企业应当执行单位产品能耗限额标准

C．对高耗能特种设备按照规定实行节能审查和监督

D．管理节能工作的部门应按照国务院规定的权限责令该企业停止生产

参考答案

一、单项选择题

1．A

2．A　【解析】禁止新建技术落后、耗能过高、严重浪费能源的工业项目。

3．C

4．D　【解析】超过单位产品能耗限额用能，情节严重的，限期治理。限期治理由县级以上人民政府管理节能工作的部门按照国务院规定的权限决定。节能工作不是环保部门管理的。

5．D　【解析】注意“能源”定义中“有用能”这几个关键词。

6．B　7．D

8．B　【解析】选项 B 的正确说法是：国家实施节约与开发并举、把节约放在首位的能源发展战略。

9．C　10．B　11．C　12．C　13．B　14．C　15．B　16．A　17．D

二、不定项选择题

1．ABD　【解析】选项 B 的正确说法是：逐步实现电动机、风机、泵类设备和系统的经济运行，发展电机调速节电和电力电子节电技术，开发、生产、推广质优、价廉的节能器材，提高电能利用效率。

2．AB　【解析】国家对落后的耗能过高的用能产品、设备实行淘汰制度。

3．BC

4．ABCD　【解析】本法所称能源，是指煤炭、原油、天然气、电力、焦炭、煤气、热力、成品油、液化石油气、生物质能和其他直接或者通过加工、转换而取得有用能的各种资源。选项 D 是通过加工、转换而取得有用能的资源。

5．BC　【解析】生产过程中耗能高的产品的生产单位，应当执行单位产品能耗限额标准。对超过单位产品能耗限额标准用能的生产单位，由管理节能工作的部门按照国务院规定的权限责令限期治理。对高耗能的特种设备，按照国务院的规定实行节能审查和监管。

（十一）《防沙治沙法》

一、单项选择题

1.《防沙治沙法》规定，在林木更新困难的地区对已经有的防沙固沙林网、林带，（　　）。（2005 年）

A．可以进行移植　　B．不得批准采伐

C．应采取伐一补一措施　　D．可申请改变功能，然后采伐

2.《防沙治沙法》规定，在沙化土地范围内从事开发建设活动的，必须事先就该项目可能对当地及相关地区生态产生的影响进行评价，依法提交环境影响报告，环境影响报告应当包括（　　）的内容。（2005 年）

A．充分开发利用地下水资源，减少开发地表水资源

B．有关防沙治沙

C．整个流域和区域植被保护用水需求

D．跨流域调水以满足工农业用水需求

3.《防沙治沙法》定义的土地沙化过程包括因气候变化和人类活动所导致的（　　）。（2005 年）

A．过度垦殖、土壤退化、肥力下降

B．天然沙漠扩张，沙质土壤上植被破坏、沙土裸露

C．森林减少、植被稀疏、土地裸露

D．水土流失、土地贫瘠化

4．依据《防沙治沙法》，已经沙化的土地范围内铁路、公路、河流和水渠两侧，城镇村庄厂矿和水库周围，实行单位治理责任制，由（　　）下达治理责任书，由责任单位负责组织造林种草或者采取其他治理措施。（2006 年）

A．县级环保部门　　B．县级林业部门

C．县级以上林业部门　　D．县级以上地方人民政府

5.《防沙治沙法》所称的“土地沙化”形成的主要原因是（　　）。（2007 年）

A．因气候变化形成土地沙化

B．因气候变化和人类活动形成土地沙化

C．因人类不合理活动形成土地沙化

D．其他因素导致的土地沙化

6．依据《防沙治沙法》，在沙化土地封禁保护区范围内进行修建铁路、公路建

设活动，须经（　　）或其指定的部门同意。(2007年)

A．国务院　　B．省级人民政府

C．市级人民政府　　D．县级人民政府

7．依据《防沙治沙法》，在沙化土地范围内进行铁路、公路等建设活动，依法必须提交的是（　　）。(2008年)

A．环境影响报告

B．建设单位施工组织计划

C．建设项目的可行性研究报告

D．可能引起土地沙化责任单位的造林种草规划

8．导致《防沙治沙法》所称土地沙化的原因是（　　）。(2008年)

A．地质灾害　　B．气候变化

C．人类不合理活动　　D．气候变化和人类不合理活动

9．下列说法中符合《防沙治沙法》关于“已沙化土地范围内单位治理责任制”的规定是（　　）。(2009年)

A．由县级以上地方人民政府下达治理责任书

B．由林业行政主管部门下达治理责任书

C．由沙化土地封禁保护区主管部门负责造林种草或者采取其他治理措施

D．由县级以上地方人民政府负责组织造林种草或者采取其他治理措施

10．依据《防沙治沙法》，在沙化土地范围内从事开发建设活动，必须依法提交环境影响报告；环境影响报告应当包括（　　）。(2010年)

A．移民安置专章　　B．流行病学调查

C．有关防沙治沙的内容　　D．对土著居民产生的影响

11．下列说法中，符合《防沙治沙法》关于沙化土地封禁保护区规定的是（　　）。(2010年)

A．在沙化土地封禁保护区范围内，禁止修建铁路

B．在沙化土地封禁保护区范围内，禁止一切破坏植被的活动

C．沙化土地封禁保护区范围内尚未迁出的农牧民的生产生活，由当地人民政府妥善安排

D．对沙化土地封禁保护区范围内的农牧民，沙化土地封禁保护区主管部门应当有计划地组织迁出

12．《防沙治沙法》中所称“土地沙化”的主要原因是（　　）。(2011年)

A．人类不合理活动　　B．草原自然退化

C．气候发生变化　　D．天然沙漠自然扩张

13．依据《防沙治沙法》，关于“已沙化土地范围内实行单位治理责任制”的要

求，下列说法中正确的是（ ）。（2011 年）

A．由林业行政主管部门下达治理责任书

B．由县级以上地方人民政府下达治理责任书

C．由县级以上地方人民政府负责组织造林种草或者采取其他治理措施

D．由沙化土地封禁保护区主管部门负责造林种草或者采取其他治理措施

14．根据《防沙治沙法》，不属于该法所称土地沙化定义的情形是（ ）。（2012 年，2013 年）

A．气候变化导致草场沙化

B．过度放牧导致草场沙化

C．天然绿洲人口过载导致沙化

D．沙漠边缘砍伐植被形成流沙

15．《防沙治沙法》所称土地沙化是指主要因（ ）所导致的天然沙漠扩张和沙质土壤上植被及覆盖物被破坏，形成流沙及沙土裸露的过程。（2014 年）

A．人类不合理的活动

B．气候变化和人类活动

C．自然灾害和人类活动

D．气候变化、自然灾害和人类不合理活动

16．根据《防沙治沙法》，下列说法中错误的是（ ）。（2014 年）

A．禁止在沙化土地封禁保护区范围内安置移民

B．不得在沙化土地封禁保护区范围内修建铁路、公路

C．在沙化土地封禁保护区范围内，禁止一切破坏植被的活动

D．对沙化土地封禁保护区范围内的农牧民，县级以上人民政府应当有计划组织迁出，并妥善安置

二、不定项选择题

1．依据《防沙治沙法》，在沙化土地封禁保护区范围内，禁止的行为有（ ）。（2006 年）

A．安置移民

B．水保工程

C．修建铁路、公路

D．一切破坏植被的活动

2．依据《防沙治沙法》，已经沙化的土地范围内的（ ），实行单位治理责任制，由县级以上人民政府下达治理责任书，由责任单位负责组织造林种草或者采取其他治理措施。（2007 年）

A．铁路两侧

B．村庄周围

C．城镇周围

D．河流两侧

E．水库周围

3．依据《防沙治沙法》，在沙化土地封禁保护区范围内，禁止（ ）。（2008

年）

A．安置移民　　B．开垦草地

C．修建铁路　　D．修建公路

4．依据《防沙治沙法》，关于沙化土地封禁保护区的规定，下列说法中正确的有（　　）。（2009 年）

A．在沙化土地封禁保护区内，可以有条件地安置移民

B．在沙化土地封禁保护区内，禁止一切破坏植被的活动

C．沙化土地封禁保护区主管部门应当组织该保护区范围内的农牧民迁出

D．沙化土地封禁保护区范围内尚未迁出的农牧民的生产生活，由该保护区主管部门妥善安排

5．依据《防沙治沙法》，在沙化土地范围内从事开发建设活动的环境影响报告的内容应包括（　　）。（2011 年）

A．建设项目概况　　B．有关防沙治沙的内容

C．对当地生态产生的影响　　D．对相关地区生态产生的影响

6. 根据《防沙治沙法》，在沙化土地封禁保护区范围内，未禁止的行为有（　　）。（2012 年）

A．放牧　　B．安置移民

C．修建铁路　　D．扩建公路

参考答案

一、单项选择题

1．B　【解析】在干旱地区，林木更新十分难，故禁止采伐。

2．B

3．B　【解析】考察土地沙化的定义，高频考点。

4．D　5．C　6．A　7．A　8．C　9．A　10．C

11．B　【解析】选项 C、D 的说法有一定的迷惑性。选项 C 的正确说法是“沙化土地封禁保护区范围内尚未迁出的农牧民的生产生活，由沙化土地封禁保护区主管部门妥善安排”，选项 D 的正确说法是“对沙化土地封禁保护区范围内的农牧民，由当地人民政府应当有计划地组织迁出”。修建铁路并不是禁止的行为。

12．A　13．B　14．A　15．A

16．B　【解析】在沙化土地封禁保护区范围内，禁止一切破坏植被活动。禁止在沙化土地封禁保护区范围内安置移民。未经国务院或者国务院指定的部门同意，

不得在沙化土地封禁保护区范围内进行修建铁路、公路等建设活动。

二、不定项选择题

1．AD 【解析】修建铁路、公路是限制行为。

2．ABCDE 【解析】已经沙化的土地范围内的铁路、公路、河流和水渠两侧，城镇、村庄、厂矿和水库周围，实行单位治理责任制，由县级以上地方人民政府下达治理责任书，由责任单位负责组织造林种草或者采取其他治理措施。

3．AB 4．BD

5．ABCD 【解析】在沙化土地范围内从事开发建设活动的，必须事先就该项目可能对当地及相关地区生态产生的影响进行环境影响评价，依法提交环境影响报告；环境影响报告应当包括有关防沙治沙的内容。

6．CD

（十二）《草原法》

一、单项选择题

1.《草原法》规定，禁止机动车辆离开道路在草原上行驶，破坏草原植被。因从事地质勘测科学考察活动确需离开道路在草原上行驶的，应当（　　）。（2005 年）

A．先修道路，再走机动车辆

B．向县级人民政府草原行政主管部门提交行驶区域和行驶路线方案，经确认后执行

C．向当地乡政府付一定补偿费用，准予通行

D．向草原承包人缴纳补偿费后通行

2．根据《草原法》，可以建立草原自然保护区的是（　　）。（2005 年）

A．重要放牧场　　B．用于畜牧业生产的人工草地

C．具有代表性的草原类型的草原　　D．退耕还草地以及改良草地

3．根据《草原法》，国家禁止开垦草原，对开垦草原已造成沙化、盐碱化的，应当（　　）。（2005 年）

A．划为草原资源保护区加强保护　　B．划为基本草原实施保护

C．限期治理　　D．使其自然恢复

4．根据《草原法》，对已开垦并造成沙化、盐碱化、石漠化的草原，应当（　　）。（2006 年）

A．保持现状　　B．自然发展

C．限期治理　　D．尽快恢复

5．国家实行基本草原保护制度，下列可不划为基本草原的是（　　）。（2006 年）

A．割草地

B．重要放牧场

C．一般野生动植物生存环境的草原

D．用于畜牧业生产的人工草地，退耕还草地以及改良草地、草种基地

6．依据《草原法》，制定基本草原的保护管理办法的部门是（　　）。（2007 年）

A．国务院　　B．国家农业行政主管部门

C．国家林业行政主管部门　　D．国家草原行政主管部门

7．依据《草原法》，应当被划为基本草原的是（　　）。（2009 年，2010 年，

2011年）

A．一般放牧场　　B．退耕还草地

C．用于休闲的人工草地　　D．作为野生动物生存环境的草原

8．依据《草原法》关于“禁止开垦草原”有关规定，对（　　）应当有计划、有步骤地退耕还草。（2009年）

A．已造成沙化的草原　　B．已造成盐碱化的草原

C．已造成石漠化的草原　　D．水土流失严重的已垦草原

9．根据《草原法》，编制草原保护、建设、利用规划应遵循的原则不包括（　　）。（2012年）

A．预防为主，综合治理

B．生态效益、经济效益、社会效益相结合

C．以现有草原为基础，因地制宜，统筹规划，分类指导

D．改善生态环境，维护生物多样性，促进草原的可持续利用

10．根据《草原法》，关于草原保护的规定，下列说法中错误的是（　　）。（2012年）

A．已造成石漠化的已垦草原，应当限期治理

B．水土流失严重的已垦草原，应当限期治理

C．已造成盐碱化的已垦草原，应当限期治理

D．有沙化趋势的需要改善生态环境已垦草原，应当有计划、有步骤地退耕还草

11．根据《草原法》，不属于应当划为基本草原的是（　　）。（2013年）

A．割草地　　B．具防风固沙作用的草原

C．人工草地及退耕还草地　　D．草原科研、教学试验基地

二、不定项选择题

1．依据《草原法》，编制草原保护、建设、利用规划，应当依据国民经济和社会发展规划并遵循的原则有（　　）。（2007年）

A．生态效益、经济效益、社会效益相结合

B．保护为主、加强建设、分批改良、合理利用

C．以现有草原为基础，因地制宜、统筹规划、分类指导

D．改善生态环境，维护生物多样性，促进草原的可持续利用

2．依据《草原法》，草原保护、建设、利用规划应当包括（　　）。（2008年）

A．草原功能分区

B．沙化土地治理规划

C．草原科研，教学试验基地规划

D．草原灌渠、水库、放牧、移民新村等各项建设的分项部署

3．下列符合《草原法》规定的有（　　）。（2008年）

A．已造成石漠化的草原，应当限期治理

B．水土流失不严重的草原，实行有计划地开垦

C．有沙化趋势的已垦草原，应当有计划地退耕还草

D．需要改善生态环境的草原，实行严格管理、合理开垦

4．依据《草原法》，关于草原的保护，下列说法中正确的有（　　）。（2010年）

A．禁止一切开垦草原的活动

B．已沙化的已垦草原，应当限期治理

C．对需要改善生态环境的已垦草原，应当实行禁牧

D．水土流失严重的已垦草原，应当实行禁牧

5．《草原法》规定禁止开垦草原。对已造成（　　）的已垦草原，应当限期治理。（2014年）

A．沙化　　B．盐碱化

C．石漠化　　D．沙化趋势

参考答案

一、单项选择题

1．B

2．C　【解析】下列地区建立草原自然保护区：具有代表性的草原类型；珍稀濒危野生动植物分布区；具有重要生态功能和经济科研价值的草原。

3．C　4．C

5．C　【解析】高频考点。七种情况可以划为基本草原。其他三个选项都可划分基本草原。

6．A　7．B

8．D　【解析】禁止开垦草原。对水土流失严重、有沙化趋势、需要改善生态环境的已垦草原，应当有计划、有步骤地退耕还草；已造成沙化、盐碱化、石漠化的，应当限期治理。

9．A　【解析】“综合治理”与编制规划没有直接的关联。

10．B

11．C　【解析】用于畜牧业生产的人工草地、退耕还草地以及改良草地、草种基地应当划为基本草原。

二、不定项选择题

1．ABCD

2．ACD 【解析】草原保护、建设、利用规划应当包括：草原保护、建设、利用的目标和措施，草原功能分区和各项建设的总体部署，各项专业规划等。

3．AC

4．AB 【解析】禁止开垦草原。对水土流失严重、有沙化趋势、需要改善生态环境的已垦草原，应当有计划、有步骤地退耕还草；已造成沙化、盐碱化、石漠化的，应当限期治理。

5．ABC

（十三）《文物保护法》

一、单项选择题

1．根据《文物保护法》，在文物保护单位的保护范围内，不得（ ）。（2005年）

A．进行旅游参观活动　　B．建立宣传标牌等影响景观

C．进行其他建设工程　　D．进行科学研究活动

2．《文物保护法》对全国重点文物保护单位关于“拆除”的规定是（ ）。（2006年）

A．不得拆除

B．经国务院批准后可以拆除

C．经省以上人民政府批准后可以拆除

D．经国家文物行政主管部门批准后可以拆除

3．依据《文物保护法》，文物保护单位的保护范围内未经批准不得进行的活动包括（ ）。（2006年）

A．参观、旅游　　B．设立旅游指示牌

C．采矿、挖掘　　D．科学试验研究

4．依据《文物保护法》，在不可移动的全国重点文物保护单位的建设控制地带内，下列提法正确的是（ ）。（2006年）

A．严禁建设任何工程项目

B．可进行工程建设，但不得破坏文物保护单位的历史风貌

C．对已有的污染文物保护单位及其环境的设施，应全部拆除

D．建设工程选址应尽可能避开不可移动文物，因特殊情况不能避开的，经上报批准后，可以拆除

5．依据《文物保护法》，在建设工程选址中涉及全国重点保护文物单位，无法实施原址保护，需要迁移的正确做法是（ ）。（2007年）

A．须由省级人民政府批准

B．须由省级人民政府报国务院批准

C．须由国务院文物行政主管部门批准

D．须由省级人民政府批准，同时报国务院文物行政主管部门备案

6．依据《文物保护法》，全国重点文物保护单位不得（ ）。（2008年）

A．参观　　B．迁移

C．拆除　　D．修缮

7. 国家重点铁路工程选址因特殊情况不能避开国家重点文物保护单位。依据《文物保护法》，对此不可移动文物说法正确的是（　　）。（2009 年）

A．应当尽可能实施原址保护

B．无法实施原址保护的，应当经国务院批准拆除

C．无法实施原址保护的，应当经国务院文物行政部门批准迁移

D．无法实施原址保护的，应当经国务院文物行政部门批准拆除

8．某项目需要在 M 市 N 县的县级文物保护单位的保护范围内进行钻探。依据《文物保护法》，该项目的建设单位在钻探前应当（　　）。（2010 年）

A．征得国务院文物行政部门同意

B．报 M 市人民政府文物行政部门批准

C．征得核定公布该文物保护单位的人民政府同意

D．征得 M 市人民政府文物行政部门同意后，报核定公布该文物保护单位的人民政府批准

9. 某省一大型水库建设工程选址涉及全国重点文物保护单位，因特殊情况无法对其实施原址保护。依据《文物保护法》，下列对该文物实施保护的做法中，正确的是（　　）。（2010 年，2011 年）

A．报该省人民政府批准后将其拆除

B．征得国务院文物行政部门同意后将其迁移异地保护

C．由该省人民政府报国务院批准后将其拆除

D．由该省人民政府报国务院批准后进行迁移保护

10．某工程位于文物保护单位的建设控制地带内。依据《文物保护法》，该工程设计方案应当（　　）。（2011 年）

A．根据文物保护单位级别，取得相应的人民政府同意

B．根据文物保护单位级别，报相应的文物行政部门批准

C．根据文物保护单位级别，经相应文物行政部门同意后，报城乡建设规划部门批准

D．根据文物保护单位级别，经工程主管部门审核同意后，报相应的文物行政部门备案

11．根据《文物保护法》，关于建设工程选址中保护不可移动文物的规定，下列说法中错误的是（　　）。（2012 年）

A．建设工程选址，应当尽可能避开不可移动文物

B．因特殊情况不能避开不可移动文物，对该文物保护单位应当尽可能实施原

址保护

C. 无法实施原址保护，全国重点文物保护单位需要拆除的，须由省、自治区、直辖市人民政府报国务院批准

D. 无法实施原址保护，省级文物保护单位需要拆除的，应当报省、自治区、直辖市人民政府批准，批准前须征得国务院文物行政部门同意

12. 根据《文物保护法》，下列说法中错误的是（　　）。（2013 年）

A. 文物保护单位的保护范围内一律禁止进行挖掘、钻探等作业

B. 对已有的污染文物保护单位及其环境的设施，应当限期治理

C. 在文物保护单位的建设控制地带内进行建设工程，不得破坏文物保护单位的历史风貌

D. 在文物保护单位的保护范围和建设控制地带内，不得进行可能影响文物保护单位安全及其环境的活动

13. 根据《文物保护法》，下列说法中错误的是（　　）。（2013 年）

A. 全国重点文物保护单位不得拆除

B. 建设工程选址，必须避开不可移动文物

C. 全国重点文物保护单位需要迁移的，须由省级人民政府报国务院批准

D. 省级不可移动文物无法实施原址保护必须拆除的，应当报省级人民政府批准，批准前须征得国务院文物行政部门同意

二、不定项选择题

1. 根据《文物保护法》，因特殊情况需要，在全国重点文物保护单位的保护范围内进行其他工程建设，应当（　　）。（2005 年）

A. 报当地环境保护行政主管部门同意

B. 经省、自治区、直辖市人民政府批准

C. 报当地文物管理部门批准

D. 征得国务院文物行政部门同意

2. 依据《文物保护法》，建设工程选址中涉及不可移动文物，下列说法中正确的有（　　）。（2008 年）

A. 根据建设需要予以拆除

B. 应当尽可能避开不可移动文物

C. 因特殊情况不能避开，对该文物实施原址保护

D. 若该文物无法实施原址保护，报省、自治区、直辖市人民政府批准后迁移异地保护

3. 某省一建设工程选址涉及一国家级重点文物保护单位的不可移动文物，依据

《文物保护法》，下列说法中正确的有（　　）。（2010 年）

A．应当尽可能避开该不可移动文物

B．因特殊情况不能避开，应对文物实施原址保护

C．若无法实施原址保护的，应报该省人民政府批准后迁移异地保护

D．因特殊情况不能避开，应报国务院批准后拆除异地重建

4．根据《文物保护法》，下列说法中正确的有（　　）。（2014 年）

A．文物保护单位的保护范围内未经批准不得建设其他建设工程

B．文物保护单位的保护范围内，未经批准不得进行爆破、钻探、挖掘等作业

C．文物保护单位的建设控制地带内进行建设工程，不得破坏文物保护单位的历史风貌

D．在文物保护单位的保护范围和建设控制地带内，不得建设污染文物保护单位及其环境的设施

参考答案

一、单项选择题

1．C　【解析】第十七条　文物保护单位的保护范围内不得进行其他建设工程或者爆破、钻探、挖掘等作业。但是，因特殊情况需要在文物保护单位的保护范围内进行其他建设工程或者爆破、钻探、挖掘等作业的，必须保证文物保护单位的安全，并经核定公布该文物保护单位的人民政府批准，在批准前应当征得上一级人民政府文物行政部门同意；在全国重点文物保护单位的保护范围内进行其他建设工程或者爆破、钻探、挖掘等作业的，必须经省、自治区、直辖市人民政府批准，在批准前应当征得国务院文物行政部门同意。

2．A　3．C　4．B　5．C　6．C

7．A　【解析】建设工程选址，应当尽可能避开不可移动文物；因特殊情况不能避开的，对文物保护单位应当尽可能实施原址保护。

8．C

9．D　【解析】此题考点为高频考点，在 2010 年的不定项选择题中也有此考点题目。全国重点文物保护单位不得拆除，A 和 C 应排除。全国重点文物保护单位的迁移保护须国务院批准。

10．C　【解析】在文物保护单位的建设控制地带内进行建设工程，其工程设计方案未经文物行政部门同意、报城乡建设规划部门批准，对文物保护单位的历史风貌造成破坏的。

11．C 12．A

13．B 【解析】建设工程选址，应当尽可能避开不可移动文物。

二、不定项选择题

1．BD 2．BCD

3．ABC 【解析】全国重点文物保护单位不得拆除，因此，选项 D 是错误的。

4．ABCD

（十四）《森林法》

一、单项选择题

1．按照《森林法》，下列禁止的行为是（　　）。（2006 年）

A．采集植物药材　　B．穿林修路

C．毁林开垦　　D．建设旅游宾馆

2．依据《森林法》规定，进行勘察、开采矿藏和各项工程，应当不占有或者少占林地，必须占用或者征用林地的，经（　　）审核同意后，才能依法办理手续。（2006 年）

A．县级以上及政府　　B．省级以上人民政府

C．县级以上人民政府林业主管部门　　D．省级以上人民政府林业主管部门

3．某林业基地将一片成熟的用材林全部采伐，按照《森林法》的规定，更新造林工作应在（　　）内完成。（2006 年）

A．3 年　　B．3～5 年

C．5 年　　D．当年或者次年

4．依据《森林法》，森林的类别分（　　）。（2006 年）

A．水源涵养林、水土保护林、防风固沙林、平原防护林、用材林

B．防护林、用材林、经济林、薪炭林、特种用途林

C．国防林、环境保护林、风景林、森林公园、工业用材林

D．热带雨林、热带季雨林、润叶林、针阔叶混交林、针叶林

5．依据《森林法》，以下活动可以进行的是（　　）。（2007 年）

A．在幼林地内放牧　　B．在母树林中砍柴

C．在用材林地内开垦农田　　D．在环境保护林中进行抚育性采伐

6. 依据《森林法》，以下森林中只准进行抚育和更新性质采伐的是（　　）。（2007 年）

A．国防林　　B．实验林

C．经济林　　D．薪炭林

7．依据《森林法》，进行勘察、开采矿藏和各项建设工程（　　）。（2008 年，2009 年）

A．不得占用林地

B．应当不占或少占林地

C．必须占用林地的，应经县以上人民政府批准

D．占用林地的，应由用地单位安排植树造林、恢复植被

8．依据《森林法》，下列可以有条件地实施的行为是（　　）。（2008 年）

A．在幼林地内放牧

B．移动为林业服务的标志

C．采伐革命纪念地的林木

D．因生产需要毁林采石、采砂、采土

9．依据《森林法》，下列特种用途林中既没有受到“只准进行抚育更新性质采伐”限制，也不受“禁止采伐”限制的是（　　）。（2008 年）

A．实验林

B．国防林

C．环境保护林

D．自然保护区的森林

10．依据《森林法》，不属于“只准进行抚育和更新性质的采伐”的森林是（　　）。（2009 年）

A．薪炭林

B．母树林

C．护岸林

D．防风固沙林

11．《森林法》所称的“防护林”不包括（　　）。（2010 年，2011 年）

A．水土保持林

B．环境保护林

C．水源涵养林

D．行道树等护路林

12．依据《森林法》，关于进行勘察、开采矿藏和各项建设工程占用或者征用林地，下列说法中正确的是（　　）。（2010 年）

A．进行勘察工程应当不占或少占林地

B．开采矿藏必须占用林地的，应当经县级以上人民政府批准

C．修建铁路已占用林地的，应当由用地单位安排植树造林、恢复植被

D．修建公路对占用的林地已进行植被恢复，上级林业主管部门应当定期检查用地单位组织植树造林的情况

13．依据《森林法》，关于森林采伐，下列说法中正确的是（　　）。（2010 年，2011 年）

A．母树林严禁采伐

B．风景林可以进行更新性质的采伐

C．自然保护区的森林可以进行抚育性质的采伐

D．成热用材林皆伐后，应当在三年内完成更新造林

14．依据《森林法》，关于开采矿藏占用林地的规定，下列说法中正确的是（　　）。（2011 年）

A．占用用材林地的，应经县级以上人民政府林业主管部门审核同意

B．占用风景林地的，应经县级以上人民政府旅游主管部门审核同意

C．占用环境保护林地的，应经县级以上人民政府环境保护主管部门审核同意

D．占用革命纪念林地林木的，应经县级以上人民政府文物主管部门审核同意

15．依据《森林法》，关于禁止毁林开垦、开采等行为的规定，下列说法中错误的是（　　）。（2011 年）

A．禁止毁林开垦

B．禁止采伐环境保护林

C．禁止毁林采石、采砂、采土

D．禁止在幼林地和特种用途林内砍柴、放牧

16．根据《森林法》，（　　）不属于特种用途林。（2012 年）

A．风景林　　B．实验林

C．水源涵养林　　D．环境保护林

17．根据《森林法》，下列说法中错误的是（　　）。（2012 年）

A．禁止毁林采石　　B．禁止毁林开垦

C．禁止占林修路　　D．禁止在幼林地内放牧

18．根据《森林法》，不属于防护林的是（　　）。（2013 年）

A．水土保持林　　B．水源涵养林

C．防风固沙林　　D．环境保护林

19．根据《森林法》，关于采伐森林和林木的规定，下列说法中错误的是（　　）。（2013 年）

A．名胜古迹的森林严禁采伐

B．成熟的用材林可以采取渐伐方式采伐

C．母树林只准进行抚育和更新性质的采伐

D．革命纪念地的林木可以采取择伐方式采伐

20．根据《森林法》，（　　）不属于防护林。（2014 年）

A．国防林　　B．防风固沙林

C．水源涵养林　　D．农田防护林

21．根据《森林法》，占用或者征用林地有关规定，下列说法中错误的是（　　）。（2014 年）

A．进行勘察、开采矿藏和各种建设工程，应当不占或者少占林地

B．森林植被恢复费专款用于植树造林、恢复森林植被，植树造林面积不得少于因占用、征用林地而减少的森林植被面积

C．进行勘察、开采矿藏和各种建设工程，必须占用或者征用林地的，由用地方依照国务院有关规定缴纳森林植被恢复费

D．进行勘察、开采矿藏和各种建设工程于必须占用或者征用林地的，需经县级以上人民政府环境保护行政主管部门批准后，依法办理建设用地审批手续

二、不定项选择题

1．依据《森林法》，森林划分为五类，其中防护林包括（　　）。（2007 年）

A．实验林

B．国防林

C．水源涵养林

D．水土保持林

E．农田、牧场防护林

2．依据《森林法》，以下活动违法的是（　　）。（2007 年）

A．在风景林中放牧

B．在护岸林内伐木采砂

C．在薪炭林内开垦农田

D．在国防林中进行更新性采伐

E．在林区损坏为林业服务的标志

3．依据《森林法》，被禁止的行为包括（　　）。（2008 年）

A．毁林开垦

B．在幼林地砍柴

C．在特殊用途林放牧

D．对经济林进行更新性质的采伐

E．因工作需要，护林人员移动为林业服务的标志

4．依据《森林法》，可以有条件实施的行为有（　　）。（2009 年）

A．毁林采土、采石

B．建设工程征用林地

C．进入自然保护区的森林考察

D．对革命纪念地的林木进行抚育和更新性质的采伐

5．依据《森林法》，关于森林的保护，下列说法中错误的有（　　）。（2010 年）

A．禁止毁林采土、采石

B．在风景林中可进行抚育和更新性质的采伐

C．持有关主管部门发放的采伐许可证可在特种用途林中砍柴

D．在自然保护区森林中可进行科学的采伐达到优化抚育，促进更新的目的

6．依据《森林法》，关于“进行勘察、开采矿藏和各项建设工程占用或者征用林地”的规定，下列说法中正确的有（　　）。（2011 年）

A．进行勘察工程应当不占或少占林地

B．开采矿藏必须占用林地的，应当经县级以上人民政府审核同意

C．修建铁路已占用林地的，应当由用地单位安排植树造林、恢复植被

D．修建公路占用的林地已进行植被恢复，上级林业主管部门应当定期检查用地单位组织植树造林的情况

7．根据《森林法》，（　　）属于禁止的行为。（2012 年）

A．毁林采土　　B．在幼林地砍柴
C．占用林地采油　　D．在特种用途林内放牧

8．根据《森林法》，禁止（　　）。（2014 年）
A．在幼林地内砍柴　　B．在薪炭林内砍柴
C．在母树林内放牧　　D．在风景林内放牧

参考答案

一、单项选择题

1．C　2．C　3．D　4．B　5．D

6．A　【解析】防护林和特种用途林中的国防林、母树林、环境保护林、风景林，只准进行抚育和更新性质的采伐。

7．B　8．B

9．A　【解析】特种用途林中的名胜古迹和革命纪念地的林木、自然保护区的森林，严禁采伐。

10．B

11．B　【解析】环境保护林为特种保护林。

12．A　【解析】选项 B 的正确说法为："开采矿藏必须占用林地的，应当经县级以上人民政府林业主管部门批准"；选项 C 的正确说法为："修建铁路已占用林地的，应当由林业主管部门统一安排植树造林、恢复植被"。

13．B　【解析】此题的考点为高频考点，2010 年不定项选择题也有一道题。

14．A　【解析】必须占用或者征用林地的，经县级以上人民政府林业主管部门审核同意后。

15．B　16．C　17．C　18．D

19．D　【解析】特种用途林中的名胜古迹和革命纪念地的林木、自然保护区的森林，严禁采伐。

20．A　21．D

二、不定项选择题

1．CDE　2．ABCE　3．ABC　4．BC

5．CD　【解析】注意此题问的是"错误的有"。特种用途林中砍柴是禁止的，自然保护区森林严禁采伐。选项 C 和 D 的表达有一定的迷惑性。此题有一定的综合性，要做对这类题必须对禁止行为以及采代森林和林木的各项规定要清楚。这类题

在考试中出现得较多。

6．A 7．ABD

8．ACD 【解析】禁止毁林开垦和毁林采石、采砂、采土以及其他毁林行为。禁止在幼林地和特种用途林内砍柴、放牧。母树林、风景林属特种用途林。

（十五）《渔业法》

一、单项选择题

1．依据《渔业保护法》，在鱼、虾、蟹洄游通道建闸、筑坝，对渔业资源有严重影响的，建设单位应当（　　）。（2005 年）

A．向渔业保护机构缴纳补偿费　　B．修建泄洪防淤设施

C．设置水质监控断面　　D．建造过鱼设施或者采取其他补救措施

2．依据《渔业法》，在鱼、虾、蟹洄游通道建闸、筑坝，对渔业资源有严重影响时，建设单位的正确做法是（　　）。（2007 年）

A．不得建闸、筑坝

B．应当设置水质监控断面

C．应当修建防洪、防淤设施

D．应当建造过鱼设施或采取其他补救措施

3．依据《渔业法》，在鱼、虾、蟹洄游通道建闸、筑坝，下列说法中正确的是（　　）。（2008 年）

A．建设单位必须建造过鱼设施

B．对渔业资源有严重影响的，建设单位应当拆除已建工程

C．对渔业资源有严重影响的，建设单位应当建造防洪设施

D．对渔业资源有严重影响的，建设单位应当建造过鱼设施或采取其他补救措施

4．珍贵、濒危的水生野生动物以外的其他水生野生动物的保护，适用于（　　）的规定。（2008 年）

A．《水法》　　B．《渔业法》

C．《水污染防治法》　　D．《野生动物保护法》

5．依据《渔业法》，在鱼、虾、蟹洄游通道建闸、筑坝，若对渔业资源有严重影响，建设单位（　　）。（2010 年）

A．不得建闸筑坝

B．应当拆除已建工程

C．应当建造防洪设施

D．应当建造过鱼设施或采取其他补救措施

6．珍贵、濒危的水生野生动物以外的其他水生野生动物的保护，适用的法律是（　　）。（2010 年）

A．《水法》 B．《渔业法》

C．《水污染防治法》 D．《野生动物保护法》

7．适用《渔业法》的渔业生产活动是（ ）。（2012 年）

A．室内育苗 B．鱼塘养殖

C．公海捕捞 D．滩涂养殖

8．某河流有多种洄游鱼类生存，一水电站大坝修筑后可能严重影响鱼类洄游通道。根据《渔业法》，该工程建设单位的下列做法中错误的是（ ）。（2014 年）

A．保护栖息地

B．建造过鱼设施

C．施工期避让鱼类洄游产卵期

D．为保证发电，未设置生态基流保证设施

二、不定项选择题

1．《渔业法》适用于中华人民共和国管辖的（ ）。（2008 年）

A．滩涂 B．内水

C．领海 D．专属经济区

E．一切其他海域

2．适用《渔业法》的生产活动有（ ）。（2010 年）

A．在滩涂养殖贝类 B．在内水用网箱养殖鱼类

C．在领海采集海带用于科学研究 D．在专属经济区捕捞洄游中的鱼群

参考答案

一、单项选择题

1．D 【解析】高频考点。

2．D 3．D

4．B 【解析】珍贵、濒危的陆生、水生野生动物和有益的或者有重要经济、科学研究价值的陆生野生动物适用于《野生动物保护法》。珍贵、濒危的水生野生动物以外的其他水生野生动物的保护，适用《渔业法》的规定。

5．D 6．B

7．D 【解析】《渔业法》适用：在中华人民共和国的内水、滩涂、领海、专属经济区以及中华人民共和国管辖的一切其他海域从事养殖和捕捞水生动物、水生植物等渔业生产活动。

8．D

二、不定项选择题

1．ABCDE

2．ABD　【解析】科学研究不属于生产活动。

（十六）《矿产资源法》

一、单项选择题

1．根据《矿产资源法》，非经（　　）同意，不得在国家划定的自然保护区、风景名胜区开采资源。（2005 年）

A．国务院　　B．国务院环境保护行政主管部门

C．国务院授权的有关主管部门　　D．地方人民政府

2．依据《矿产资源法》，关闭矿山必须提出的资料是（　　）。（2009 年）

A．人员编册　　B．矿山闭坑报告

C．员工安置计划　　D．档案管理的资料

3．依据《矿产资源法》，下列说法中不符合矿产资源开采规定的是（　　）。（2009 年）

A．开采矿产资源，应当节约用地

B．任何单位或者个人均可收购各种矿产品

C．草原、林地因采矿受到破坏的，应当采取复垦利用、植树种草等措施

D．开采主要矿产的同时，对具有工业价值的伴生矿产应统一规划、综合开采、综合利用、防止浪费

4．依据《矿产资源法》，关闭矿山时不必提交（　　）。（2010 年）

A．矿山闭坑报告　　B．安全隐患资料

C．土地复垦利用资料　　D．闭矿环境影响报告书

5．依据《矿产资源法》，关于开采矿产资源，下列说法中错误的是（　　）。（2010 年）

A．开采矿产资源，应当节约用地

B．矿山企业的开采回采率应当满足市场要求

C．建设铁路、公路、水库、大型建筑物等工程前，建设单位应了解工程所在地区的矿产资源情况

D．开采主要矿产的同时，对具有工业价值的伴生矿产应统一规划、综合开采、综合利用、防止浪费

6．依据《矿产资源法》，关于矿产资源开采的规定，下列说法中正确的是（　　）。（2011 年）

A．开采矿产资源，必须采取合理的开采顺序、开采方法和选矿工艺

B．耕地因采矿受到破坏，当地政府应当因地制宜采取复垦措施

C．矿山企业应当根据市场需要合理确定开采回采率

D．对同时采出而尚无综合利用途径的含有有用组分的尾矿可以暂时予以丢弃

7．根据《矿产资源法》，关闭矿山必须提出的资料不包括（　　）。（2012 年）

A．采掘工程资料　　B．环境保护资料

C．职业健康评价资料　　D．土地复垦利用资料

8．根据《矿产资源法》，关于矿产资源开采的规定，下列说法中错误是（　　）。（2013 年）

A．开采矿产资源必须采取合理的开采顺序

B．开采矿产资源必须采取合理的开采方法

C．开采矿产资源必须采取合理的选矿工艺

D．对具有工业价值的伴生矿必须与主要矿产同时开采，并进行综合利用

9．根据《矿产资源法》，耕地、草原、林地因采矿受到破坏的，（　　）应当采取复垦利用护植树种草或者其他利用措施。（2014 年）

A．当地政府

B．矿山企业

C．地质矿产主管部门

D．农业和林业主管部门

二、不定项选择题

1．依据《矿产资源法》，关闭矿山时必须提交的资料包括（　　）。（2007 年）

A．人员编册　　B．环境保护资料

C．矿山闭坑报告　　D．土地复垦利用资料

2．依据《矿产资源法》，非经国务院授权的有关部门同意，下列地区属于禁止开采矿产资源的是（　　）。　（2007 年）

A．水土流失严重区域　　B．国家划定的自然保护区

C．重要河流两侧一定距离以内　　D．城镇市政工程设施附近一定距离以内

3．依据《矿产资源法》，关闭矿山必须提交（　　）。（2008 年）

A．矿山闭坑报告

B．职工身体状况检查统计报告

C．有关采掘工程、安全隐患的资料

D．有关土地复垦利用、环境保护的资料

4．依据《矿产资源法》，未经国务院授权的有关主管部门同意，不得在（　　）开采矿产资源。（2010 年）

A．国家划定的重要风景区内

B．重要河流两侧一定距离以内

C．国防工程设施圈定地区以内

D．国家重点保护的不可移动的历史文物所在地

5．依据《矿产资源法》，关于矿产资源开采的规定，下列说法中正确的有（　　）。（2011 年）

A．开采矿产资源应当节约用地

B．开采矿产资源必须防止污染环境

C．开采矿产资源必须具备保障安全生产的必要条件

D．开采矿产资源破坏草原的，当地政府应当因地制宜地采取植树种草措施

6．依据《矿产资源法》，未经国务院授权的有关主管部门同意，不得开采矿产资源的地区包括（　　）。（2011 年）

A．国家划定的重要风景区

B．重要河流两侧一定距离以内

C．城镇市政工程设施附近一定距离以内

D．国家重点保护的不能移动的名胜古迹所在地

7．根据《矿产资源法》，非经国务院授权的有关部门同意，（　　）不得开采矿产资源。（2013 年）

A．铁路两侧一定距离以内　　B．国家划定的自然保护区内

C．一般河流两侧一定距离以内　　D．城市供水管道设施一定距离以内

8．根据《矿产资源法》，关闭矿山必须提出的报告及资料包括（　　）。（2014 年）

A．闭坑报告　　B．勘察报告

C．有关采掘工程的资料　　D．有关环境保护的资料

参考答案

一、单项选择题

1．C　2．B　3．B

4．D　【解析】高频考点。关闭矿山时要提交环境保护的资料，但不一定是闭矿环境影响报告书。关闭矿山，必须提出矿山闭坑报告及有关采掘工程、不安全隐患、土地复垦利用、环境保护的资料，并按照国家规定报请审查批准。

5．B　【解析】2009 年也有类似考题。选项 B 的正确说法是“矿山企业的开采

回采率应当达到设计要求”。

6．A 【解析】选项 B 的正确说法是：耕地、草原、林地因采矿受到破坏的，矿山企业应当因地制宜地采取复垦利用、植树种草或者其他利用措施。

7．C

8．D 【解析】第三十条：在开采主要矿产的同时，对具有工业价值的共生和伴生矿产应当统一规划、综合开采、综合利用、防止浪费；对暂时不能综合开采或者必须同时采出而暂时还不能综合利用的矿产以及含有有用组分的尾矿，应当采取有效的保护措施，防止损失破坏。

9．B

二、不定项选择题

1．BCD

2．BCD 【解析】高频考点。六类地区非经国务院授权的有关主管部门同意，不得开采矿产资源。港口、机场、国防工程设施圈定地区以内；重要工业区、大型水利工程设施、城镇市政工程设施附近一定距离以内；铁路、重要公路两侧一定距离以内；重要河流、堤坝两侧一定距离以内；国家划定的自然保护区、重要风景区，国家重点保护的不能移动的历史文物和名胜古迹所在地；国家规定不得开采矿产资源的其他地区。

3．ACD 4．ABCD 5．ABC 6．ABCD 7．ABD 8．ACD

（十七）《土地管理法》

一、单项选择题

1．依据《土地管理法》，各级人民政府应确保本行政区域内耕地总量不减少，耕地总量减少的，由国务院责令在规定期限内组织开垦与所减少耕地的数量与质量相当的耕地，并由（　　）验收。（2006 年）

A．国务院

B．国务院土地行政主管部门

C．国务院农业行政主管部门

D．国务院土地行政主管部门会同农业行政主管部门

2．依据《土地管理法》，国家土地利用总体规划中按土地用途将土地分为三类，下列不属于该三类的是（　　）。（2006 年）

A．农用地　　B．建设用地

C．未利用地　　D．工业用地

3．依据《土地管理法》，以下占用耕地的行为必须遵守“占多少，垦多少”的原则的是（　　）。（2006 年）

A．建设蔬菜生产基地　　B．建设农田水利设施

C．设置农副产品加工厂　　D．开展农业科研教学实验

4．依据《土地管理法》，以下说法正确的是（　　）。（2007 年）

A．单位或个人可以买卖土地

B．十分珍惜、合理利用和保护耕地是我国的基本国策

C．国家实行土地用途管理制度，禁止农用地转为建设用地

D．国家实行国有土地有偿使用制度，包括在法律规定的范围内划拨国有土地使用权

5．依据《土地管理法》，以下说法正确的是（　　）。（2007 年）

A．禁止耕地转为非耕地

B．鼓励将水域转为耕地

C．严格限制耕地转为非耕地

D．非农业建设经批准占用耕地的，除开垦与所占用耕地的数量和质量相当的耕地外，还必须交纳开垦费

6．依据《土地管理法》，省、自治区、直辖市人民政府批准的道路、管线工程

和大型基础设施建设项目，涉及农用地转为建设用地的，有批准权限的部门是（　　）。（2007 年）

A．国务院　　B．省级土地行政主管部门

C．省级交通行政主管部门　　D．省、自治区、直辖市人民政府

7．依据《土地管理法》，以下征用土地中需报国务院批准的是（　　）。（2007 年）

A．基本农田 1 公顷　　B．疏林地 30 公顷

C．未利用的荒地 60 公顷　　D．耕地（非基本农田）30 公顷

8．依据《土地管理法》，非农业建设经批准占用耕地的，应按照（　　）的原则进行补偿。（2008 年）

A．占补平衡　　B．占多少，垦多少

C．谁占用，谁补偿　　D．占多少，异地补偿多少

9．依据《土地管理法》，各省、自治区、直辖市划定的基本农田应当占本行政区域内耕地的（　　）以上。（2008 年）

A．50%　　B．60%

C．70%　　D．80%

10．依据《土地管理法》，国家编制土地利用总体规划时，规定的土地用途分为（　　）。（2009 年，2010 年）

A．耕地、工业用地和特殊用地　　B．农用地、建设用地和未利用地

C．农用地、交通用地和城镇用地　　D．农用地、建设用地和特殊用地

11．依据《土地管理法》，关于项目建设占用土地涉及农用地转为建设用地审批的规定，下列说法中错误的是（　　）。（2009 年）

A．国务院批准的建设项目占用土地，由国务院批准

B．省人民政府批准的道路工程占用土地，由国务院批准

C．直辖市人民政府批准的大型基础设施占用土地，由国务院批准

D．在已批准的农用地转用范围外，具体建设项目用地可以由市、县人民政府批准

12．依据《土地管理法》，“应当根据土地利用总体规划划为基本农田保护区”的耕地不包括（　　）。（2009 年，2010 年，2011 年）

A．蔬菜生产基地

B．农业科研、教学实验田

C．需要退耕还林、还牧、还草的耕地

D．有良好的水利与水土保持设施的耕地

13．依据《土地管理法》，国家保护耕地，严格控制耕地转为非耕地。国家对占

用耕地实行的制度是（　　）。(2009 年）

A．监管制度　　B．补偿制度

C．保护责任制度　　D．审批问责制度

14．依据《土地管理法》，关于“土地利用总体规划确定的用地规模范围内，将农用地转为建设用地”的审批权限，按土地利用年度计划分批次由（　　）。(2011 年）

A．国务院审批

B．省级人民政府批准

C．原批准土地利用总体规划的机关批准

D．原批准土地利用总体规划的主管部门审批

15．依据《土地管理法》，关于耕地保护的规定，下列说法中正确的是（　　）。(2011 年）

A．禁止耕地转为非耕地

B．应有计划地将河滩地开垦为耕地

C．非农业建设必须节约使用土地，可以利用荒地的，不得占用耕地

D．非农业建设经批准占用耕地的，除开垦与所占用耕地的数量相当的耕地外，还必须交纳开垦费

16．依据《土地管理法》，可由省级人民政府批准征收并报国务院备案的土地是（　　）。(2011 年）

A．蔬菜生产基地

B．农业科研、教学试验田

C．基本农田以外不超过 35 公顷的耕地

D．经省级人民政府批准确定的粮、棉、油生产基地内不超过 35 公顷的耕地

17．根据《土地管理法》，下列用地中不属于农用地的是（　　）。(2012 年）

A．草地　　B．养殖水面

C．农田水利用地　　D．交通水利设施用地

18．《土地管理法》实行的土地管理制度不包括（　　）。(2012 年）

A．土地用途管制制度　　B．占用耕地补偿制度

C．基本农田保护制度　　D．土地征收管理制度

19．根据《土地管理法》，35 公顷以内的（　　）属于国务院批准征收的土地。(2012 年）

A．草地　　B．林地

C．基本农田　　D．军用设施用地

20．根据《土地管理法》，国家实行土地用途管制制度，将土地分为（　　）。

（2013 年）

A．耕地、园地、林地

B．农用地、建设用地、未利用用地

C．国家所有土地、农民集体所有土地

D．农用地、工业用地、城镇建设用地

21．根据《土地管理法》，下列用地中，应当根据土地利用总体规划划入基本农田保护区的土地是（　　）。（2013 年）

A．养殖水面　　B．农田水利用地

C．农业科研试验田　　D．交通水利设施用地

22．根据《土地管理法》，国家编制土地利用总体规划，规定土地用途，将土地分为（　　）。

A．耕地、建设用地和未利用用地

B．耕地、工业用地和未利用用地

C．农用地、建设用地和未利用用地

D．农用地、工业用地和建设用地

二、不定项选择题

1．根据《土地管理法》，国家实行基本农田保护制度，（　　）应当根据土地利用总体规划划入基本农田保护区。（2005 年）

A．县以上人民政府批准确定的粮、棉、油生产基地

B．有良好水利和水土保持设施的耕地

C．蔬菜生产基地

D．城市绿化用地

2．依据《土地管理法》，下列工程建设涉及农用地转为建设用地须由国务院批准的有（　　）。（2006 年）

A．省人民政府批准的道路工程　　B．省人民政府批准的管线工程

C．省人民政府批准的大型基础设施　　D．国务院批准的建设项目

3．依据《土地管理法》，经批准的非农业建设占用耕地，占用耕地单位需采取的正确做法是（　　）。（2007 年）

A．按耕地损失三年的总产值赔偿损失

B．负责开垦与所占用耕地数量和质量相当的耕地

C．在没有条件开垦的情况下，按规定缴纳耕地开垦费

D．按“占多少，垦多少”的原则，赔偿占地所造成的经济损失

4．依据《土地管理法》，应经由国务院批准方可征用的土地有（　　）。

（2008年）

A．基本农田0.1公顷　　B．林地90公顷

C．建设用地80公顷　　D．集体所有未利用地60公顷

E．基本农田外的耕地80公顷

5．依据《土地管理法》等相关法律法规，国家依法实行（　　）制度。（2008年）

A．占用耕地补偿　　B．基本农田保护

C．土地用途管制　　D．国有土地调查统计

E．国有土地有偿使用

6．依据《土地管理法》，关于基本农田保护制度的管理要求，下列说法中正确的有（　　）。（2009年）

A．征收基本农田由国务院批准

B．基本农田保护区以县为单位进行划区定界

C．基本农田保护区划区定界由县级人民政府农业行政主管部门组织实施

D．省、自治区、直辖市划定的基本农田应占本行政区域内耕地的80%以上

7．依据《土地管理法》，经国务院批准方可征用的土地有（　　）。（2010年）

A．林地90公顷　　B．基本农田0.5公顷

C．集体所有未利用地60公顷　　D．基本农田外的低产耕地70公顷

8．根据《土地管理法》，关于保护耕地和占用耕地的规定，下列说法中正确的有（　　）。（2012年）

A．非农业建设经批准占用耕地的，由占用耕地的单位负责开垦与所占用耕地数量和质量相当的耕地

B．县级人民政府应当制定开垦耕地计划，监督占用耕地的单位按照计划开垦耕地，并进行验收

C．非农业建设经批准占用耕地的，没条件开垦或开垦的耕地不符合要求的，应按照规定缴纳耕地开垦费，专款用于开垦新的耕地

D．县级以上地方人民政府可以要求占用耕地的单位将所占用耕地耕作层的土壤用于新开垦耕地、劣质地或者其他耕地的土壤改良

9．根据《土地管理法》，下列耕地中，应当根据土地利用总体规划划入基本农田保护区的有（　　）。（2012年）

A．蔬菜生产基地

B．农业科研试验田

C．有良好的水利与水土保护设施的耕地

D．经乡（镇）政府批准确定的棉、油生产基地内的耕地

10．根据《土地管理法》，（　　）应根据土地利用总体规划划入基本农田保护区，严格管理。（2013 年）

A．蔬菜生产基地

B．农业教学试验田

C．需退耕还林的耕地

D．有良田的水利与水土保持设施的耕地，正在实施改造计划以及可改造的中、低产田

11．根据《土地管理法》，应当根据土地利用总体规划划入基本农田保护区的耕地有（　　）。（2014 年）

A．蔬菜生产基地

B．农业科研试验田

C．正在实验改造计划的低产田

D．有良好的水利与水土保护设施的耕地

参考答案

一、单项选择题

1．D

2．D　【解析】高频考点。国家编制土地利用总体规划，规定土地用途，将土地分为农用地、建设用地和未利用地。严格限制农用地转为建设用地，控制建设用地总量，对耕地实行特殊保护。

3．C　4．B

5．C　【解析】非农业建设经批准占用耕地的，按照“占多少，垦多少”的原则，由占用耕地的单位负责开垦与所占用耕地的数量和质量相当的耕地；没有条件开垦或者开垦的耕地不符合要求的，应当按照省、自治区、直辖市的规定缴纳耕地开垦费，专款用于开垦新的耕地。

6．A　【解析】省、自治区、直辖市人民政府批准的道路、管线工程和大型基础设施建设项目、国务院批准的建设项目占用土地，涉及农用地转为建设用地的，由国务院批准。

7．A　【解析】高频考点。有三种类型的征用需报国务院批准：基本农田；基本农田以外的耕地超过 35 公顷的；其他土地超过 70 公顷的。基本农田占用无论多少都需国务院批准。

8．B　9．D　10．B

11．D 【解析】选项 D 的正确说法是：在已批准的农用地转用范围内，具体建设项目用地可以由市、县人民政府批准。

12．C 【解析】高频考点。

13．B 14．C 15．C

16．C 【解析】占用基本农田以外的耕地超过 35 公顷的土地不属于国务院批准。

17．D 【解析】交通水利设施（水库）用地属建设用地。农田水利用地（灌溉、水渠）则属农用地。

18．D 19．C 20．B 21．C 22．C

二、不定项选择题

1．ABC 2．ABCD 3．BC

4．ABCE 【解析】高频考点。在实际环评过程中，涉及征地是审批方、评审专家所关注的问题。请记住三点：基本农田；耕地超 35 公顷，其他土地超 70 公顷。70 是 35 的倍数。

5．ABC

6．AD 【解析】选项 B 和 C 的正确说法是：基本农田保护区以乡（镇）为单位进行划区定界，由县级人民政府土地行政主管部门会同同级农业行政主管部门组织实施。

7．ABD

8．ACD 【解析】省、自治区、直辖市人民政府应当制订开垦耕地计划，监督占用耕地的单位按照计划开垦耕地或者按照计划组织开垦耕地，并进行验收。

9．ABC 【解析】选项 D 的正确说法是："经国务院有关主管部门或者县级以上地方人民政府批准确定的粮、棉、油生产基地内的耕地"可以划入基本农田保护区。

10．ABD 11．ABCD

（十八）《水土保持法》

一、单项选择题

1．依据《水土保持法》，在山区、丘陵区、风沙区修建铁路、公路、电力等大中型工程，在建设项目环境影响报告书中，必须有（　　）同意的水土保持方案。（2007 年）

A．水行政主管部门　　B．农业行政主管部门

C．林业行政主管部门　　D．国土资源行政主管部门

2．矿山、电力企业和其他大型工业企业建设中，以下行为不符合《水土保持法》规定的是（　　）。（2007 年）

A．排弃的剥离表土、矸石、废渣等堆放在专门的存放地

B．因建设使植被受到破坏的，采取恢复表土层和植被的措施

C．对弃渣存放地的裸露土地，植树种草，防止水土流失

D．将废弃的砂、石、土运至专门的存放地以外的荒山沟

3．依据《水土保持法》，在必须编制水土保持方案，方可申请办理采矿批准手续的地区内开办乡镇集体矿山企业和个体申请采矿，其水土保持方案应由（　　）同意。（2008 年）

A．县人民政府

B．设区的市级以上人民政府

C．当地人民政府土地管理行政主管部门

D．县级以上地方人民政府水行政主管部门

4．根据《水土保持法》，下列说法中错误的是（　　）。（2012 年）

A．水土保持方案应包括水土流失预防和治理的范围、目标、措施和投资等内容

B．在风沙区开办可能造成水土流失的生产建设项目，生产建设单位应编制水土保持方案

C．水土保持方案经批准后，生产项目的规模发生重大变化的，应当补充或修改水土保持方案并报原审批机关批准

D．水土保持方案实施过程中，水土保持措施作出重大变更的，应当经环境保护行政主管部门批准

5．根据《水土保持法》，下列水土流失预防和治理措施中，正确的是（　　）。（2012 年）

A. 对生产建设活动所占用土地的地表土应当进行整体剥离、保存和利用

B. 对生产建设中所废弃的砂、石、土、尾矿、废渣等存放地，必须采取植树种草、复垦措施

C. 生产建设活动结束后，应当及时在取土场、开挖面和存放地的裸露土地上植树种草，恢复植被

D. 在山区开办可能造成水土流失的建设项目，应当编制水土保持方案，报县级以上人民政府审批

6. 根据《水土保持法》，编制建设项目水土保持方案的责任主体是（　　）。（2013年）

A. 县级以上人民政府

B. 该建设项目生产建设单位

C. 该建设项目水行政主管部门

D. 具备相应资质的专业编制水土保持方案的机构

二、不定项选择题

1. 依据《水土保持法》，下列说法中符合建设工程防止水土流失规定的有（　　）。（2009年）

A. 矿山企业排弃的尾矿必须堆放在规定的专门存放地

B. 在铁路取土场和废弃土存放地的裸露土地，必须植树种草

C. 矿山企业因采矿破坏的植被，必须采取措施恢复表土层和植被

D. 在公路两侧地界以内山坡地必须修建护坡或采取其他土地整治措施

2. 依据《水土保持法》，修建铁路、公路和水工程时，应当采取的水土流失防治措施不包括（　　）。（2010年）

A. 将工程可视范围内的25°荒坡地开垦为耕地

B. 将废弃的土、石运至专门的存放地堆放

C. 工程竣工后，在工程建设中的开挖面和取弃土场植树种草，防止水土流失

D. 在工程两侧地界内山坡地修建护坡或者采取其他土地整治措施

3. 依据《水土保持法》，大型油田建设项目应采取水土流失预防和治理措施的时段包括（　　）。（2011年）

A. 勘察期　　B. 施工期

C. 运营期　　D. 运营期满结束后

4. 根据《水土保持法》，对生产建设活动废弃的砂、石、土存放地，应当采取（　　）措施。（2014年）

A．拦挡　　B．防渗
C．坡面防护　　D．防洪倒排

参考答案

一、单项选择题

1．A　2．D　3．D

4．D　【解析】据水保法，水土保持方案可以由建设单位编制。水土保持方案不是环保部门主管的事情。

5．C　【解析】选项 A 的正确说法是：对生产建设活动所占用土地的地表土应当进行分层剥离、保存和利用，做到土石方挖填平衡，减少地表扰动范围；选项 B 的正确说法是：生产建设活动中排弃的砂、石、土、矸石、尾矿、废渣等应当综合利用。

6．B

二、不定项选择题

1．ABCD

2．A　【解析】此题可用排除法得出答案。

3．ABCD

4．ACD　【解析】第二十八条：对废弃的砂、石、土、矸石、尾矿、废渣等存放地，应当采取拦挡、坡面防护、防洪排导等措施。

（十九）《野生动物保护法》

一、单项选择题

1．《野生动物保护法》规定保护的野生动物，不包括（　　）。（2006年，2013年）

A．珍贵、濒危的陆生野生动物

B．珍贵、濒危的水生野生动物

C．有益的或有重要经济、科学研究价值的陆生野生动物

D．有益的或有重要经济、科学研究价值的水生野生动物

2．依据《野生动物保护法》，下列关于国家重点保护的野生动物名录及其调整的规定，表述正确的是（　　）。（2007年）

A．由省、自治区、直辖市政府制定并公布

B．由国务院野生动物行政主管部门制定并公布

C．由省、自治区、直辖市政府制定，报国务院备案

D．由国务院野生动物行政主管部门制定，报国务院批准公布

3．依据《野生动物保护法》，下列不适用于该法的野生动物有（　　）。（2007年）

A．珍贵、濒危的陆生野生动物

B．珍贵、濒危的水生野生动物

C．有益的或者有重要经济、科学研究价值的陆生野生动物

D．珍贵、濒危的水生野生动物以外的其他水生野生动物

4．依据《野生动物保护法》，应当在国家和地方重点保护野生动物的主要生息繁衍地区和水域划定（　　）。（2008年）

A．自然保护区　　B．野生动物属地

C．野生动物保护区　　D．野生动物一级保护区和二级保护区

5．依据《野生动物保护法》，制定并公布地方重点保护野生动物名录的单位是（　　）。（2008年）

A．省、自治区、直辖市政府

B．省、自治区、直辖市政府林业行政主管部门

C．省、自治区、直辖市政府环境保护行政主管部门

D．省、自治区、直辖市政府野生动物行政主管部门

6. 依据《野生动物保护法》，（　　）应当监视、监测环境对野生动物的影响。（2010 年）

A. 各级环境监测站　　B. 各级地方人民政府

C. 各级野生动物行政主管部门　　D. 各级环境保护行政主管部门

7. 依据《野生动物保护法》，环境保护部门在审批对重点保护野生动物生存环境产生不利影响的建设项目的环境影响报告时，应当征求（　　）的意见。（2010 年）

A. 上级林业行政主管部门　　B. 上级农业行政主管部门

C. 上级野生动物行政主管部门　　D. 同级野生动物行政主管部门

8. 某自然保护区试验区内的农田，被自然保护区内的国家重点保护野生动物黑熊践踏，造成农作物严重受损。依据《野生动物保护法》，关于该农作物损失的补偿，下列说法中正确的是（　　）。（2010 年，2011 年）

A. 农作物损失由当地政府给予补偿

B. 农作物损失由自然保护区主管部门给予补偿

C. 农作物损失由国务院野生动物行政主管部门给予补偿

D. 因是国家重点保护野生动物造成的损失，农作物损失不予补偿

9.《野生动物保护法》不适用于（　　）。（2012 年）

A. 中华人民共和国境内从事野生动物的保护活动

B. 中华人民共和国境内从事野生动物的驯养繁殖活动

C. 中华人民共和国境内从事野生动物的开发利用活动

D. 珍贵、濒危的水生野生动物以外的其他水生野生动物的保护活动

10. 根据《野生动物保护法》，建设项目对国家或地方重点保护野生动物的生存环境产生不利影响的，建设单位应当提交环境影响报告书，环境保护部门在审批时，应当征求（　　）的意见。（2014 年）

A. 上级环境保护行政主管部门

B. 同级野生动物行政主管部门

C. 上级野生动物行政主管部门

D. 当地野生动物行政主管部门

二、不定项选择题

1. 根据《野生动物保护法》，建设项目对国家或者地方重点保护野生动物的生存环境产生不利影响的，（　　）。（2005 年）

A. 建设单位应当提交环境影响报告书

B. 建设单位应当提供建立重点保护野生动物保护区的建设经费

C. 环境保护部门在审批报告书时，应当征求同级野生动物行政主管部门的意见

D. 建设单位应向当地政府缴纳补偿费

2. 依据《野生动物保护法》，下列说法中正确的有（　　）。（2008 年）

A. 国家和地方重点野生动物分为一级保护野生动物和二级保护野生动物

B. 国家保护野生动物及其生存环境，禁止任何单位和个人非法猎捕或者破坏

C. 国家和地方重点保护野生动物受到自然灾害威胁时，国务院应当及时采取拯救措施

D. 建设项目对国家或地方重点保护野生动物的生存环境产生不利影响的，建设单位应当提交环境影响报告书

3. 依据《野生动物保护法》，应当划定为自然保护区的有（　　）。（2009 年）

A. 有重要经济价值的陆生野生动物栖息地区

B. 有科学研究价值的水生野生动物分布的水域

C. 国家和地方重点保护野生动物的主要生息繁衍地区

D. 国家和地方重点保护野生动物主要生息繁衍的水域

4. 适用《野生动物保护法》的活动包括（　　）。（2011 年）

A. 珍贵、濒危的陆生野生动物驯养繁殖

B. 珍贵、濒危的水生野生动物开发、利用

C. 珍贵、濒危的陆生野生动物以外的有重要经济价值的陆生野生动物驯养繁殖

D. 珍贵、濒危的水生野生动物以外的有重要经济价值的水生野生动物开发、利用

5. 根据《野生动物保护法》，关于重点保护的野生动物的规定，下列说法中正确的有（　　）。（2012 年）

A. 国家对陆生和水生野生动物实行重点保护

B. 国家对珍贵、濒危的野生动物实行重点保护

C. 国家重点保护的野生动物分为一级保护野生动物和二级保护野生动物

D. 地方重点保护野生动物，是指国家重点保护野生动物以外，由省、自治区、直辖市重点保护的野生动物

参考答案

一、单项选择题

1. D 【解析】高频考点。有益的或有重要经济、科学研究价值的水生野生动

物适用于《渔业法》。

2．D 3．D 4．A

5．A 【解析】国家重点保护的野生动物名录及其调整，由国务院野生动物行政主管部门制定，报国务院批准公布。地方重点保护的野生动物名录，由省、自治区、直辖市政府制定并公布，报国务院备案。国家保护的有益的或者有重要经济、科学研究价值的陆生野生动物名录及其调整，由国务院野生动物行政主管部门制定并公布。

6．C 7．D 8．A 9．D 10．B

二、不定项选择题

1．AC

2．BD 【解析】选项A的正确说法是：国家重点保护的野生动物分为一级保护野生动物和二级保护野生动物。选项C的正确说法是：国家和地方重点保护野生动物受到自然灾害威胁时，当地政府应当及时采取拯救措施。

3．CD 【解析】国务院野生动物行政主管部门和省、自治区、直辖市政府，应当在国家和地方重点保护野生动物的主要生息繁衍的地区和水域，划定自然保护区，加强对国家和地方重点保护野生动物及其生存环境的保护管理。

4．ABC 5．BCD

（二十）《防洪法》

一、单项选择题

1．根据《防洪法》要求，跨河、临河的道路、管线的工程设施，应当（　　）。（2005 年）

A．符合防洪标准、岸线规划、航运要求

B．不影响河道景观和旅游

C．不占用河道管理范围内土地

D．不采伐护堤护岸林木

2．依据《防洪法》，为确定防护对象、治理目标与任务、防护措施，以防洪规划或者防御洪水方案中划定的分区类型为（　　）。（2006 年）

A．城市防洪区、农村防洪区和河湖防洪区

B．行洪区、护提区和滞洪区

C．洪乏区、蓄滞洪区和防洪保护区

D．防洪核心区、防洪缓冲区、防洪外围防护区

3．依据《防洪法》，以下说法中正确的是（　　）。（2007 年）

A．防洪区是指洪水泛滥可能淹及的地区

B．洪泛区是指有工程设施保护的洪水泛滥所及的地区

C．防洪区包括防洪保护区和蓄滞洪区，但不包括洪泛区

D．防洪保护区是指有工程设施保护的洪水泛滥所及的地区

4．依据《防洪法》，建设跨越河道的高速公路项目，建设单位应当经（　　）对该影响河道防洪安全的高速公路建设的位置和界限审查批准后，方可依法办理开工手续。（2008 年）

A．有关土地管理行政主管部门　　B．有关水行政主管部门

C．有关环境保护行政主管部门　　D．有关建设行政主管部门

5．依据《防洪法》，下列说法中错误的是（　　）。（2009 年）

A．防洪区是指洪水泛滥可能淹及的地区

B．洪泛区是指尚无工程设施保护的洪水泛滥所及地区

C．防洪保护区是指在防洪标准内受防洪工程设施保护的地区

D．蓄滞洪区是指包括分洪口在内的河堤背水面以内临时贮存洪水的低洼地区及湖泊等

6．根据《防洪法》的有关法律定义，下列说法中正确的是（　　）。（2012 年）

A．防洪区是指洪水泛滥可能淹及的地区，分为洪泛区、蓄滞洪区和防洪保护区

B．洪泛区是指洪水泛滥可能淹及的地区，分为防洪区、蓄滞洪区和防洪保护区

C．蓄滞洪区是指洪水泛滥可能淹及的地区，分为洪泛区、防洪区和防洪保护区

D．防洪保护区是指洪水泛滥可能淹及的地区，分为蓄滞洪区、防洪区和洪泛区

7．根据《防洪法》，关于洪泛区、防洪区、防洪保护区和蓄滞洪区的说法，正确的是（　　）。（2014 年）

A．洪泛区是指洪水泛滥可能淹及的地区

B．防洪区是指尚无工程设施保护的洪水泛滥所及的地区

C．防洪保护区是指在防洪标准内受防洪工程设施保护的地区

D．蓄滞洪区是指除分洪口外的河堤背水面以外临时储存洪水的低洼地区及湖泊等

二、不定项选择题

1．根据《防洪法》，在蓄滞洪区内建设公路、铁路，应当对（　　），提出防御措施。（2005 年）

A．项目对防洪可能产生的影响作出评价

B．洪水对项目可能产生的影响作出评价

C．洪水可能导致的污染问题作出评价

D．蓄洪可能产生的生态影响作出评价

2．依据《防洪法》，建设临河的桥梁不得（　　）。（2007 年）

A．危害堤防安全　　B．影响河势稳定

C．妨碍行洪畅通　　D．影响河滩低秆作物生长

3．依据《防洪法》，下列说法中正确的有（　　）。（2008 年）

A．防洪区不包括洪泛区

B．防洪区分为洪泛区、蓄滞洪区和防洪保护区

C．洪泛区是指尚无工程设施保护的洪水泛滥所及的地区

D．防洪保护区是指在防洪标准内受防洪工程设施保护的地区

4．根据《防洪法》，建设（　　），应当符合防洪标准、岸线规划、航运要求和其他技术要求，不得危害提防安全，影响河势稳定，妨碍行洪畅通。（2012 年）

A．跨河桥梁　　B．穿河缆线

C．穿堤管道　　D．邻河公路

参考答案

一、单项选择题

1．A　2．C

3．A　【解析】高频考点。注意防洪区、洪乏区、蓄滞洪区和防洪保护区这几个概念的内涵。

4．B

5．D　【解析】选项D的正确说法是：蓄滞洪区是指包括分洪口在内的河堤背水面以外临时贮存洪水的低洼地区及湖泊等。

6．A　7．C

二、不定项选择题

1．AB　【解析】在洪泛区、蓄滞洪区内建设非防洪建设项目，应当就洪水对建设项目可能产生的影响和建设项目对防洪可能产生的影响作出评价，编制洪水影响评价报告，提出防御措施。在蓄滞洪区内建设的油田、铁路、公路、矿山、电厂、电信设施和管道，其洪水影响评价报告应当包括建设单位自行安排的防洪避洪方案。建设项目投入生产或者使用时，其防洪工程设施应当经水行政主管部门验收。

2．ABC　3．BCD

4．ABCD　【解析】第二十七条　建设跨河、穿河、穿堤、临河的桥梁、码头、道路、渡口、管道、缆线、取水、排水等工程设施，应当符合防洪标准、岸线规划、航运要求和其他技术要求，不得危害堤防安全、影响河势稳定、妨碍行洪畅通。

（二十一）《城乡规划法》

一、单项选择题

1. 依据《城乡规划法》，下列各种规划中不列入城乡规划范围的是（　　）。（2008年）

A．乡规划　　B．镇规划

C．街道规划　　D．城市规划

2．依据《城乡规划法》，在城市总体规划、镇总体规划确定的建设用地范围之外，不得设立（　　）。（2009 年）

A．基础设施用地区域　　B．公共服务设施用地区域

C．各类开发区和城市新区　　D．基本农田和绿化用地区域

3．某高速公路的停车场拟安排在城乡规划确定的绿地用地范围内。依据《城乡规划法》，该用地（　　）。（2009 年）

A．禁止擅自改变用途

B．使用时不需要申请选址意见书

C．可以出让方式提供国有土地使用权

D．使用时不需核发建设用地规划许可证

4．《城乡规划法》所称“城乡规划”包括（　　）。（2010 年，2011 年）

A．乡规划和村庄规划　　B．土地利用总体规划

C．综合交通体系规划　　D．历史文化遗产保护规划

5. 依据《城乡规划法》，下列不符合城市新区开发和建设有关规定的是（　　）。（2011 年）

A．合理确定建设规模和时序

B．严格保护自然资源和生态环境

C．充分利用现有市政基础设施和公共服务设施

D．在城镇总体规划确定的建设用地范围外设立开发区和城市新区

6．根据《城乡规划法》，（　　）不属于“省域城镇体系规划”的内容。（2012 年）

A．重大基础设施的布局

B．城镇空间布局和规模控制

C．城市、镇的发展规模、步骤和建设标准

D．为保护生态环境、资源等需要严格控制的区域

7. 根据《城乡规划法》，关于规划区的定义，下列说法中正确的是（ ）。（2013年）

A．规划区分为总体规划区和详细规划区

B．规划区包括城市规划区、城镇规划区、乡规划区和村庄规划区

C．规划区是根据城乡经济社会发展水平和统筹城乡发展的需要划定的

D．规划区是指城市、镇和村庄的建成区以及因城乡建设和发展的需要，必须实行规划控制的区域

8．根据《城乡规划法》，在城市整体规划、镇总体规划确定的建设用地范围以外，不得设立（ ）。（2013 年，2014 年）

A．生活垃圾填埋场

B．公共服务设施区域

C．各类开发区和城市新区

D．畜禽养殖场所等农村生产、生活服务设施

二、不定项选择题

1．依据《城乡规划法》，关于城市新区开发、建设和旧城区改建的有关规定，下列说法中正确的有（ ）。（2008 年）

A．旧城区的改建，应当保护历史文化遗产，不得拆除旧房

B．在城市总体规划确定的建设用地范围以外，不得设立开发区

C．城市新区的开发和建设，应当严格保护自然资源和生态环境

D．城乡建设和发展应统筹安排风景名胜区及周边乡、镇、村庄的建设

2．依据《城乡规划法》，城乡规划确定的（ ）等用地，禁止擅自改变用途。（2009 年）

A．自然保护区　　B．水库、水源地

C．防汛通道、消防通道　　D．污水处理厂和公共服务设施

E．输配电设施及输电线路走廊

3．依据《城乡规划法》，关于城市总体规划的审批，下列说法正确的有（ ）。（2010 年）

A．一般城市的总体规划由该城市人民政府审批

B．直辖市的城市总体规划需报国务院审批

C．省、自治区人民政府所在地的城市总体规划，由省、自治区人民政府审批

D．国务院确定的城市总体规划，在报国务院审批前，应经省、自治区人民政府审查同意

4．依据《城乡规划法》，（　　）应当作为城市规划、镇总体规划的强制性内容。（2010 年）

A．水源地和水系

B．基本农田和绿化用地

C．基础设施和公共服务设施用地

D．环境保护、自然与历史文化遗产保护

5．《城乡规划法》中所称的“规划区”包括（　　）。（2011 年）

A．镇的建成区

B．村庄的建成区

C．城市的建成区

D．因城乡建设和发展需要，必须实行规划控制的区域

6．依据《城乡规划法》，城乡规划确定的（　　）等用地，禁止擅自改变用途。（2011 年）

A．水源地　　B．自然保护区

C．垃圾填埋场　　D．污水处理厂

7．根据《城乡规划法》，省域城镇体系规划的内容应包括（　　）。（2013 年）

A．工业园区布局

B．重大基础设施布局

C．城镇空间布局和规模控制

D．为保护生态环境、资源等需要严格控制的区域

8．根据《城乡规划法》，（　　）属于城市规划。（2014 年）

A．村庄规划　　B．城乡规划

C．工业园区规划　　D．城镇体系规划

参考答案

一、单项选择题

1．C

2．C　【解析】在城市总体规划、镇总体规划确定的建设用地范围以外，不得设立各类开发区和城市新区。

3．A

4．A　【解析】城乡规划，包括城镇体系规划、城市规划、镇规划、乡规划和村庄规划。

5．A　6．D

7．C　【解析】选项C的内容太细。省域城镇体系规划的内容应当包括：城镇空间布局和规模控制，重大基础设施的布局，为保护生态环境、资源等需要严格控制的区域。

8．D　9．C

二、不定项选择题

1．BCD

2．ABCDE　【解析】高频考点。

3．BD　【解析】此题在教材中未出现。第十四条　城市人民政府组织编制城市总体规划。直辖市的城市总体规划由直辖市人民政府报国务院审批。省、自治区人民政府所在地的城市以及国务院确定的城市的总体规划，由省、自治区人民政府审查同意后，报国务院审批。其他城市的总体规划，由城市人民政府报省、自治区人民政府审批。

4．ABCD　【解析】规划区范围、规划区内建设用地规模、基础设施和公共服务设施用地、水源地和水系、基本农田和绿化用地、环境保护、自然与历史文化遗产保护以及防灾减灾等内容，应当作为城市总体规划、镇总体规划的强制性内容。

5．ABCD　【解析】规划区，是指城市、镇和村庄的建成区以及因城乡建设和发展需要，必须实行规划控制的区域。

6．ABCD　7．BCD　8．ABD

（二十二）《河道管理条例》

一、单项选择题

1.《河道管理条例》规定，桥梁和栈桥的梁底必须高于（　　），并按照防洪和航运的要求，留有一定的超高。（2007 年）

A．设计洪水位　　B．丰水期水位

C．多年平均水位　　D．历史最高洪水位

2．下列说法中，符合《河道管理条例》的是（　　）。（2008 年）

A．桥梁的梁底应高于河流多年平均水位

B．桥梁的梁底应首先满足航运的要求，并留有一定的超高

C．跨越河道的管道、线路的净空高度必须符合防洪和航运的要求

D．修建桥梁、码头和其他设施，应满足国家规定的防洪标准所确定的河深，兼顾行洪通道

3.《河道管理条例》的适用范围不包括（　　）。（2009 年）

A．太湖　　B．内水

C．京杭大运河　　D．河道内的航道

4．依据《河道管理条例》，城镇建设和发展不得占用河道滩地。确定城镇规划的邻河界限的部门是（　　）。（2009 年）

A．河道主管机关

B．城镇规划部门

C．河道主管机关会同城镇规划等有关部门

D．城镇规划部门会同河道主管机关

5. 依据《河道管理条例》，在河道管理范围内禁止进行的活动是（　　）。（2010 年）

A．修建围堤　　B．利用堤顶兼作公路

C．采砂　　D．在河道滩地修建厂房

6．关于《河道管理条例》的适用范围，下列说法中错误的是（　　）。（2011 年）

A．该条例适用于中华人民共和国领域内的湖泊

B．该条例适用于中华人民共和国领域内的滞洪区

C．该条例适用于中华人民共和国领域内的人工水道

D．该条例不适用于中华人民共和国领域内河道内的航道

7．依据《河道管理条例》，关于“修建桥梁、码头和其他设施所涉及防洪和船运”的要求，下列说法中正确的是（　　）。（2011 年）

A．桥梁的梁底应按河流多年平均水位设计

B．桥梁的梁底应首先满足航运的要求，并留有一定的超高

C．跨越河道的管道、线路的净空高度必须符合防洪和航运的要求

D．修建桥梁、码头和其他设施，应满足国家规定的防洪标准所确定的河深，兼顾行洪通道

8．根据《河道管理条例》，下列说法中正确的是（　　）。（2012 年）

A．严禁在河道滩地存放物件　　B．河道滩地禁止开采地下资源

C．河道滩地不得进行考古发掘　　D．城镇建设和发展不得占用河道滩地

9．根据《河道管理条例》，城镇建设和发展不得占用河道滩地。沿河城镇在编制和审查城镇规划时，应当事先（　　）。（2013 年）

A．报航运主管机关审批

B．报河道主管机关审批

C．报环境保护行政主管部门审批

D．征求河道主管机关的意见

10．根据《河道管理条例》，下列说法中错误的是（　　）。（2014 年）

A．桥梁和栈桥的设计洪水位须由设计单位根据防洪规划确定

B．跨越河道的管道、线路的净空高度必须符合防洪和航运的要求

C．桥梁和栈桥的梁底必须高于设计洪水位，并按照防洪和航运的要求，留有一定的超高

D．修建桥梁、码头和其他设施，必须按照国家规定的防洪标准确定的河宽进行，不得缩窄行洪通道

二、不定项选择题

1．《河道管理条例》适用于我国领域内的河道，包括（　　）。（2007 年）

A．行洪区　　B．蓄洪区

C．滞洪区　　D．人工水道

2．《河道管理条例》的适用范围包括（　　）。（2008 年）

A．湖泊　　B．滞洪区

C．蓄洪区　　D．人工水道

E．防洪保护区

3．《河道管理条例》的适用范围包括（　　）。（2010 年）

A．太湖　　B．京杭大运河

C．河道内的航道　　D．洪水泛滥可能淹没的地区

4．依据《河道管理条例》，不得在河道管理范围内的河道滩地（　　）。（2010 年）

A．改造城镇居民小区　　B．挖筑鱼塘

C．开采地下资源　　D．存放防洪物资

5．适用《河道管理条例》的范围包括（　　）。（2011 年）

A．洪泛区　　B．河道滩地

C．人工运河　　D．蓄滞洪区

6．根据《河道管理条例》，下列说法中正确的有（　　）。（2012 年）

A．跨越河道的管道、线路的净空高度必须符合防洪的和航运的要求

B．修建桥梁必须按照百年一遇洪水标准所确定的河宽进行，不得缩窄行洪通道

C．修建码头必须按照国家规定的防洪标准所确定的河宽进行，可适当占用行洪通道

D．桥梁和栈桥的桥面必须高于设计洪水位，并按照防洪和航运要求，留有一定的超高

7．《河道管理条例》适用于中华人民共和国领域内的（　　）。（2014 年）

A．湖泊　　B．人工水道

C．滞洪区　　D．洪泛区

参考答案

一、单项选择题

1．A　2．C

3．B　【解析】条例适用于中华人民共和国领域内的河道（包括湖泊、人工水道、行洪区、蓄洪区、滞洪区）。河道内的航道，同时适用《航道管理条例》。

4．C

5．A　【解析】第二十四条　在河道管理范围内，禁止修建围堤、阻水渠道、阻水道路；种植高秆农作物、芦苇、杞柳、荻柴和树木（堤防防护林除外）；设置拦河渔具；弃置矿渣、石渣、煤灰、泥土、垃圾等。

在堤防和护堤地，禁止建房、放牧、开渠、打井、挖窖、葬坟、晒粮、存放物料、开采地下资源、进行考古发掘以及开展集市贸易活动。

6．D　7．C

8．D　【解析】其余三个选项的行为必须报经河道主管机关批准。

9．D

10．A 【解析】设计洪水位由河道主管机关根据防洪规划确定。

二、不定项选择题

1．ABCD 2．ABCD

3．ABC 【解析】据《防洪法》，“洪水泛滥可能淹没的地区”指防洪区，防洪区包括洪乏区、蓄滞洪区和防洪保护区。蓄滞洪区包括行洪区、分洪区、蓄洪区和滞洪区。防洪区概念较大，条例适用的范围所列出的（行洪区、蓄洪区、滞洪区）概念较小。河道内的航道，同时适用《航道管理条例》。

4．A 【解析】第十六条 城镇建设和发展不得占用河道滩地。其他选项的活动必须报经河道主管机关批准。

5．BC 【解析】蓄滞洪区包括行洪区、分洪区、蓄洪区和滞洪区。条例适用的范围：行洪区、蓄洪区、滞洪区。前者的范围大。

6．AD 7．ABC

（二十三）《自然保护区条例》

一、单项选择题

1．根据《自然保护区条例》，自然保护区核心区（　　）。（2005 年）

A．只准进入从事科学研究观测活动

B．可以进入从事科学试验、教学实习、参观考察活动

C．禁止任何单位和个人进入，未经批准，也不允许进入从事科学研究活动

D．经当地环境保护行政主管部门批准，可以进入从事旅游考察活动

2．在自然保护区实验区内已经建成的设施，（　　）。（2005 年）

A．其改扩建不受保护区管理的限制

B．其造成的损失可以不予追究

C．应当迁出保护区实验区

D．其污染物排放物超标的，应当限期治理：造成损害的，必须采取补救措施

3．根据《自然保护区条例》，自然保护区缓冲区（　　）。（2005 年）

A．禁止开展科学研究活动　　B．禁止开展旅游

C．禁止任何野生动物进入　　D．禁止任何单位和个人进入

4．根据《自然保护区条例》，应当划为核心区的是（　　）。（2005 年）

A．风景优美且具有旅游业发展潜力的地区

B．土地肥沃、物产丰富，可以建成特产农业基地的地区

C．强度水土流失，生态系统已经遭到严重破坏，亟待恢复的地区

D．保存完好的天然状态的生态系统及珍稀、濒危动植物的集中分布地

5．根据《自然保护区条例》，在（　　）应建立自然保护区。（2005 年）

A．已遭破坏、不能恢复的自然生态系统区域

B．规划建立的防护林区

C．珍稀、濒危野生动植物物种的天然集中分布区域

D．特种育林区

6．根据《自然保护区条例》，自然保护区内（　　）。（2005 年）

A．可以放牧，砍柴　　B．可以采药

C．可以狩猎、捕捞　　D．禁止开矿、采石

7．依据《自然保护条例》，自然保护区中应当划分为核心区的是（　　）。（2006 年）

A．具有巨大观赏、文化、科学价值的地区

B．保存完好的天然状态的生态系统以及珍稀、濒危动植物的集中地

C．生态系统极其脆弱的地区

D．具有重要水源涵养、水文调节和生物资源生产力的地区

8．自然保护区内部未进行功能分区的，依照《自然保护条例》，应按照（　　）的规定管理。（2006 年，2007 年，2010 年，2011 年）

A．缓冲区　　B．实验区

C．核心区和缓冲区　　D．缓冲区和实验区

9．依据《自然保护区条例》，除其他法律和行政法规另有规定外，禁止在（　　）内进行狩猎活动。（2006 年）

A．自然保护区核心区　　B．自然保护区缓冲区

C．自然保护区实验区　　D．自然保护区所有区域

10．依据《自然保护区条例》，在自然保护区的实验区内，不得进行的行为是（　　）。（2007 年）

A．从事旅游活动　　B．教学学习

C．进行标本采集活动　　D．建设污染环境的生产设施

11．依据《自然保护区条例》，因需要必须进入自然保护区核心区从事（　　）活动的，应当事先向自然保护区管理机构提交申请活动计划，并经省级以上人民政府有关自然保护区行政主管部门批准；其中，进入国家级自然保护区核心区的，必须经国务院有关自然保护区行政主管部门批准。（2007 年）

A．旅游　　B．教学实习

C．科学研究观测、调查　　D．驯化、繁殖珍稀、濒危野生动植物

12．依据《自然保护区条例》，经批准只准进入自然保护区缓冲区从事的活动是（　　）。（2007 年）

A．旅游　　B．参观

C．科学研究观测　　D．驯化、繁殖珍稀、濒危野生动植物

13．依据《自然保护区条例》，下列说法中正确的是（　　）。（2008 年）

A．县级人民政府有权划定自然保护区

B．著名历史文化遗产所在地应划为自然保护区

C．自然保护区可以分为核心区、缓冲区和实验区

D．自然保护区限指珍稀、濒危野生动植物物种的天然集中分布区域

14．依据《自然保护区条例》，在内部未分区的自然保护区内，可以从事的活动是（　　）。（2008 年）

A．适度开采自然资源

B．建设非污染型生产设施

C．开展旅游和生产经营活动

D．经自然保护区管理机构批准从事科学研究

15．依据《自然保护区条例》，关于自然保护区功能区的划分及保护，下列说法中正确的是（　　）。（2010 年，2013 年）

A．在自然保护区内不得建设任何生产设施

B．自然保护区可以分为核心区、缓冲区、实验区和外围保护地带

C．严禁开设与自然保护区保护方向不一致的参观、旅游项目

D．自然保护区核心区内的原有居民确有必要迁出的，由保护区管理机构予以妥善安置

16．依据《自然保护区条例》，关于自然保护区内禁止的行为，下列说法中正确的是（　　）。（2010 年）

A．不得进入实验区从事参观考察和旅游活动

B．可不经批准进入缓冲区从事科学研究和教学实习

C．禁止进入核心区从事科学研究活动

D．在自然保护区的外围地带建设的项目，不得损害自然保护区的环境质量，已造成损害的，应当限期治理

17．依据《自然保护区条例》，关于自然保护区内禁止行为的规定，下列说法中错误的是（　　）。（2011 年）

A．自然保护区核心区内不得建设任何生产设施

B．自然保护区缓冲区内不得建设任何生产设施

C．自然保护区实验区内不得建设污染环境的生产设施

D．自然保护区外围保护地带不得建设损害其环境质量的生产设施

18．根据《自然保护区条例》，关于自然保护区功能区划分和保护要求，下列说法中错误的是（　　）。（2012 年）

A．核心区禁止任何单位和个人进入

B．自然保护区的缓冲区只准进入从事科学试验活动

C．自然保护区的外围保护地带可以进行建设项目的建设

D．自然保护区的实验区可以从事参观考察、教学实习等活动

19．根据《自然保护区条例》，关于自然保护区内禁止行为的规定，下列说法中错误的是（　　）。（2012 年）

A．在自然保护区的核心区内不得建设任何生产设施

B．在自然保护区的外围保护地带建设的项目，不得损害自然保护区内的环境质量

C．在自然保护区实验区内已建成的设施，其污染物排放超过国家和地方标准的，应限期治理

D．在自然保护区的缓冲区内不得建设污染环境、破坏资源或景观的生产设施，建设其他项目其污染物排放不得超过国家和地方规定的标准

20．根据《自然保护区条例》，关于内部未分区的自然保护区管理的规定，下列说法中错误的是（　　）。（2012 年）

A．禁止任何人进入内部未分区的自然保护区

B．禁止在内部未分区的自然保护区内开展旅游活动

C．禁止在内部未分区的自然保护区内从事科学试验活动

D．不得在内部未分区的自然保护区内建设任何生产设施

21．某公路工程拟通过内部未分区的自然保护区。根据《自然保护区条例》，该建设项目须（　　）。（2013 年，2014 年）

A．避绕该自然保护区

B．降低公路等级和通行能力

C．缩小路基宽度，禁止设置取弃土场

D．优化路由，缩短通过该保护区路线长度

22．根据《自然保护区条例》自然保护区的功能划分及保护的要求，下列说法中错误的是（　　）。（2014 年）

A．自然保护区可以分为核心区、缓冲区和实验区

B．自然保护核心区外围可以划定一定面积的缓冲区，只准进入从事科学研究观测活动

C．自然保护区缓冲区外围划为实验区，可以进入从事教学实习、参观考察等活动

D．自然保护区的外围须划定一定面积的外围保护地带，该地带的建设项目不得损害自然保护区的环境质量

23．根据《自然保护区条例》，在自然保护区的缓冲区，经自然保护区管理机构批准可以从事（　　）活动。（2014 年）

A．旅游　　B．参观考察

C．生产经营　　D．标本采集

二、不定项选择题

1．根据《自然保护区条例》，在自然保护区实验区可以（　　）。（2005 年）

A．从事科学试验　　B．开垦、烧荒

C．从事旅游活动　　D．从事教学实习

E．建设水电站

2. 依据《自然保护条例》，自然保护区禁止开展科学试验和旅游区域的有（　　）。（2006年）

A．核心区　　B．缓冲区

C．实验区　　D．实验区的外围区

3．违反《自然保护区条例》的行为包括（　　）。（2008年）

A．在自然保护区的缓冲区内开采商品砂石料

B．在自然保护区的缓冲区内建设非污染型生产设施

C．因教学需要进入自然保护区核心区从事教学活动

D．在自然保护区实验区开设与自然保护区保护方向一致的参观、旅游项目

E．经省级人民政府有关自然保护区行政主管部门批准，进入国家级自然保护区核心区从事科学研究

4．依据《自然保护区条例》，可以在自然保护区实验区从事的活动有（　　）。（2009年）

A．采药　　B．捕捞鱼虾

C．教学实验　　D．科学试验

E．驯化濒危野生动物

5．依据《自然保护区条例》，在内部未分区的自然保护区内，禁止的活动有（　　）。（2010年）

A．参观旅游　　B．教学实习

C．采挖草药　　D．繁殖珍稀野生植物

6．某高校因科研需要，拟在一省级自然保护区缓冲区内采集标本，依据《自然保护区条例》，该高校的下列做法，正确的有（　　）。（2010年）

A．经批准后采集标本，并将标本采集成果副本提交该自然保护区管理机构

B．事先向该自然保护区管理机构提交申请和活动计划，经批准后即可进行标本采集

C．事先向该省人民政府自然保护区行政主管部门申报申请和活动计划，经批准后即可进行标本采集

D．事先向该自然保护区管理机构提交申请和活动计划，并报该省该省人民政府自然保护区行政主管部门批准后，即可进行标本采集

7．一公路因受地形限制等原因线位走向无法避绕某自然保护区。根据《自然保护区条例》，禁止该工程（　　）。（2013年）

A．线位穿越自然保护区核心区　　B．线位穿越自然保护区缓冲区

C．线位穿越自然保护区实验区　　D．在自然保护实验区设置砂石料场

参考答案

一、单项选择题

1．C　2．D　3．B

4．D　【解析】核心区为禁止有关活动，只特批科学家有计划活动，保护对象即是天然状态的生态系统及珍稀、濒危动植物的集中分布地。

5．C　6．D　7．B　　8．C　9．D　10．D　11．C　12．C

13．C

14．D　【解析】在内部未分区的自然保护区内，依照本条例有关核心区和缓冲区的规定管理。

15．C　【解析】选项A说法太绝对了。选项B的划分错误。选项D的正确说法是“自然保护区核心区内的原有居民确有必要迁出的，由自然保护区所在地的地方人民政府予以妥善安置”。

16．D　17．D

18．B　【解析】缓冲区，只准进入从事科学研究观测活动。在自然保护区的外围保护地带建设的项目，不得损害自然保护区内的环境质量；已造成损害的，应当限期治理。实验区，可以进入从事科学试验、教学实习、参观考察、旅游以及驯化、繁殖珍稀、濒危野生动植物等活动。

19．D　【解析】在自然保护区的核心区和缓冲区内，不得建设任何生产设施。

20．C　21．A

22．D　【解析】原批准建立自然保护区的人民政府认为必要时，可以在自然保护区的外围划定一定面积的外围保护地带。

23．D

二、不定项选择题

1．ACD　2．AB

3．ABCE　【解析】因科学研究的需要，必须进入核心区从事科学研究观测、调查活动的，应当事先向自然保护区管理机构提交申请和活动计划，并经省级以上人民政府有关自然保护区行政主管部门批准；其中，进入国家级自然保护区核心区的，必须经国务院有关自然保护区行政主管部门批准。

4．CDE

5．ABCD　【解析】内部未分区的自然保护区按核心区和缓冲区的规定管理。

“采挖草药”是自然保护区内禁止的行为，A、B、D 选项仅是实验区允许的活动。

6．AB 【解析】选项 D 是核心区所要求的。

7．ABC 【解析】在自然保护区的实验区内，不得建设污染环境、破坏资源或者景观的生产设施；建设其他项目，其污染物排放不得超过国家和地方规定的污染物排放标准。

（二十四）《风景名胜区条例》

一、单项选择题

1. 根据《风景名胜地区管理暂行条例》，下列说法不正确的是（　　）。（2005年）

A. 古树名木，严禁砍伐

B. 游人集中的游览区内可以建设宾馆、招待所及休养、疗养机构

C. 风景名胜区的一切景物，自然环境必须严格保护，不得破坏

D. 风景名胜地区及其外围保护地带的各项建筑，都应当与景观相协调

2. 根据《风景名胜地区管理暂行条例》，风景名胜区的土地（　　）。（2005年）

A. 政府部门有权占用　　B. 任何单位和个人都不得侵占

C. 城市和商业部门可以侵占　　D. 学校和科研机构可以侵占

3. 根据《风景名胜区管理暂行条例》，风景名胜区及其外围保护地带内的林木，不得砍伐。确需（　　）的，须经地方主管部门批准。（2005年）

A. 砍伐古树名木　　B. 进行更新、抚育性采伐

C. 为野生药材生产砍伐　　D. 为林副产品加工砍伐

4. 风景名胜区及其外围地带内的林木，不分权属都应当按照规划进行抚育管理，不得砍伐。确需更新、抚育性采伐的，须经（　　）批准。（2006年）

A. 风景名胜区地方主管部门　　B. 林业主管部门

C. 上一级林业主管部门　　D. 国务院主管部门

5. 依据《风景名胜区条例》，在风景名胜区内，应当经风景名胜区管理机构审核后，依照有关法律、法规的规定办理审批手续的活动是（　　）。（2009年）

A. 采石、开矿、开荒

B. 在景物或者设施上刻画

C. 修建储存放射性物品的设施

D. 按照风景名胜区规划设立开发区

6. 依据《风景名胜区条例》，在国家级风景名胜区内修建缆车、索道等重大建筑工程，项目的选址方案应当报（　　）核准。（2010年）

A. 国务院　　B. 国务院建设主管部门

C. 国务院林业主管部门　　D. 国务院环境保护主管部门

7. 依据《风景名胜区条例》，经风景名胜区管理机构审核，依照有关法律、法

规的规定报有关主管部门批准，可以在风景名胜区内进行的活动是（　　）。（2010年，2011年）

A．开荒　　B．开山、采石

C．修建储存腐蚀性物品的设施　　D．改变水资源、水环境自然状态

8．依据《风景名胜区条例》，关于风景名胜区的保护，下列说法中错误的是（　　）。（2010年）

A．风景名胜区内的景观和自然环境应当根据可持续发展的原则，严格保护，不得破坏或者随意改变

B．风景名胜区管理机构应当建立健全风景名胜资源保护的各项制度

C．风景名胜区所在地县级以上人民政府应当对风景名胜区的重要景观进行调查、鉴定，并制定相应的保护措施

D．国家建立风景名胜区管理信息系统，对风景名胜区规划的实施和资源保护情况进行动态监测

9．依据《风景名胜区条例》，在国家级风景名胜区内修建游览索道的选址方案应当（　　）。（2011年）

A．报国务院批准

B．报国务院建设主管部门核准

C．名胜区规划编制部门同意

D．经风景名胜区管理机构审核后，按规定报有关主管部门批准

10．根据《风景名胜区条例》，在国家级风景名胜内修建缆车、索道等重大建设工程，项目的选址方案应当报（　　）。

A．国务院批准　　B．国务院核准

C．国务院建设主管部门核准准　　D．国务院环境保护主管部门核准

二、不定项选择题

1．依据《风景名胜区管理暂行条例》，符合保护风景名胜区规定的是（　　）。（2006年）

A．严禁砍伐树木

B．严禁采集标本、野生药材和其他林副产品

C．区内及外围保护地带内的各项建设，都应当与景观相协调

D．区内一切景物和自然环境必须严格保护，不得破坏或随意改变

E．在游人集中的浏览区内，不得建设宾馆、招待所以及休养、疗养机构

2．依据《风景名胜区条例》，经风景名胜区管理机构审核后，按有关法律法规的规定报有关部门批准，可以在风景名胜区内进行的活动包括（　　）。（2008年）

A．修坟、立碑

B．设置张贴商业广告

C．举办大型游乐活动

D．改变水资源、水环境自然状态的活动

参考答案

一、单项选择题

1．B　2．B　3．B　4．A　5．D　6．B

7．D　【解析】其余三个选项都是禁止行为。

8．C　【解析】选项 C 的正确说法是："风景名胜区管理机构应当对风景名胜区的重要景观进行调查、鉴定，并制定相应的保护措施"。

9．B　10．C

二、不定项选择题

1．CDE

2．BCD　【解析】风景名胜区内进行下列活动，应当经有关主管部门批准：设置、张贴商业广告；举办大型游乐等活动；改变水资源、水环境自然状态的活动；其他影响生态和景观的活动。

（二十五）《基本农田保护条例》

一、单项选择题

1．根据《基本农田保护条例》，基本农田是指（　　）。（2005 年）

A．按城市规划确定的绿化土地

B．依据土地利用总体规划确定的不得占用的耕地

C．按农村发展规划规定的保护区土地

D．按人口承包到户的农用土地

2．根据《基本农田保护条例》，国家能源、交通、水利、军事、实施等重点建设项目确需占用基本农田，涉及农用地转用或者征用土地的，须经（　　）批准。（2005 年）

A．县级以上人民政府　　B．县级以上人民代表大会

C．国务院　　D．全国人民代表大会

3．根据《基本农田保护条例》，下列活动符合法规要求的是（　　）。（2005 年）

A．占用基本农田发展林果业　　B．占用基本农田挖塘养鱼

C．闲置和荒芜基本农田　　D．合理施用化肥和农药

4．依据《基本农田保护条例》，在基本农田保护区内，可以（　　）。（2006 年）

A．建窑、建房、建坟　　B．进行农业科学研究

C．堆放固体废弃物　　D．采石、采矿、取土

5．依据《基本农田保护条例》，经批准的重点建设项目占用基本农田的，闲置（　　）年以上未动工建设的，按有关规定缴纳闲置费。（2006 年）

A．半年　　B．一年

C．二年　　D．三年

6．《基本农田保护条例》所称基本农田是指按照一定时期人口和社会经济发展对农产品的需求，依据（　　）确定的不得占用的耕地。　（2007 年）

A．农业区划　　B．农业发展规划

C．林业发展规划　　D．土地利用总体规划

7．依据《基本农田保护条例》，在基本农田保护区内可以进行的活动是（　　）。（2007 年）

A．挖塘养鱼　　B．建弃土场

C．发展经果林　　D．兴修农田水利

8．依据《基本农田保护条例》，关于基本农田的划定，下列说法中正确的是（　　）。（2008 年）

A．铁路沿线的耕地应当优先划入基本农田保护区

B．需要退耕还湖的耕地应当划入基本农田保护区

C．可以改造但尚未实施改造计划的中、低产田不应划入基本农田保护区

D．省、自治区、直辖市划定的基本农田应占本行政区域内耕地总面积的 60%以上

9．《基本农田保护条例》所称基本农田是指依据（　　）确定的不得占用的耕地。（2009 年）

A．农业区划　　B．农业发展规划

C．基本农田保护规划　　D．土地利用总体规划

10．国家某重点原油输送项目涉及基本农田转用为建设用地。依据《基本农田保护条例》，（　　）有权批准该项目占用基本农田。（2010 年）

A．国务院　　B．省级人民政府

C．设区的市级人民政府　　D．国务院土地行政主管部门

11．依据《基本农田保护条例》，在基本农田保护区内未被禁止的活动是（　　）。（2010 年，2011 年）

A．取土　　B．挖塘养鱼

C．发展林果业　　D．兴修农田水利

12．依据《基本农田保护条例》，关于基本农田的保护，下列说法中正确的是（　　）。（2010 年）

A．禁止任何单位和个人闲置、荒芜基本农田

B．国家军事设施选址无法避开基本农田，需要占用基本农田的，必须经省级人民政府批准，报国务院备案

C．占用基本农田的单位应当按照当地土地管理部门的要求，将所占用基本农田耕作层的土地用于新开垦耕地的土壤改良

D．经国务院批准占用基本农田的，当地人民政府应当按照国务院的批准文件修改土地利用总体规划，并补充划入数量相当的基本农田

13．根据《基本农田保护条例》，关于与建设项目有关的基本农田保护措施，下列说法中错误的是（　　）。（2012 年）

A．基本农田保护区经依法划定后，任何单位和个人不得改变或者占用

B．国家重点建设项目确实需要占用基本农田，涉及征用土地的，必须经国务院批准

C．国家重点建设项目确实需要占用基本农田，涉及农用地转用的，必须经当地省级人民政府批准

D．占用基本农田的单位没有条件开垦或开垦的耕地不符合要求的，应按规定缴纳耕地开垦费，专款用于开垦新的耕地

二、不定项选择题

1. 某国家重点建设项目经国务院批准占用基本农田，依据《基本农田保护条例》，下列说法中正确的有（　　）。（2009 年）

A．该项目环境影响报告书中，应当有基本农田环境保护方案

B．该项目 1 年以上未动工建设，应当按照省、自治区、直辖市的规定缴纳闲置费

C．该基本农田连续 2 年未使用，应当由县级以上人民政府无偿收回其土地使用权

D．该基本农田虽满 1 年不使用但仍可以耕种并收获，应当由原耕种该基本农田的集体或者个人恢复耕种

2. 依据《基本农田保护条例》，在基本农田保护区内禁止的活动有（　　）。（2010 年）

A．挖砂　　B．农业教学

C．修建房屋　　D．取土制砖

3．根据《基本农田保护条例》，禁止任何单位和个人（　　）。（2012 年）

A．堆放固体废弃物

B．闲置、荒芜基本农田

C．占用基本农田发展林果业和挖塘养鱼

D．在基本农田保护区挖砂、采石、采矿

4．根据《基本农田保护条例》，禁止任何单位和个人在基本农田保护区进行（　　）活动。（2014 年）

A．挖塘养鱼　　B．修路取土

C．倾倒建筑垃圾　　D．种子改良试验

参考答案

一、单项选择题

1．B　【解析】高频考点。

2．C　3．D　4．B　5．B　6．D　7．D

8．A　【解析】根据土地利用总体规划，铁路、公路等交通沿线，城市和村庄、

集镇建设用地区周边的耕地，应当优先划入基本农田保护区；需要退耕还林、还牧、还湖的耕地，不应当划入基本农田保护区。

9. D 10. A 11. D

12. A 【解析】选项 B 的正确说法是："国家军事设施选址无法避开基本农田，需要占用基本农田的，必须经国务院批准"；选项 C 的正确说法是："占用基本农田的单位应当按照县级以上地方人民政府的要求，将所占用基本农田耕作层的土地用于新开垦耕地的土壤改良"；选项 D 的正确说法是："经国务院批准占用基本农田的，当地人民政府应当按照国务院的批准文件修改土地利用总体规划，并补充划入数量和质量相当的基本农田"。

13. C

二、不定项选择题

1. ABCD 【解析】经国务院批准占用基本农田兴建国家重点建设项目的，必须遵守国家有关建设项目环境保护管理的规定。在建设项目环境影响报告书中，应当有基本农田环境保护方案。

禁止任何单位和个人闲置、荒芜基本农田。经国务院批准的重点建设项目占用基本农田的，满 1 年不使用而又可以耕种并收获的，应当由原耕种该幅基本农田的集体或者个人恢复耕种，也可以由用地单位组织耕种；1 年以上未动工建设的，应当按照省、自治区、直辖市的规定缴纳闲置费；连续 2 年未使用的，经国务院批准，由县级以上人民政府无偿收回用地单位的土地使用权；该幅土地原为农民集体所有的，应当交由原农村集体经济组织恢复耕种，重新划入基本农田保护区。

2. ACD

3. ABCD 【解析】禁止任何单位和个人在基本农田保护区内建窑、建房、建坟、挖砂、采石、采矿、取土、堆放固体废弃物或者进行其他破坏基本农田的活动。禁止任何单位和个人占用基本农田发展林果业和挖塘养鱼。

4. ABC

（二十六）《土地复垦条例》

一、单项选择题

1．根据《土地复垦条例》，关于生产建设活动损毁土地复垦的原则，下列说法中错误的是（　　）。（2012 年）

A．历史遗留损毁土地由县级以上人民政府负责组织复垦

B．自然灾害损毁的土地由县级以上人民政府负责组织复垦

C．生产建设活动损毁的土地应由土地复垦义务人负责复垦

D．生产建设活动损毁的土地应由县级以上人民政府国土资源主管部门负责复垦

2. 根据《土地复垦条例》，由土地复垦义务人负责复垦的损毁土地不包括（　　）。（2014 年）

A．挖沙取土损毁的土地

B．洪涝灾害损毁的土地

C．堆放采矿废石压占的土地

D．核电设施建设临时占用损毁的土地

二、不定项选择题

1．根据《土地复垦条例》，（　　）由土地复垦义务人负责复垦。（2012 年）

A．地下采矿等造成地质塌陷的土地

B．露天烧制砖瓦挖掘地表所损毁的土地

C．堆放采矿剥离物、废石、矿渣等固体废弃物压占的土地

D．能源、交通、水利设施建设活动临时占用所损毁的土地

2．根据《土地复垦条例》，土地复垦义务人应当（　　）。（2012 年）

A．建立土地复垦质量控制制度

B．遵守土地复垦标准和环境保护标准

C．建立土地复垦效果验收、跟踪评价制度

D．保护土壤质量和生态环境，避免污染土壤和地下水

3．根据《土地复垦条例》，土地复垦义务人应当首先对拟损毁的（　　）进行表土剥离，剥离的表土用于被损毁土地的复垦。（2012 年）

A．耕地　　B．林地

C．牧草地　　D．农田水利用地

4．根据《土地复垦条例》，下列损毁土地中，应当由县级以上人民政府负责组织复垦的是（　　）。（2013 年）

A．历史遗留损毁土地　　B．自然灾害损毁的土地

C．露天采矿生产中所损毁的土地　　D．公路建设临时占用所损毁的土地

5．根据《土地复垦条例》，受重金属污染物或者其他有毒有害物质污染的土地复垦后，达不到国家有关标准的，不得用于种植（　　）。（2014 年）

A．粮食　　B．棉花

C．蔬菜　　D．花卉

参考答案

一、单项选择题

1．D　【解析】“谁损毁，谁复垦”的原则。

2．B　【解析】历史遗留损毁土地和自然灾害损毁的土地由县级以上人民政府负责组织复垦。其他损毁土地遵循“谁损毁，谁复垦”的原则。

二、不定项选择题

1．ABCD

2．ABD　【解析】选项 C 属监管的内容。土地复垦义务人应当建立土地复垦质量控制制度，遵守土地复垦标准和环境保护标准，保护土壤质量与生态环境，避免污染土壤和地下水。

3．ABC　4．AB

5．AC　【解析】第十六条：受重金属污染物或者其他有毒有害物质污染的土地复垦后，达不到国家有关标准的，不得用于种植食用农作物。

（二十七）《医疗废物管理条例》

一、单项选择题

1. 根据《医疗废物管理条例》，医疗废物集中贮存、处置装置设施的设置地点应（　　）。（2005 年）

A. 远离水源保护区　　B. 远离工矿区

C. 靠近交通干线　　D. 靠近医疗卫生机构

2. 依据《医疗废物管理条例》，关于医疗废物集中处置设施的场所，以下表述正确的是（　　）。（2007 年）

A. 设在医院内部

B. 靠近交通干道

C. 与工矿企业保持适当的安全防护距离

D. 不必远离居民区，但应保持一定距离

3. 依据《医疗废物管理条例》，下列说法中正确的是（　　）。（2008 年）

A. 医疗废物集中贮存、处理设施的场址可设在医院内部

B. 医疗废物集中贮存、处理设施的场址可设在交通干道旁

C. 医疗废物集中贮存、处理设施的场址应远离水源保护区

D. 医疗废物集中贮存、处理设施的场址应远离工厂、企业，并保持适当的安全防护距离

4. 依据《医疗废物管理条例》，下列说法中正确的是（　　）。（2009 年）

A. 医疗废物集中处置单位的贮存、处置设施必须设在医院内部

B. 医疗废物集中处置单位的贮存、处置设施可以设在交通干道旁

C. 医疗废物集中处置单位的贮存、处置设施应当远离水源保护区

D. 医疗废物集中处置单位的贮存、处置设施必须远离工厂、企业

5. 依据《医疗废物管理条例》，不符合医疗废物集中贮存、处置设施选址规定的是（　　）。（2011 年）

A. 选址远离居民居住区　　B. 选址远离水源保护区

C. 选址位于交通干道附近　　D. 选址与工厂有适当的安全防护距离

6. 根据《医疗废物管理条例》，关于医疗废物集中贮存、处置设施选址的规定，下列说法中错误的是（　　）。（2012 年）

A. 应当远离水源保护区

B．应当远离居（村）民居住区

C．与交通干道有适当的安全防护距离

D．与工厂、企业有适当的安全防护距离，并符合国务院环境保护行政主管部门的规定

7．根据《医疗废物管理条例》，医疗废物集中处置单位的贮存、处置设施，应当远离（　　），并符合国务院环境保护行政主管部门的规定。（2013 年）

A．公路　　B．一般河流

C．工厂、企业　　D．居（村）民居住区

二、不定项选择题

1．依据《医疗废物管理条例》，医疗废物集中处置单位的贮存、处置设施，应当远离（　　）。（2006 年，2014 年）

A．医院　　B．交通干道

C．水源保护区　　D．工厂、企业

E．居（村）居民住区

2．依据《医疗废物管理条例》，医疗废物集中处置单位的贮存、处置设施应当（　　），并符合国务院环保行政主管部门的规定。（2010 年）

A．远离交通干道

B．远离居住区

C．与工厂有适当的安全防护距离

D．与水源保护区有适当的卫生防护距离

参考答案

一、单项选择题

1．A　【解析】选址属高频考点。第二十四条：医疗废物集中处置单位的贮存、处置设施，应当远离居（村）民居住区、水源保护区和交通干道，与工厂、企业等工作场所有适当的安全防护距离，并符合国务院环境保护行政主管部门的规定。

2．C　3．C　4．C　5．C　6．C　7．D

二、不定项选择题

1．BCE

2．ABC　【解析】选项 D 的正确说法是："远离水源保护区"。

（二十八）《危险化学品安全管理条例》

一、单项选择题

1. 根据《危险化学品安全管理条例》，危险化学品生产装置和储存设施与（　　）之间不受防护距离规定的限制。（2005 年）

A．基本农田保护区　　B．种子、种畜、水产苗种生产基地

C．渔业水域　　D．运输工具加油站

2．依据《危险化学品安全管理条例》，下列说法中正确的是（　　）。（2008 年）

A．危险化学品应与医疗废物混合贮存

B．危险化学品的贮存设施可设在畜牧区内

C．危险化学品贮存设施可设在基本农田保护区内

D．危险化学品的生产装置与风景名胜区的距离必须符合国家有关规定

3．依据《危险化学品安全管理条例》，下列场所、区域中，与危险化学品生产装置之间的距离不受相关规定限制的是（　　）。（2010 年，2011 年）

A．渔业水域　　B．运输工具加油站

C．基本农田保护区　　D．种子、种畜、水产苗种生产基地

4.《危险化学品安全管理条例》所称危险化学品，是指（　　）。（2014 年）

A．储存数量等于或超过临界量的剧毒化学品和其他化学品

B．等同于废气、废水、固体废物等污染物质，并能造成环境污染的剧毒化学品和其他化学品

C．因管理不善或使用不当而进入环境，并对人体和环境造成严重持久性危害的剧毒化学品和其他化学品

D．具有毒害、腐蚀、爆炸、燃烧、自燃等性质，对人体、设施、环境具有危害的剧毒化学品和其他化学品

二、不定项选择题

1．依据《危险化学品安全管理条例》，除运输工具加油站、加气站外，危险化学品的生产装置和储存数量构成重大危险源的储存设施，必须符合国家有关标准或者规定所要求的距离的场所有（　　）。（2006 年）

A．工业区
B．水厂
C．商业中心
D．影剧院
E．车站

2．依据《危险化学品安全管理条例》，危险化学品的生产装置和储存设施与下列（　　）等场所区域的距离必须符合国家标准或国家有关规定。（2008 年）

A．水厂
B．学校、医院
C．车站、码头
D．尾矿贮存场所
E．居民区、商业中心

3．依据《危险化学品安全管理条例》，危险化学品的生产装置和储存数量构成重大危险源的储存设施，与（　　）的距离必须符合国家标准或者国家有关规定。（2009 年）

A．车站
B．河流
C．基本农田
D．运输工具加油站

4．根据《危险化学品安全管理条例》，下列说法中正确的有（　　）。（2012 年）

A．国家对危险化学品生产、储存实行统筹规划、合理布局
B．设区的市级人民政府应规划适当区域专门用于危险化学品的生产、储存
C．储存数量构成重大危险源的危险化学品储存设施的选址，应当避开地震活动断层
D．重大危险源，是指生产、储存、使用或搬运危险化学品，且危险化学品的数量等于或者超过临界量的单元（包括场所和设施）

5．根据《危险化学品安全管理条例》，危险化学品生产装置与（　　）的距离应符合国家有关规定。（2014 年）

A．河流、湖泊
B．基本农田保护区
C．城市污水处理厂、垃圾填埋场
D．饮用水源、水厂以及水源保护区

参考答案

一、单项选择题

1．D　【解析】除运输工具加油站、加气站外，危险化学品的生产装置和储存数量构成重大危险源的储存设施，与八类场所、区域的距离必须符合国家标准或者国家有关规定。这个考点是高频考点。

2．D　3．B

4．D　【解析】《危险化学品安全管理条例》所称危险化学品，包括爆炸品、压缩气体和液化气体、易燃液体、易燃固体、自燃物品和遇湿易燃物品、氧化剂和有机过氧化物、有毒品和腐蚀品等。

二、不定项选择题

1．BCDE　2．ABCE　3．ABC　4．ABCD　5．ABD

（二十九）《防治海岸工程建设项目污染损害海洋环境管理条例》

一、单项选择题

1．依据《防治海岸工程建设项目污染损害海洋环境管理条例》，不得兴建可能导致重点保护的野生动物植物的生存环境污染和破坏的海岸工程建设项目，确需兴建的，应当征得（　　）同意，并由建设单位负责组织采取易地繁育等措施，保护物种延续。（2006 年）

A．环境保护行政主管部门　　B．海洋行政主管部门

C．野生动植物行政主管部门　　D．规划行政主管部门

2．依据《防治海岸工程建设项目污染损害海洋环境管理条例》，向海域排放废水的设施的设置，（　　）。（2008 年）

A．若采用明渠排放，其出水口位置可任选

B．若采用管道排放，其出水口位置应当在高潮线以下

C．若采用暗沟排放，其出水口位置应当在低潮线以下

D．若采用管道排放，其出水口位置应当在高潮线以上

3．依据《防治海岸工程建设项目污染损害海洋环境管理条例》，海岸工程建设项目包括（　　）。（2009 年）

A．人工鱼礁工程　　B．海上堤坝工程

C．滨海石油勘探开发工程　　D．盐田等海水综合利用工程

4．依据《防治海岸工程建设项目污染损害海洋环境管理条例》，关于建设各类海岸工程建设项目应当采取环保措施的规定，下列说法中错误的是（　　）。（2011 年）

A．岸边造船厂应设置含油废水接收处理设施

B．岸边油库应设置船舶垃圾接收处理设施

C．岸边修船厂应设置残油、废油接收处理设施

D．岸边油库须设置库场地面冲刷水的收集处理设施和事故应急设施

5．依据《防治海岸工程建设项目污染损害海洋环境管理条例》，海岸工程项目不包括（　　）。（2012 年）

A．海上堤坝工程

B．造船厂、修船厂工程

C．滨海物资存储设施工程项目

D．固体废弃物、污水等污染物处理处置排海工程项目

6．根据《防治海岸工程建设项目污染损害海洋环境管理条例》，关于禁止兴建的海岸工程建设项目的规定，下列说法中正确的是（　　）。（2012 年）

A．不得在入海河口处兴建水利设施

B．禁止建设滨海核电站和其他核设施

C．禁止建设滨海垃圾场或者工业废渣填埋场

D．不得兴建可能导致重点保护的野生动植物生存环境污染和破坏的海岸工程建设项目

7．根据《防治海岸工程建设项目污染损害海洋环境管理条例》，下列说法中错误的是（　　）。（2013 年）

A．建设岸边油库，应设置含油废水接受处理设施

B．建设岸边造船厂、修船厂，应设置工业废水接受处理设施

C．输油管线和储油设施应当符合国家关于防渗漏、防腐蚀的规定

D．采用管道方式向海域排放废水的，出水管口位置应设在低潮线以上

8．根据《防治海岸工程建设项目污染损害海洋环境管理条例》，（　　）不属于海岸工程建设项目（　　）。（2014 年）

A．码头　　　　　　　　　　　　B．滨海风电站

C．海底隧道工程　　　　　　　　D．污水处理处置排海工程

9．根据《防治海岸工程建设项目污染损害海洋环境管理条例》，建设岸边油库项目应采取的环境保护措施不包括（　　）。（2014 年）

A．设置含油废水处理系统

B．库场地面冲刷废水的收集、处理设施和事故应急设施

C．设置与其性质规模相适应的残油废油接收处理设施

D．符合国家关于防渗漏、防腐蚀规定的输油管线和储油设施

二、不定项选择题

1．依照《海岸工程建设项目污染损害海洋环境管理条例》，建设滨海垃圾场，应当（　　）。（2005 年）

A．建造防护堤坝　　　　　　　　B．建造场底封闭层

C．设置渗液收集、导出、处理系统　　D．建造可燃气体防爆装置

E．建造残油、废油收集与处理系统

2．依据《防治海岸工程建设项目污染损害海洋环境管理条例》，应配备海上重大污染损害事故应急设备和器材的海岸工程包括（　　）。（2005 年）

A．造船厂　　　　　　　　　　　B．港口、油码头

C．危险化学品码头　　　　　　　　D．修船厂

3．依据《防治海岸工程建设项目污染损害海洋环境管理条例》，以下各类海岸工程项目应采取的环保措施中符合规定的有（　　）。(2007 年，2010 年)

A．岸边油库，设置含油废水接收处理设施

B．滨海垃圾场，建造防护堤坝和场底封闭层

C．化学危险品码头，配备海上重大污染损害事故应急设备和器材

D．岸边修船厂，设置与其性质规模相适应的残油、废油接收处理设施

4．依据《防治海岸工程建设项目污染损害海洋环境管理条例》，海岸工程建设项目包括（　　）。(2008 年)

A．港口、码头　　　　　　　　B．航道工程

C．海岸防护工程　　　　　　　D．滨海大型养殖场

5．依据《防治海岸工程建设项目污染损害海洋环境管理条例》，建设岸边油库工程时应当采取的环境保护措施有（　　）。(2009 年)

A．设置含油废水接收处理设施

B．输油管线符合国家关于防渗漏、防腐蚀的规定

C．储油设施符合国家关于防渗漏、防腐蚀的规定

D．设置库场地面冲刷废水的集接、处理设施和事故应急设施

6．依据《防治海岸工程建设项目污染损害海洋环境管理条例》，下列建设项目属于海岸工程的有（　　）。(2010 年)

A．码头　　　　　　　　B．跨海桥梁

C．滨海大型养殖场　　　D．污水处置排海工程

7．依据《防治海岸工程建设项目污染损害海洋环境管理条例》，关于禁止兴建海岸工程建设项目的有关规定，下列说法中正确的有（　　）。(2011 年)

A．严格限制兴建向我国海岸转嫁污染的外资企业

B．海水浴场区域内不得建设污染环境的海岸上程建设项目

C．兴建海岸工程建设项目，应当防止导致海岸非正常侵蚀

D．在海洋特别保护区不得建设污染环境、破坏景观的海岸工程建设项目

8．根据《防治海岸工程建设项目污染损害海洋环境管理条例》，在（　　）不得建设污染环境、破坏景观的海岸工程建设项目。(2012 年)

A．海水浴场　　　　　　　　B．盐场保护区

C．海上自然保护区　　　　　D．海滨风景游览区

9．根据《防治海岸工程建设项目污染损害海洋环境管理条例》，属于海岸工程的建设项目有（　　）。(2013 年)

A. 码头工程　　B. 滨海大型养殖场

C. 大型海水养殖场　　D. 海上娱乐及运动、景观开发工程

参考答案

一、单项选择题

1. C

2. C 【解析】设置向海域排放废水设施的，应当合理利用海水自净能力，选择好排污口的位置，采用暗沟或者管道方式排放，出水管口位置应当在低潮线以下。

3. C 【解析】高频考点。海岸工程建设项目主要靠海岸线向陆一侧，而海洋工程主要离岸较远的工程，向海一侧。

4. B　5. A　6. D　7. D　8. C　9. C

二、不定项选择题

1. ABCD 【解析】陆地填埋场出现的环境问题，滨海垃圾场和填埋场同样也会出现。建设滨海垃圾场或者工业废渣填埋场，应当建造防护堤坝和场底封闭层，设置渗液收集、导出、处理系统和可燃性气体防爆装置。

2. BC 【解析】港口、油码头、化学危险品码头，应当配备海上重大污染损害事故应急设备和器材。

3. ABCD　4. ABCD　5. ABCD

6. ACD

7. BCD 【解析】第九条　禁止兴建向中华人民共和国海域及海岸转嫁污染的中外合资经营企业、中外合作经营企业和外资企业；海岸工程建设项目引进技术和设备，必须有相应的防治污染措施，防止转嫁污染。

8. ABCD 【解析】第十条　在海洋特别保护区、海上自然保护区、海滨风景游览区、盐场保护区、海水浴场、重要渔业水域和其他需要特殊保护的区域内不得建设污染环境、破坏景观的海岸工程建设项目；在其界区外建设海岸工程建设项目，不得损害上述区域环境质量。法律法规另有规定的除外。

9. AB

（三十）《防治海洋工程建设项目污染损害海洋环境管理条例》

一、单项选择题

1．依据《防治海洋工程建设项目污染损害海洋环境管理条例》，下列有关污水排放的说法正确的是（　　）。（2008 年）

A．允许含油污水直排入海

B．禁止含有重金属的污水直排入海

C．禁止高、中水平放射性废水直排入海

D．禁止含有不易降解的有机物污水直排入海

2．依据《防治海洋工程建设项目污染损害海洋环境管理条例》，对需要拆除的海洋工程（　　）。（2008 年）

A．必须进行环境影响评价

B．均不需进行环境影响评价

C．只需填写环境影响报告表

D．若拆除后可能产生重大环境影响，应进行环境影响评价

3．《防治海洋工程建设项目污染损害海洋环境管理条例》所称海洋工程是指以开发、利用、保护、恢复海洋资源为目的并且工程主体位于（　　）的新建、改建、扩建工程。（2008 年）

A．海岛上　　　　B．海岸线上

C．海岸线向海一侧　　　　D．海岸线向陆一侧

4．依据《防治海洋工程建设项目污染损害海洋环境管理条例》，符合严格控制围填海工程有关规定的是（　　）。（2008 年）

A．在红树林鸟类栖息地有限进行围填海工程

B．在经济生物的繁殖场、索饵场适度进行围填海工程

C．在大型养殖场禁止进行围填海工程

D．兴建围填海工程使用的填充材料应当符合有关环境保护标准

5．依据《防治海洋工程建设项目污染损害海洋环境管理条例》，海洋工程需要改作他用的，应（　　）。（2008 年）

A．进行环境影响评价，但不需报批

B．报当地政府批准，不需进行环境评价

C．报当地环境保护行政主管部门批准，并进行环境影响评价

D．报原核准该工程环境影响报告书的海洋主管部门批准，若改变用途后可能产生重大环境影响，应当进行环境影响评价

6．依据《防治海洋工程建设项目污染损害海洋环境管理条例》，编制拆除海洋工程的环境保护方案的单位应是（　　）。（2008 年）

A．施工单位　　B．设计单位

C．评价单位　　D．监管单位

7．依据《防治海洋工程建设项目污染损害海洋环境管理条例》，对需要拆除的海洋工程，下列要求符合规定的是（　　）。（2009 年）

A．必须进行环境影响评价

B．应当报海洋主管部门备案

C．必须报环境保护行政主管部门批准

D．如拆除后可能产生重大环境影响，应当进行环境影响评价

8．依据《防治海洋工程建设项目污染损害海洋环境管理条例》，禁止进行围填海活动的区域是（　　）。（2009 年）

A．滨海湿地　　B．大型养殖场

C．鱼类越冬场　　D．经济生物自然产卵场

9．依据《防治海洋工程建设项目污染损害海洋环境管理条例》，禁止进行围填海活动的场所和区域是（　　）。（2010 年）

A．盐场保护区　　B．鸟类栖息地

C．经济生物养殖场　　D．经济生物人工产卵场

10．依据《防治海洋工程建设项目污染损害海洋环境管理条例》，属于海洋工程建设项目的是（　　）。（2011 年）

A．盐田　　B．滨海核电站

C．滨海风电站　　D．滨海火电站

11．依据《防治海洋工程建设项目污染损害海洋环境管理条例》，海洋工程拆除（　　）。（2011 年）

A．必须进行环境影响评价　　B．应当报海洋主管部门备案

C．应当编制拆除的环境保护方案　　D．必须报环境保护行政主管部门批准

12．根据《防治海洋工程建设项目污染损害海洋环境管理条例》，下列说法中错误的是（　　）。（2012 年）

A．海洋工程改变用途后可能产生重大环境影响的，应当进行环境影响评价

B．海洋工程需要拆除的，应当报原核准该工程环境影响报告书的海洋主管部门批准

C．海洋工程改作他用的，应当报原批准该工程环境影响报告书的环境保护行

政主管部门批准

D．海洋工程拆除时，施工单位应当编制拆除的环境保护方案，采取必要的措施，防止对海洋环境造成污染和损害

13．根据《防治海洋工程建设项目污染损害海洋环境管理条例》，关于海洋工程污染物排放管理的规定，下列说法中正确的是（　　）。（2012 年）

A．严格控制向海域排放油类

B．禁止向海域排放含有重金属废水

C．禁止向海域排放低水平放射性废水

D．严格控制向海域排放含有不易降解有机物的废水

14．根据《防治海洋工程建设项目污染损害海洋环境管理条例》，关于海洋工程污染物排放管理的规定，下列说法中正确的是（　　）。（2013 年）

A．油基泥浆可排放入海

B．塑料制品可弃置入海

C．含油污水经稀释后达标后，可排放入海

D．含油垃圾应集中储存在专门容器中，运回陆地处理

15．根据《防治海洋工程建设项目污染损害海洋环境管理条例》，海洋工程需要拆除或者改作他用的，应当报（　　）批准。（2014 年）

A．负责日常环境监察的海洋行政主管部门

B．负责日常环境监察的环境保护行政主管部门

C．原核准该工程环境影响报告书的海洋行政主管部门

D．原核准该工程环境影响报告书的环境保护行政主管部门

二、不定项选择题

1．依据《防治海洋工程建设项目污染损害海洋环境管理条例》，符合海洋工程建设项目污染物排放管理要求的有（　　）。（2008 年）

A．在海洋油气矿产资源勘探开发作业中，应设置含油污水的处理装置

B．在海洋油气矿产资源勘探开发作业中，应安装污染物流量自动监控仪

C．应如实记录污染物排放设施、处理设备的运转情况，及其污染物的排放、处置情况

D．在海洋油气矿产资源勘探开发作业中，应对生活污水的排放进行计量

2．依据《防治海洋工程建设项目污染损害海洋环境管理条例》，下列属于海洋工程建设项目的有（　　）工程。（2008 年）

A．围填海　　　　B．跨海桥梁

C．海底电缆　　　　D．滨海石油勘探

E．海洋石油勘探

3．依据《防治海洋工程建设项目污染损害海洋环境管理条例》，关于围填海工程，下列说法中正确的有（　　）。（2010 年）

A．禁止在滨海风景区附近进行围填海工程

B．禁止在大型养殖场进行围填海工程

C．围填海工程使用的填充材料应当符合环保标准

D．采取相应的防护措施后，可在经济生物的自然繁殖场进行围填海工程

参考答案

一、单项选择题

1．C　2．D　3．C

4．D　【解析】高频考点。第二十一条：严格控制围填海工程。禁止在经济生物的自然产卵场、繁殖场、索饵场和鸟类栖息地进行围填海活动。围填海工程使用的填充材料应当符合有关环境保护标准。

5．D　6．A　7．D　8．D　9．B　10．A　11．C

12．C　【解析】海洋工程的环评报批手续有些特殊。新建、改建、扩建海洋工程的建设单位，应当委托具有相应环境影响评价资质的单位编制环境影响报告书，报有核准权的海洋主管部门核准。海洋工程需要拆除或者改作他用的，应当报原核准该工程环境影响报告书的海洋主管部门批准。拆除或者改变用途后可能产生重大环境影响的，应当进行环境影响评价。

13．D

14．D　【解析】含油污水不得直接或者经稀释排放入海，应当经处理符合国家有关排放标准后再排放；塑料制品、残油、废油、油基泥浆、含油垃圾和其他有毒有害残液残渣，不得直接排放或者弃置入海，应当集中储存在专门容器中，运回陆地处理。

15．C

二、不定项选择题

1．ABCD　2．ABCE

3．C　【解析】禁止进行围填海活动的区域是经济生物的自然产卵场、繁殖场、索饵场、鸟类栖息地。

十一、环境政策与产业政策

（一）《关于加强环境保护重点工作的意见》

一、单项选择题

1．根据《关于加强环境保护重点工作的意见》，不属于全面提高环境保护监督管理水平要求的是（　　）。（2012年）

A．强化环境执法监督

B．严格执行环境影响评价制度

C．实施有利于环境保护的经济政策

D．有效防范环境风险和妥善处理突发环境事件

2．根据《关于加强环境保护重点工作的意见》，关于切实加强重金属污染防治的要求，下列说法中错误的是（　　）。（2013年）

A．取缔造成污染的重金属污染企业

B．积极妥善处理重金属污染历史遗留问题

C．加强重金属相关企业的环境监管，确保达标排放

D．规范废弃电器电子产品的回收处理活动，建设废旧物品回收体系和集中加工处理园区

3．根据《关于加强环境保护重点工作的意见》，深化重点领域污染综合防治的要求不包括（　　）。（2013年）

A．应加大城市生活垃圾无害化处理力度

B．开展地表水污染状况调查、风险评估、修复示范

C．禁止在可能造成生态严重失衡的地方进行围填海活动

D．加强工业固体废物污染防治，强化危险废物和医疗废物管理

4．根据《关于加强环境保护重点工作的意见》，（　　）属于切实加强重金属污染防治的要求。（2014年）

A．积极妥善处理重金属污染历史遗留问题

B．健全重金属污染健康危害监测与诊疗体系

C．加强重金属相关企业的环境监管，确保达标排放

D．对重点防治的重金属污染地区、行业和企业进行集中整治

二、不定项选择题

1．根据《关于加强环境保护重点工作的意见》，属于深化重点领域污染综合防治要求的包括（　　）。（2012 年）

A．加大城市生活垃圾无害化处理力度

B．加强对水质良好或生态脆弱湖泊的保护力度

C．科学使用化肥、农药和农膜，切实减少面膜污染

D．开展地下水污染状况调查、风险评估、修复示范

2．根据《关于加强环境保护重点工作的意见》，全面提高环境保护监督管理水平的要求包括（　　）。（2014 年）

A．严格执行环境影响评价制度

B．强化环境影响评价机构执法检查

C．确保环境影响评价政府信息公开透明

D．有效防范环境风险和妥善处置突发环境事件

3．根据《关于加强环境保护重点工作的意见》，深化重点领域污染综合防治的有关要求包括（　　）。（2014 年）

A．加大城市生活垃圾无害化处理力度

B．加强恶臭、噪声和餐饮油烟污染控制

C．继续推进流域水污染防治，完善考核机制

D．健全重点区域大气污染联控机制，实施多种污染物协同控制、严格控制挥发性有机污染物排放

参考答案

一、单项选择题

1．C　2．A

3．B　【解析】选项 B 的正确说法是：开展地下水污染状况调查、风险评估、修复示范。

4．B　【解析】选项 B 不是防治的内容。

二、不定项选择题

1．ABD 【解析】选项C不属于深化重点领域污染综合防治要求。

2．AD 【解析】注意全面提高环境保护监督管理水平的要求包括的几个大标题：（1）严格执行环境影响评价制度；（2）继续加强主要污染物总量减排；（3）强化环境执法监管；（4）有效防范环境风险和妥善处理突发环境事件。

3．ABD 【解析】选项C的正确说法是：继续推进重点流域水污染防治，完善考核机制。

（二）《环境保护“十二五”规划》

一、单项选择题

1. 根据《环境保护“十二五”规划》，不属于推进主要污染物减排要求的是（　　）。（2012 年）

A. 加大结构调整力度　　B. 实施多种大气污染物综合控制

C. 着力削减化学需氧量和氨氮排放量　　D. 加大二氧化硫和氮氧化物减排

2. 根据《环境保护“十二五”规划》，关于加强土壤环境保护的要求，下列说法中错误的是（　　）。（2012 年）

A. 推进所有地区污染场地和土壤修复

B. 开展农产品产地土壤污染评估与安全等级划分试点

C. 完善土壤环境质量标准，制定农产品产地土壤环境保护监督管理办法和技术规范

D. 经评估认定对人体健康又严重影响的污染场地，应采取措施防止污染扩散，且不得用于住宅开发，对已有居民要实施搬迁

3. 根据《环境保护“十二五”规划》，“十二五”环境保护主要目标中的具体指标不包括（　　）。（2013 年）

A. 地表水国控断面劣Ⅴ类水质的比例

B. 七大水系国控断面水质好于Ⅲ类的比例

C. 重点控制区城市光化学烟雾影响的比例

D. 地级以上城市空气质量达到二级标准以上的比例

4. 根据《环境保护“十二五”规划》，关于持续推进电力行业污染减排的要求，燃煤机组减排措施不包括（　　）。（2013 年）

A. 设置烟气旁路及烟气在线监控措施

B. 新建燃煤机组要同步建设脱硫脱硝设施

C. 加快燃煤机组低氮燃烧技术改造和烟气脱硫脱硝设施

D. 未安装脱硫设施的现役燃煤机组要加快淘汰或建设脱硫设施

5. 根据《环境保护“十二五”规划》，切实解决突出环境问题的有关要求不包括（　　）。（2013 年）

A. 改善水环境质量　　B. 加强土壤环境保护

C. 强化生态保护和监管　　D. 推进环境风险全过程管理

6. 根据《环境保护“十二五”规划》，推进主要污染物减排的要求不包括（ ）。（2014 年）

A. 加大结构调整力度

B. 着力削减化学需氧量和氨氮排放量

C. 加大二氧化硫和氮氧化物减排力度

D. 着力削减重点行业和区域重金属排放量

7. 根据《环境保护“十二五”规划》，切实解决突出环境问题的要求不包括（ ）。（2014 年）

A. 改善水环境质量

B. 加强土壤环境保护

C. 推进固体废物安全处理处置

D. 实施多种大气污染物综合控制

二、不定项选择题

1. 根据《环境保护“十二五”规划》，关于“十二五”期间推进主要污染物减排的要求，下列做法中正确的有（ ）。（2012 年）

A. 某钢铁企业新建的烧结机配套建设脱硫脱硝设施

B. 位于某河流源头区的大型企业改制后拟在原址新建大型制革项目

C. 东部地区某企业新建的水泥生产线安装效率不低于 55%的脱硝设施

D. 某地区制定的污染物减排规划（至 2015 年）中要求本地区规模化养殖场配套建设的污水贮存处理设施的比例达到 55%

2. 根据《环境保护“十二五”规划》，改善水环境质量的措施包括（ ）。（2013 年）

A. 取缔水源保护区内违法建设项目和排污口

B. 推进水源地环境整治、恢复和规范化建设

C. 取缔渗井、渗坑等地下水污染源，切断废弃钻井、矿井等污染途径

D. 加强海岸防护林建设，保护和恢复滨海湿地、红树林、珊瑚礁等典型海洋生态系统

3. 根据《环境保护“十二五”规划》，关于重点领域环境风险防控的有关要求，环境风险全过程管理包括（ ）。（2013 年）

A. 完善环境风险管理措施

B. 加强核与辐射安全监管

C. 开展环境风险调查与评估

D. 建立环境事故处置和损害赔偿恢复机制

参考答案

一、单项选择题

1．B 【解析】推进主要污染物减排要求中有三个大标题，选项B是没有的。

2．A 【解析】“推进所有地区污染场地和土壤修复”用词偏大。正确的是“推进重点地区污染场地和土壤修复”。

3．C 【解析】“十二五”环境保护主要有六大指标。

4．A

5．D 【解析】切实解决突出环境问题有四个大的方面，选项D是没有的。

6．D 7．C

二、不定项选择题

1．AD 【解析】新建水泥生产线要安装效率不低于60%的脱硝设施。到2015年，全国规模化畜禽养殖场和养殖小区配套建设固体废物和污水贮存处理设施的比例达到50%以上。

2．ABCD

3．ACD 【解析】“加强核与辐射安全监管”与“环境风险全过程管理”是并列关系，不是包含关系。

(三)《“十二五”节能减排综合性工作方案》

一、单项选择题

1. 根据《“十二五”节能减排综合性工作方案》，关于加强工业节能减排的要求，下列说法中错误的是（　　）。（2012 年）

A. 发展热电联产，推广分布式能源

B. 石油石化、有色金属、建材等重点行业实施脱硫改造

C. 以海河流域为重点开发重金属污染治理与修复试点示范

D. 新型干法水泥窑实施低氮燃烧技术改造，配套建设脱硝设施

2. 根据《“十二五”节能减排综合性工作方案》，到 2015 年，节能减排的主要目标不包括（　　）。（2013 年）

A. 全国氮氧化物排放总量比 2010 年下降 10%

B. 全国化学需氧量排放总量比 2010 年下降 8%

C. 全国万元国内生产总值能耗比 2010 年下降 16%

D. 地表水国控断面劣Ⅴ类水质的比例比 2010 年下降 2.7%

3. 根据《“十二五”节能减排综合性工作方案》，关于加强工业节能减排的有关要求，下列说法中错误的是（　　）。（2013 年）

A. 发展热电联产，推广分布式能源

B. 推广煤炭清洁利用，提高原煤入洗比例

C. 钢铁行业逐步实施烧结机烟气脱硫，新建烧结机配套安装脱硫脱硝设施

D. 新型干法水泥窑实施低氮燃烧技术改造，配套安装脱硫脱硝设施

4. 根据《“十二五”节能减排综合性工作方案》，关于严格环境影响评价制度的要求，属于环境影响评价文件审批前置条件的是（　　）。（2013 年）

A. 能耗指标　　B. 水耗指标

C. 物耗指标　　D. 污染物排放总量指标

5. 根据《“十二五”节能减排综合性工作方案》，要求严格环境影响评价制度，将（　　）作为环评审批的前提条件。（2014 年）

A. 节能指标

B. 清洁生产指标

C. 循环经济指标

D. 污染物总量指标

二、不定项选择题

1. 根据《“十二五”节能减排综合性工作方案》，关于加强工业节能减排的要求，应重点推进（　　）等行业节能减排。（2012 年）

A. 电力、煤炭　　B. 钢铁、有色金属

C. 造纸、纺织、印染　　D. 再制造与废弃物资源化利用

2. 根据《“十二五”节能减排综合性工作方案》，国家重点推广的节能减排技术包括（　　）等。（2012 年）

A. 热电联产　　B. 能量梯级利用

C. 干法和半干法烟气脱硫　　D. 选择性催化还原氮氧化物控制

3. 根据《“十二五”节能减排综合性工作方案》，加强工业节能减排的具体措施有（　　）。（2013 年）

A. 实施工业和信息产业能效提升计划

B. 加强重点区域、重点行业和重点企业重金属污染防治

C. 石油石化、有色金属、建材等重点行业实施脱硝改造

D. 实行电力、钢铁、造纸、印染等行业主要污染物排放总量控制

参考答案

一、单项选择题

1. C　【解析】C 选项与工业节能没有关系。

2. D　【解析】D 选项是“十二五”环境保护主要指标之一，但不是节能减排的主要目标。D 选项是一个水质的指标。

3. C　【解析】钢铁行业是产污大户，C 选项的正确说法是：钢铁行业全面实施烧结机烟气脱硫，新建烧结机配套安装脱硫脱硝设施。

4. D　5. D

二、不定项选择题

1. ABC　【解析】从四个选项来看，选项 D 的产排污量最少。

2. BCD　【解析】选项 A 不是国家重点推广的节能减排技术。

3. ABD　【解析】选项 C 的正确说法是石油石化、有色金属、建材等重点行业实施脱硫改造。

（四）《全国生态环境保护纲要》

一、单项选择题

1.《全国生态环境保护纲要》中将生态功能保护区分为（　　）。（2005 年）

A．陆地重要生态功能保护区和水域重要生态功能保护区

B．重点流域生态功能保护区和重点区域生态功能保护区

C．生态环境安全保护区和重点资源保护功能区

D．国家级生态功能保护区和省级、地（市）级生态功能保护区

2. 依据《全国生态环境保护纲要》，下列区域不属于重要生态功能区的是（　　）。（2006 年）

A．防风固沙区　　B．农作物种植区

C．江河洪水调蓄区　　D．水土保持重点监督区

3．依据《全国生态环境保护纲要》，符合建立省级生态功能保护区的是（　　）重要生态功能区。（2006 年）

A．跨省域的　　B．跨重点流域的

C．跨重点区域的　　D．跨地（市）的

4．某森林公园 60%的面积位于甲省、40%的面积位于邻省乙省，按照《全国生态环境保护纲要》的规定，该森林公园应建立（　　）生态功能保护区。（2007 年）

A．省级　　B．省际

C．国家级　　D．地（市）级

5．某重要水源涵养区 60%的面积位于甲省、40%的面积位于相邻的乙省。按照《全国生态环境保护纲要》的规定，在该水源涵养区建立生态功能保护区的级别应当是（　　）。（2009 年）

A．县级　　B．省级

C．国家级　　D．地（市）级

6．依据《全国生态环境保护纲要》，在重点资源开发的生态环境保护的要求中，未列为禁止行为的是（　　）。（2010 年，2011 年）

A．在沿海地区采矿　　B．在森林公园内采矿

C．在泥石流易发区采石　　D．向水体倾倒建筑废料

7．依据《全国生态环境保护纲要》，对生态功能保护区应采取的保护措施是（　　）。（2011 年）

A．限制一切导致生态功能继续退化的开发活动

B．停止一切产生严重环境污染的工程项目建设

C．控制人口增长，区内人口已超出承载能力的应全部采取移民措施

D．禁止粗放生产经营方式，走生态经济型发展道路，尽快遏制生态环境恶化趋势

8．根据《全国生态环境保护纲要》，重要生态功能区不包括（　　）。（2012 年）

A．江河源头区　　B．风景名胜区

C．重要水源涵养区　　D．江河洪水调蓄区

9．根据《全国生态环境保护纲要》，关于各类资源开发利用的生态环境保护要求，下列说法中错误的是（　　）。（2012 年）

A．合理控制地下水开采，做到采补平衡

B．加强对耕地的管理，确实需要复耕的，应严格依法报批

C．实施天然林保护工程，最大限度地保护和发挥好森林的生态效益

D．生物物种资源的开发应在保护物种多样性和确保生物安全的前提下进行

10．根据《全国生态环境保护纲要》，关于生态功能保护区保护措施，下列说法中错误的是（　　）。（2013 年）

A．应严格控制生态功能保护区内人口增长

B．不得新建与生态功能保护无关的建设项目

C．必须停止一切导致生态功能继续退化的开发活动和其他人为破坏活动

D．对已经破坏的重要生态系统要结合生态环境建设措施，认真组织重建与恢复，尽快遏制生态环境恶化趋势

二、不定项选择题

1．依据《全国生态环境保护纲要》，建立生态功能保护区的范围包括（　　）。（2005 年）

A．江河源头区　　B．重要水源涵养区

C．江河洪水调蓄区　　D．山地丘陵区

2．按照《全国生态环境保护纲要》的要求，严禁采矿的区域有（　　）。（2006 年）

A．森林公园　　B．风景名胜区

C．自然保护区　　D．取土场生态恢复区

E．严重水土流失区

3．依据《全国生态环境保护纲要》，矿产资源开发利用中，严禁在（　　）内采矿。（2007 年）

A. 森林公园区　　B. 风景名胜区

C. 自然保护区　　D. 水土流失重点防治区

4. 依据《全国生态环境保护纲要》，在生物物种资源开发利用的生态环境保护工作中禁止（　）濒危野生动植物。(2008年)

A. 捕杀　　B. 繁育

C. 驯养　　D. 采集

5. 依据《全国生态环境保护纲要》，应建立生态功能保护区的有（　）。(2008年)

A. 重要渔业水域　　B. 重要水源涵养区

C. 防风固沙区　　D. 江河洪水调蓄区

6. 依据《全国生态环境保护纲要》，“应通过建立生态功能保护区，实施保护措施”的区域有（　）。(2009年)

A. 江河源头区　　B. 洪水调蓄区

C. 风景名胜区　　D. 重要水源涵养区

7. 依据《全国生态环境保护纲要》，下列区域中不属于重要生态功能区的有（　）。(2010年)

A. 防风固沙区　　B. 资源型缺水地区

C. 江河洪水调蓄区　　D. 水土保持重点监督区

8. 依据《全国生态环境保护纲要》，下列关于“重点资源开发的生态环境保护”说法中，正确的有（　）。(2011年)

A. 严禁在生态功能保护区、自然保护区、风景名胜区内采矿

B. 海洋和渔业资源开发利用必须按功能区划进行，做到统一规划，合理开发利用

C. 建立缺水地区高耗水项目管制制度，限制新上高耗水项目，确保流域生态用水

D. 对具有重要生态功能的林区、草原，应划为禁垦区、禁伐区或禁牧区，严格管护

9. 根据《全国生态环境保护纲要》，应建立生态功能保护区的区域有（　）。(2013年)

A. 防风固沙区　　B. 自然保护区

C. 重要水源涵养区　　D. 国家风景名胜区

10. 根据《全国生态环境保护纲要》，跨（　）的重要生态功能区，建立国家级生态功能保护区。(2013年)

A. 地（市）　　B. 省域

C．重点流域　　　　　　　　　　　　D．重点区域

11．根据《全国生态环境保护纲要》，生态功能保护区的保护措施包括（　　）。（2014年）

A．停止生态功能保护区一切产生严重环境污染的工程项目建设

B．加强生态监测与评估能力建设，构建重点生态功能保护区生态安全预警体系

C．停止生态功能保护区一切导致生态功能继续退化的开发活动和其他人为破坏活动

D．严格控制人口增长，生态功能保护区内人口已超出承载能力的应采取必要的移民措施

参考答案

一、单项选择题

1．D　【解析】生态功能保护区分为两级，跨省城和重点流域、重点区域的重要生态功能区，建立国家级生态功能保护区；跨地（市）和县（市）的重要生态功能区，建立省级和地（市）级生态功能保护区。

2．B　【解析】江河源头区、重要水源涵养区、水土保持的重点预防保护区和重点监督区、江河洪水调蓄区、防风固沙区和重要渔业水域等属重要生态功能区，具有重要的生态功能。

3．D　4．C　5．C

6．A　【解析】严禁在生态功能保护区、自然保护区、风景名胜区、森林公园内采矿。严禁在崩塌滑坡危险区、泥石流易发区和易导致自然景观破坏的区域采石、采砂、取土。

7．B　【解析】对生态功能保护区采取以下保护措施：停止一切导致生态功能继续退化的开发活动和其他人为破坏活动；停止一切产生严重环境污染的工程项目建设；严格控制人口增长，区内人口已超出承载能力的应采取必要的移民措施；改变粗放生产经营方式，走生态经济型发展道路，对已经破坏的重要生态系统，要结合生态环境建设措施，认真组织重建与恢复，尽快遏制生态环境恶化趋势。

8．B

9．B　【解析】选项B的正确说法是：建设项目确需占用生态用地的，应严格依法报批和补偿，并实行“占一补一”的制度，确保恢复面积不少于占用面积。

10．B

二、不定项选择题

1．ABC 【解析】高频考点。

2．ABC 【解析】高频考点。

3．ABC 4．AD 5．ABCD 6．ABD

7．B 【解析】注意：此题问的是“不属于”。重要生态功能区包括：江河源头区、重要水源涵养区、水土保持的重点预防保护区和重点监督区、江河洪水调蓄区、防风固沙区和重要渔业水域等。

8．ABD 9．AC 10．BCD 11．ACD

（五）《国家重点生态功能保护区规划纲要》

一、单项选择题

1.《国家重点生态功能保护区规划纲要》的规划目标是（　　）。（2010 年）

A．到 2015 年，生态脆弱区新增治理面积达到 30%以上

B．到 2020 年，生态脆弱区新增治理面积达到 40%以上

C．到 2015 年，生态脆弱区 30%以上土地得到不同程度的治理

D．到 2020 年，生态脆弱区 40%以上土地得到不同程度的治理

2．依据《国家重点生态功能保护区规划纲要》，“合理引导产业发展”的主要任务不包括（　　）。（2011 年）

A．推广清洁能源

B．发展资源环境可承载的特色产业

C．限制损害区域生态功能的产业扩张

D．禁止在重要防风固沙区发展沙产业

3．根据《国家重点生态功能保护区规划纲要》，强化生态环境监管的主要任务不包括（　　）。（2012 年）

A．强化监督管理能力　　B．提高监测预警能力

C．增强宣传教育能力　　D．增强生物多样性维护能力

4．根据《国家重点生态功能保护区规划纲要》，重点生态功能保护区规划的基本原则不包括（　　）。（2013 年）

A．统筹规划、分步实施　　B．高度重视、精心组织

C．协调发展、互惠互赢　　D．避免重复、互为补充

5．根据《国家重点生态功能保护区规划纲要》，重点生态功能保护区规划的基本原则不包括（　　）。（2014 年）

A．统筹规划、分步实施　　B．高度重视、精心组织

C．强化监管，适度开发　　D．避免重复、互为补充

6．根据《国家重点生态功能保护区规划纲要》，合理引导产业发展的主要任务不包括（　　）。（2014 年）

A．推广清洁能源

B．发展资源环境可承载的特色产业

C．限制损害区域生态功能的产业扩张

D．停止一切导致生态功能继续退化的开发活动

二、不定项选择题

1．下列说法中，符合《国家重点生态功能保护区规划纲要》目标要求的有（　　）。（2009 年）

A．合理布局国家重点生态功能保护区

B．形成较完善的生态功能保护区建设体系

C．重要生态功能区的生态恶化趋势得到遏制

D．建立较完备的生态功能保护区相关政策、法规、标准和技术规范体系

2．《国家重点生态功能保护区规划纲要》确定的基本原则包括（　　）。（2009 年）

A．保护优先，预防为主　　B．统筹规划，分步实施

C．高度重视，精心组织　　D．避免重复，互为补充

3．《国家重点生态功能保护区规划纲要》中，保护和恢复生态功能区的主要任务包括（　　）。（2010 年）

A．提高水源涵养能力

B．增强防风固沙能力

C．提高调洪蓄洪能力

D．加强退化草场的改良和建设

4．依据《国家重点生态功能保护区规划纲要》，“保护和恢复生态功能的主要任务”包括（　　）。（2011 年）

A．提高水源涵养能力　　B．增强防风固沙功能

C．提高调洪蓄洪能力　　D．增强生物多样性维护能力

5．《国家重点生态功能保护区规划纲要》要求建设一批（　　）生态功能保护区，形成较完善的生态功能保护区建设体系。（2012 年）

A．水源涵养　　B．重要渔业水域

C．生物多样性维护　　D．水土保持、防风固沙

参考答案

一、单项选择题

1．D

2．D　【解析】合理引导产业发展的主要任务：（1）限制损害区域生态功能的

产业扩张；（2）发展资源环境可承载的特色产业；（3）推广清洁能源。

3．D 【解析】（1）强化监督管理能力；（2）提高监测预警能力；（3）增强宣传教育能力；（4）加强科研支撑能力。

4．C 【解析】原则：统筹规划、分步实施；高度重视、精心组织；保护优先，限制开发；避免重复、互为补充。

5．C 6．D

二、不定项选择题

1．ABCD 2．BCD

3．ABC 【解析】《国家重点生态功能保护区规划纲要》中关于保护和恢复生态功能区的主要任务有六点：（1）提高水源涵养能力；（2）恢复水土保持功能；（3）增强防风固沙功能；（4）提高调洪蓄洪能力；（5）增强生物多样性维护能力；（6）保护重要海洋生态功能。

4．ABCD 5．ABD

（六）《全国生态脆弱区保护规划纲要》

一、单项选择题

1.《全国生态脆弱区保护规划纲要》的指导思想包括（　　）。(2009 年）

A．以改善生态系统功能，恢复和改善脆弱生态系统为目标

B．以维护生态系统完整性，恢复和改善脆弱生态系统为目标

C．倡导生态文明，积极增进群众参与意识，逐步恢复脆弱区生态系统

D．倡导生态文明，积极增进群众参与意识，优先恢复脆弱区生态系统

2.《全国生态脆弱区保护规划纲要》的规划总体目标包括（　　）。(2009 年，2011 年）

A．到 2015 年，生态脆弱区 40%以上适宜治理的土地得到不同程度治理

B．到 2015 年，生态脆弱区 30%以上适宜治理的土地得到不同程度治理

C．到 2020 年，生态脆弱区 30%以上适宜治理的土地得到不同程度治理

D．到 2020 年，生态脆弱区 40%以上适宜治理的土地得到不同程度治理

3.《全国生态脆弱区保护规划纲要》的具体任务不包括（　　）。(2009 年）

A．研究制定生态脆弱区资源开发监管条例

B．构建生态补偿机制，多渠道筹措脆弱区保护资金

C．在全国生态脆弱典型区建立长期定位生态监测站

D．按流域或区域编制生态脆弱区环境友好产业发展规划

二、不定项选择题

1．全国生态脆弱区保护规划的总体任务包括（　　）。(2010 年）

A．合理引导产业发展

B．强化生态环境监管

C．保护和恢复生态功能

D．全面限制有损脆弱区生态环境的产业扩张

2．依据《全国生态脆弱区保护规划纲要》，关于生态脆弱区保护规划的基本原则和主要任务，下列说法中正确的有（　　）。(2011 年）

A．强化“环境准入”，科学指导生态保育与产业发展活动，促进生态恢复

B．发展与当地资源环境承载力相适应的特色产业和环境友好产业，从源头控制生态退化

C．全面开展生态环境监察工作，严格禁止超采、过牧、乱垦、滥挖等资源破坏行为的发生

D．高度重视环境极度脆弱、生态退化严重、具有重要保护价值地区的生态应急工程建设与技术创新

3．根据《全国生态脆弱区保护规划纲要》，规划的基本原则包括（　　）。（2013年）

A．预防为主，保护优先　　B．分区推进，分类指导

C．强化监管，适度开发　　D．统筹规划，分步实施

4．根据《全国生态脆弱区保护规划纲要》，属于规划的主要任务有（　　）。（2013年）

A．建立健全脆弱区生态环境监测、评估及预警体系

B．加强生态保育，增强脆弱区生态系统的抗干扰能力

C．强化资源开发监管和执法力度，促进脆弱区资源环境协调发展

D．在保护优先的前提下，合理选择发展方向，发展特色优势产业，加强生态环境的保护与修复，加大生态环境监管力度，保护和恢复区域生态功能

参考答案

一、单项选择题

1．B　2．D

3．B　【解析】具体任务：（1）调整产业结构，促进脆弱区生态与经济的协调发展；（2）加强生态保育，促进生态脆弱区修复进程；（3）加强生态监测与评估能力建设，构建脆弱区生态安全预警体系；（4）强化资源开发监管执法力度，防止无序开发和过度开发

二、不定项选择题

1．D　【解析】此题从总体任务中“挖”了一句话作为选项，有点难。

2．ABCD　3．ABCD　4．ABC

（七）《全国主体功能区规划》

一、单项选择题

1．根据《全国主体功能区规划》，关于主体功能区划分的规定，下列说法中错误的是（　　）。（2012 年）

A．世界文化自然遗产属于禁止开发的区域

B．限制开发区分为农产品主产区和重点生态功能区两类

C．城市化地区、农产品主产区和重点生态功能区，是以提供主体产品的类型为基准划分的

D．优化开发区域是有一定经济基础、资源承载能力较强、发展潜力较大、集聚人口和经济条件较好的城市化地区

2．根据《全国主体功能区规划》，重点开发区域的功能定位和发展方向不包括（　　）。（2012 年）

A．优化基础设施布局　　B．统筹规划国土空间

C．健全城市规模结构　　D．形成现代产业体系

3．根据《全国主体功能区规划》，下列说法中正确的是（　　）。（2014 年）

A．重点开发区域是应该重点进行工业化城镇化开发的城市化地区

B．优化开发区域分为两类：一类是农产品主产区，一类是重点生态功能区

C．限制开发区域是经济比较发达、人口比较密集、开发强度较高、资源环境问题更加突出的区域

D．省级层面禁止开发区域，包括省级各级各类自然文化资源保护区域、重要水源地以及其他省级人民政府根据需要确定的禁止开发区域

4．根据《全国主体功能区规划》，推进形成全国主体功能区的主要目标不包括（　　）。（2014 年）

A．空间开发格局清晰　　B．空间结构得到优化

C．优化生态系统格局　　D．可持续发展能力提升

5．根据《全国主体功能区规划》，今后新设立的（　　）自动进入国家级禁止开发区名录。（2014 年）

A．自然保护区　　B．世界文化自然遗产

C．国家和省级森林公园　　D．国家和省级地质公园

二、不定项选择题

1.《全国主体功能区规划》按开发方式将我国国土空间分为（　　）等主体功能区。（2012 年）

A. 优化开发区域　　B. 重点开发区域

C. 限制开发区域　　D. 禁止开发区域

2. 根据《全国主体功能区规划》，关于国家禁止开发区域的功能定位，今后我国新设立的保护自然文化资源的重要区域和珍稀动植物基因资源保护地中自动进入国家禁止开发区域的有（　　）。（2012 年）

A. 国家地质公园　　B. 国家森林公园

C. 世界文化自然遗产　　D. 重点生物多样性维护区

3. 根据《全国主体功能区规划》，（　　）属于主体功能区中的限制开发区。（2013 年）

A. 农产品主产区　　B. 国家级森林公园

C. 重点生态功能区　　D. 世界自然文化遗产

4. 根据《全国主体功能区规划》，属于开发原则中保护自然有关规定的有（　　）。（2013 年）

A. 把保护水面、湿地、林地和草地放到与保护耕地同等重要位置

B. 在农业用水严重超出区域水资源承载能力的地区实行退耕还水

C. 各类开发活动要充分利用现有空间，尽可能利用闲置地、空闲地和废弃地

D. 工业化城镇化开发必须建立在对所在区域资源环境承载能力综合评价的基础上，严格控制在水资源承载能力和环境容量允许的范围内

5. 根据《全国主体功能区规划》，优化开发区域的发展方向和开发原则包括（　　）。（2013 年）

A. 扩大空间结构　　B. 优化城镇布局

C. 控制人口分布　　D. 优化产业结构

6. 根据《全国主体功能区规划》，国家重点开发区域的发展方向和开发原则包括（　　）。（2013 年）

A. 统筹规划国土空间　　B. 健全城市规模结构

C. 促进人口加快集聚　　D. 形成现代产业体系

7. 根据《全国主体功能区规划》，关于禁止开发区域的管制原则，下列说法中正确的有（　　）。（2013 年）

A. 国家级自然保护区按核心区、缓冲区和实验区分类管理

B. 国家地质公园除必要的保护设施和附属设施外，禁止其他生产建设活动

C. 国家森林公园除必要的保护设施和附属设施外，禁止其他生产建设活动

D. 世界文化自然遗产，要加强对遗产原真性的保护，保护遗产在艺术、历史、社会和科学方面的特殊价值

8. 根据《全国主体功能区规划》，开发原则中关于保护自然的有关要求，下列说法中正确的有（　　）。（2014 年）

A. 严禁地下水超采，加强对超采的治理和对地下水源的涵养与保护

B. 严格限制有损自然生态系统的开荒以及侵占水面、湿地、林地、草地等农业开发活动

C. 在农业用水严重超出区域水资源承载能力的地区实行退耕还林、退牧还草、退草还湖

D. 编制区域规划等应事先进行资源环境承载能力综合评价，并把保持一定比例的绿色生态空间作为规划的主要内容

参考答案

一、单项选择题

1. D 【解析】优化开发区域是经济比较发达、人口比较密集、开发强度较高、资源环境问题更加突出，从而应该优化进行工业化城镇化开发的城市化地区。

2. A 【解析】A 选项是国家优化开发区域的发展方向和开发原则。

3. A 【解析】B 选项的分类是限制开发区域的分类。B 选项的定义是优化开发区域。D 选项的正确说法是：省级层面的禁止开发区域，包括省级及以下各级各类自然文化资源保护区域、重要水源地一级其他省级人民政府根据需要确定的禁止开发区域。

4. C 【解析】主要目标是：（1）空间开发格局清晰；（2）空间格局得到优化；（3）空间利用效率提高；（4）区域发展协调性增强；（5）可持续发展能力提升。

5. B 【解析】今后新设立的国家级自然保护区、世界文化自然遗产、国家级风景名胜区、国家森林公园、国家地质公园、自动进入国家禁止开发区域名单。

二、不定项选择题

1. ABCD 【解析】按开发方式，分为优化开发区域、重点开发区域、限制开发区域和禁止开发区域。

2. ABC 【解析】今后新设立的国家级自然保护区、世界文化自然遗产、国家级风景名胜区、国家森林公园、国家地质公园，自动进入国家禁止开发区域名录。

3．AC 【解析】其他 2 个选项属禁止开发区。

4．ABD 5．BD 6．ABCD

7．ABD 【解析】选项 C 的正确说法是：除必要的保护设施和附属设施外，禁止从事与资源保护无关的任何生产建设活动。

8．D 【解析】规划中的原文如下：严格控制地下水超采，加强对超采的治理和对地下水源的涵养与保护，加强水土流失综合治理及预防监督。农业开发要充分考虑对自然生态系统的影响，积极发挥农业的生态、景观和间隔功能，严禁有损自然生态系统的开荒以及侵占水面、湿地、林地、草原等农业开发活动。在确保省域的耕地和基本农田面积不减少的前提下，继续在适宜的地区实行退耕还林、退牧还草、退田还湖。在农业用水严重超出区域水资源承载能力的地区实行退耕还水。

（八）《重点区域大气污染防治“十二五”规划》

一、单项选择题

1．根据《重点区域大气污染防治“十二五”规划》，统筹区域环境资源，优化产业结构与布局的要求不包括（　　）。（2013 年）

A．严格环境准入，强化源头管理

B．优化能源结构，控制煤炭使用

C．加大落实产能淘汰，优化工业布局

D．明确区域控制重点，实施分区分类管理

2．根据《重点区域大气污染防治“十二五”规划》，深化大气污染治理，实施多污染物协同控制中，加强有毒废气污染控制、切实履行公约的要求不包括（　　）。（2013 年）

A．加强有毒废气污染控制

B．积极推进大气汞污染控制工作

C．积极推进大气铅污染控制工作

D．积极开展臭氧层物质淘汰工作

3．《重点区城大气污染防治“十二五”规划》规划目标不包括（　　）。（2014 年）

A．到 2015 年，重点区域二氧化硫排放量下降 12%

B．到 2015 年，重点区域工业烟粉尘排放量下降 10%

C．到 2015 年，重点区域环境空气质量有所改善，总悬浮颗粒物平均浓度下降 20%

D．京津冀、长三角、珠三角区域将细颗粒物纳入考核指标，细颗粒物平均浓度下降 6%

4．根据《重点区域大气污染防治“十二五”规划》，加强扬尘控制，深化面源污染管理的规定，下列做法中错误的是（　　）。（2014 年）

A．某镇环境监管部门发文禁止秸秆焚烧

B．某市区施工工地全部使用预拌混凝土和预拌砂浆

C．某市饮食公司要求所属饮食服务经营场所安装高效油烟净化设施，并强化运行监管

D．某煤码头对堆煤场建立了封闭料仓与传送装置，并安装了与城市扬尘视频监

控平台联网的视频监控措施

二、不定项选择题

1．根据《重点区域大气污染防治“十二五”规划》，重点区域规划目标涉及的污染物包括（　　）。(2014 年)

A．臭氧　　B．二氧化硫

C．挥发性有机物　　D．二氧化氮、细颗粒物

2．根据《重点区城大气污染防治“十二五”规划》，符合加强能源清洁利用、控制区域煤炭消费总量有关要求的措施包括（　　）。(2014 年)

A．扩大高污染燃料禁燃区

B．积极发展天然气分布式能源

C．加大热电联供，淘汰分散燃煤小锅炉

D．改善煤炭质量，推进煤炭洁净高效利用

参考答案

一、单项选择题

1．B　2．C

3．C　【解析】纯属记忆的知识点。

4．D　【解析】选项 D 的正确说法是：大型煤堆、料堆场应建立密闭料仓与传送装置，露天堆放的应加以覆盖或建设自动喷淋装置。电厂、港口的大型煤堆、料堆应安装视频监控设施，并与城市扬尘视频监控平台联网。

二、不定项选择题

1．ABCD

2．ABCD　【解析】加强能源清洁利用，控制区域煤炭消费总量的要求包括：(1) 优化能源结构控制煤炭使用。①大力发展清洁能源；②实施煤炭消费总量控制；③扩大高污染燃料禁燃区域；(2) 改进用煤方式，推进煤炭清洁化利用。①加大热电联供，淘汰分散燃煤小锅炉；②改善煤炭质量，推进煤炭洁净高效利用。

（九）《大气污染防治行动计划》

一、单项选择题

1. 根据《大气污染防治行动计划》，加快调整能源结构、增加清洁能源供应的有关要求，京津冀、长三角、珠三角等地区采取的替代煤措施不包括（　　）。（2014年）

A. 增加天然气供应

B. 加大非化石能源利用强度

C. 逐步提高接受外输电比例

D. 新建高耗能源项目单位产品（产值）能耗要达到国际先进水平

2. 根据《大气污染防治行动计划》，下列做法中正确的是（　　）。（2014年）

A. 某市要求全市范围内推广应用高效节能环保型锅炉

B. 某平板玻璃建设项目已违规在建，有关部门责令其办理相关手续后续建

C. 某市对政府和民营投资的公共建筑、住宅小区要求率先执行绿色建筑标准

D. 某环境保护行政主管部门将烟粉尘排放是否符合总量控制要求，作为建设项目环境影响评价审批的前置条件

二、不定项选择题

根据《大气污染防治行动计划》，符合加快调整能源结构、增加清洁能源供应有关要求的措施包括（　　）。（2014年）

A. 控制煤炭消费总量　　B. 推进煤炭清洁利用

C. 提高能源使用效率　　D. 加快清洁能源替代利用

参考答案

一、单项选择题

1. D 【解析】京津冀、长三角、珠三角等区域力争实现煤炭消费总量负增长，通过逐步提高接受外输电比例，增加天然气供应，加大非化石能源利用强度等措施代替燃煤。

2. D 【解析】在供热供气管网不能覆盖度地区，改用电、新能源或洁净煤，

推广应用高效节能环保型锅炉。平板玻璃属产能严重过剩行业，坚决停建。积极发展绿色建筑，政府投资的公共建筑、保险性住房等要率先执行绿色建筑标准。严格实施污染物排放总量控制，把二氧化硫、氮氧化物、烟粉尘和挥发性有机物排放是否符合总量控制要求作为建设项目环境影响评价审批的前置条件。

二、不定项选择题

ABCD 【解析】加快调整能源结构、增加清洁能源供应的主要措施包括：①控制煤炭消费总量；②加快清洁能源替代利用；③推进煤炭清洁利用；④提高能源使用效率。

（十）《国家级自然保护区调整管理规定》

一、单项选择题

根据《国家级自然保护区调整管理规定》，下列说法中正确的是（　　）。（2014年）

A．对国家级自然保护区不得随意进行调整

B．面积偏小的国家级自然保护区，应鼓励扩大保护范围

C．自批准建立或调整国家级自然保护区之日起，五年内不得进行调整

D．调整国家级自然保护区原则上可以与相邻的国家级风景名胜区在范围上重叠

参考答案

A　【解析】对国家级自然保护区不得随意调整。调整国家级自然保护区原则上不得缩小核心区、缓冲区面积，应确保主要保护对象得到有效保护，不破坏生态系统和生态过程的完整性，不损害生物多样性，不得改变自然保护区性质。对面积偏小，不能满足保护需要的国家级自然保护区，应鼓励扩大保护范围。自批准建立或调整国家级自然保护区之日起，原则上五年内不得进行调整。调整国家级自然保护区应当避免与国家级风景名胜区在范围上产生新的重叠。

（十一）《产业结构调整的相关规定》

一、单项选择题

1．2006 年，某环评单位编制资源综合利用规划的环境影响评价文件时，涉及产业结构调整评价依据的法律法规文件是（　　）。（2007 年）

A．国务院《产业结构调整暂行规定》（国发[2005]40 号）

B．原国家经贸委发布的《工商投资领域制止重复建设目录（第一批）》

C．原国家经贸委发布的《淘汰落后生产能力、工艺和产品的目录（第一批、第二批、第三批）》

D．原国家计委、国家经贸委发布的《当前国家重点鼓励发展的产业、产品和技术目录（2000 年修订）》

2．依据《促进产业结构调整暂行规定》，确定淘汰类产业指导目录的原则不包括（　　）。（2009 年）

A．严重污染环境或严重破坏生态环境

B．危害生产和人身安全、不具备安全生产条件

C．产品质量低于国家规定或行业规定的最低标准

D．低水平重复建设比较严重，生产能力明显过剩

3．下列做法中，符合《产业结构调整暂行规定》中产业结构调整方向和重点要求的是（　　）。（2010 年）

A．在生态保护的基础上全面开发水电

B．依法关闭高耗能、高污染产业，降低高耗能、高污染产业比重

C．加快实施煤矿石、煤层气、矿井水等资源综合利用，鼓励煤电联营

D．提高粮食生产比重，加快实施优质粮食产业工程，建设大型商品粮基地

4．依据《促进产业结构调整暂行规定》，下列说法中正确的是（　　）。（2011 年）

A．对属于限制类的新建项目，限制投资

B．经核查某企业有一严重浪费资源、污染环境、不具备安全生产条件的装备，该装备应列入限制类

C．不属于鼓励类、限制类和淘汰类，且符合国家有关法律法规和政策规定的，为允许类，允许类也列入《产业结构调整指导目录》

D．某大型煤炭企业现拟兼并改造三个小煤矿，实现资源整合，提高回采率和安全生产水平，该建设活动属《产业结构调整指导目录》中的鼓励类

5．根据《促进产业结构调整暂行规定》，产业结构调整的方向和重点不包括（　　）。（2013 年）

A．健全持续推进结构调整的制度保障

B．巩固和加强农业基础地位，加快传统农业向现代化农业转变

C．提高服务业比重，优化服务业结构，促进服务业全面快速发展

D．大力发展循环经济，建设资源节约型和环境友好型社会，实现经济增长与人口资源环境相协调

二、不定项选择题

1．根据《促进产业结构调整暂行规定》要求，原材料工业产业结构、企业组织结构和产业布局调整要根据（　　）。（2006 年）

A．环境容量　　B．能源条件

C、资源条件　　D．环境污染治理投资

2．依据《促进产业结构调整暂行规定》，自规定施行之日起，同时废止的产业目录有（　　）。（2008 年）

A．《产业结构调整指导目录（2005 年本）》

B．《工商投资领域制止重复建设目录（第一批）》

C．《当前国家重点鼓励发展的产业、产品和技术目录（2000 年修订）》

D．《淘汰落后生产能力、工艺和产品的目录（第一批、第二批、第三批）》

3．《促进产业结构调整暂行规定》自 2005 年 12 月起施行，原国家计委、国家经贸委发布的（　　）同时废止。（2009 年，2010 年，2013 年）

A．《资源综合利用目录（2003 年修订）》

B．《外商投资产业指导目录（2004 年修订）》

C．《工商投资领域制止重复建设目录（第一批）》

D．《当前国家重点鼓励发展的产业、产品和技术目录（2000 年修订）》

E．《淘汰落后生产能力、工艺和产品的目录（第一批、第二批、第三批）》

参考答案

一、单项选择题

1．A

2．C 【解析】选项 C 属产品质量问题，与淘汰类产业指导目录关系不大。

3．C 【解析】选项 A 的正确说法是：“在生态保护的基础上有序开发水电”；选项 B 的说法有欠妥，目前对“依法关闭高耗能、高污染产业”还做不到；选项 D 的正确说法是：“稳定发展粮食生产比重，加快实施优质粮食产业工程，建设大型商品粮基地”。

4．D 【解析】允许类不列入《产业结构调整指导目录》。

5．A

二、不定项选择题

1．ABC

2．BCD 【解析】高频考点。

3．CDE

（十二）《关于化解产能严重过剩矛盾的指导意见》

一、单项选择题

1.《关于化解产能严重过剩矛盾的指导意见》的主要目标不包括（　　）。（2014年）

A．产能规模基本合理　　B．长效机制初步建立

C．引导产业健康发展　　D．发展质量明显改善

2.《关于化解产能严重过剩矛盾的指导意见》中分业施策化解产能严重过剩矛盾的行业不包括（　　）。（2014 年）

A．钢铁　　B．水泥

C．电解铝　　D．风电设施

参考答案

一、单项选择题

1．C　【解析】《关于化解产能严重过剩矛盾的指导意见》的主要目的包括：（1）产能规模基本合理；（2）发展质量明显改善；（3）长效机制初步建立。

2．D　【解析】对产能严重过剩行业，要根据行业特点，开展有选择、有侧重、有针对性的化解工作，包括以下行业：钢铁、水泥、电解铝、平板玻璃和船舶。

（十三）《外商投资产业指导目录》

一、单项选择题

1.《外商投资产业指导目录（2007 年修订）》的分类类别包括（　　）。（2009 年）

A．发展类　　B．禁止类

C．允许类　　D．淘汰类

2．依据《外商投资产业指导目录（2007 年修订）》，外商投资产业指导目录分为（　　）。（2010 年）

A．鼓励类、允许类、限制类　　B．鼓励类、限制类、禁止类

C．鼓励类、允许类、淘汰类　　D．鼓励类、限制类、淘汰类

3.《产业结构调整指导目录（2011 年本）》（修改）由（　　）三类目录组成。

A．鼓励、限制、允许类

B．鼓励、允许、禁止类

C．鼓励、限侧、淘汰类

D．鼓励、限制、禁止类

4.《外商投资产业指导目录（2011 年修订）》不包括（　　）外商投资产业目录。

A．鼓励类　　B．允许类

C．限制类　　D．禁止类

二、不定项选择题

《外商投资产业指导目录》包括（　　）。（2011 年，2013 年）

A．鼓励外商投资产业目录　　B．限制外商投资产业目录

C．允许外商投资产业目录　　D．禁止外商投资产业目录

参考答案

一、单项选择题

1．B　【解析】虽然《外商投资产业指导目录（2007 年修订）》已废止，但此

题有一定的借鉴意义。

2．B

3．D 【解析】《产业结构调整指导目录（2011 年本）》（修改）由鼓励、限制和淘汰三类目录组成。不属于鼓励类、限制类和淘汰类，符合国家有关法律、法规和政策规定的，为允许类。

4．B 【解析】2011 年 12 月，国家发展和改革委员会、商务部联合发布了《外商投资产业指导目录（2011 年修订）》，目录分为鼓励外商投资产业目录、限制外商投资产业目录和禁止外商投资产业目录。

二、不定项选择题

ABD

（十四）《废弃危险化学品污染环境防治办法》

一、单项选择题

1．依据《废弃危险化学品污染环境防治办法》，废弃危险化学品包括（　　）。（2009 年）

A．失效的危险化学品　　B．盛装废弃危险化学品的容器

C．受废弃危险化学品污染的包装物　　D．某转产单位库存的合格危险化学品

2．适用《废弃危险化学品污染环境防治办法》的是（　　）。（2010 年）

A．废矿渣污染环境的防治

B．盛装废弃危险化学品的容器的管理

C．受废弃危险化学品污染的包装物的管理

D．实验室产生的废弃试剂、药品污染环境的防治

3．适用《废弃危险化学品污染环境防治办法》的行为是（　　）。（2011 年）

A．某单位将失效的危险化学品弃入垃圾箱

B．某实验室使用危险化学品过程中对环境产生污染

C．受废弃危险化学品污染的包装物置于露天被雨水浸淋

D．某车检人员在列车上接受旅客上交的危险化学品后，立即按要求予以封存

4．根据《废弃危险化学品污染环境防治办法》，危险化学品的生产、储存、使用单位转产、停产、停业或者解散的，应按照国家有关环境保护标准和规范，对厂区的土壤和地下水进行检测，编制（　　），报县级以上环境保护部门备案。（2013 年）

A．环境影响报告　　B．环境恢复方案

C．水土保持方案　　D．环境风险评估报告

5．《废弃危险化学品污染环境防治办法》适用于（　　）污染环境的防治。（2014 年）

A．医院产生的医疗废物

B．盛装废弃危险化学品的容器

C．实验室产生的废弃试剂、药品

D．受废弃危险化学品污染的包装物

二、不定项选择题

1．依据《废弃危险化学品污染环境防治办法》，危险化学品（　　）时，需对其生产或储存设备、库存产品及生产原料进行妥善处置。（2009 年，2010 年，2011 年）

A．使用单位转产　　B．生产单位扩建

C．生产单位停产　　D．储存单位停业

E．使用单位解散

2．根据《废弃危险化学品污染环境防治办法》，废弃危险化学品包括（　　）。（2013 年）

A．接收的公众上交的危险化学品

B．淘汰、伪劣、过期、失效的危险化学品

C．未经使用而被所有人抛弃或放弃的危险化学品

D．由公安、海关、质检、工商、农业、安全监管、环保等主管部门在行政管理活动中依法收缴的危险化学品

3．某危险化学品生产企业在生产过程中造成了场地土壤污染。该企业停产后，采取的下列做法中，符合《废弃危险化学品污染环境防治办法》要求的包括（　　）。（2014 年）

A．对库存产品和生产原料进行妥善处置

B．委托环境监测部门对场地土壤进行相关检测

C．对场地土壤污染进行环境恢复后，场地改作他用

D．编制环境风险评估报告，报县级以上环境保护部门备案

参考答案

一、单项选择题

1．A　【解析】高频考点。《废弃危险化学品污染环境防治办法》所称废弃危险化学品，是指未经使用而被所有人抛弃或者放弃的危险化学品，淘汰、伪劣、过期、失效的危险化学品，由公安、海关、质检、工商、农业、安全监管、环保等主管部门在行政管理活动中依法收缴的危险化学品以及接收的公众上交的危险化学品。

2．D　【解析】废弃危险化学品属于危险废物，列入国家危险废物名录。实验室产生的废弃试剂、药品污染环境的防治，也适用《废弃危险化学品污染环境防治

办法》。盛装废弃危险化学品的容器和受废弃危险化学品污染的包装物，按照危险废物进行管理。

3．B　4．D　5．C

二、不定项选择题

1．ACDE　【解析】高频考点。危险化学品的生产、储存、使用单位转产、停产、停业或者解散的，应当按照《危险化学品安全管理条例》有关规定对危险化学品的生产或者储存设备、库存产品及生产原料进行妥善处置，并按照国家有关环境保护标准和规范，对厂区的土壤和地下水进行检测，编制环境风险评估报告，报县级以上环境保护部门备案。

2．ABCD

3．ABD　【解析】对污染场地完成环境恢复后，不是改他用，还应委托环境保护检测机构对恢复后的场地进行检测，并将检测报告报县级以上环境保护部门备案。

（十五）《国家危险废物名录》

一、单项选择题

1．未被列入《国家危险废物名录》的废物有（　　）。（2010 年）

A．电站锅炉粉煤灰　　B．生活垃圾焚烧飞灰

C．废矿物油　　D．医疗废物

2．依据《国家危险废物名录》，关于危险废物范围的原则规定，下列说法中正确的是（　　）。（2011 年）

A．医疗废物不属于危险废物

B．国家危险废物名录仅包括具有危险特性的固体废物

C．家庭日常生活中产生的废镍镉电池和氧化汞电池应按照危险废物进行管理

D．危险废物和非危险废物混合物的性质判定，按照国家危险废物鉴别标准执行

3．根据《国家危险废物名录》，关于列入该名录危险废物范围原则的规定，下列说法中错误的是（　　）。（2013 年）

A．医疗废物属于危险废物

B．家庭日常生活中产生的废镍镉电池可以不按照危险废物进行管理

C．具有腐蚀性的固体废物、液态废物和气态废物列入《国家危险废物名录》

D．危险废物和非危险废物混合物性质判定，按照国家危险废物鉴别标准执行

4．依据《国家危险废物名录》中关于列入该名录危险废物范围的原则，下列说法中正确的是（　　）。（2014 年）

A．医分废物不属于危险废物，按《医疗废物处理条例》进行管理

B．家庭日常生活中产生的废药物、废杀虫剂、废荧光灯管等，可以不按照危险废物进行管理

C．将家庭日常生活中产生的废药物、废杀虫剂、废荧光灯管等、从生活垃圾中收集后，其运输、贮存、利用等可以不按照危险废物进行管理

D．具有腐蚀性、毒性、易燃性、反应性或者感染性等一种或几种危险特性的装入容器的气态废物列入《国家危险废物名录》

二、不定项选择题

依据《国家危险废物名录》，危险废物包括（　　）。（2009 年）

A．医疗废物　　B．农药废物

C．爆炸性废物　　　　D．焚烧处置残渣
E．城市生活垃圾

参考答案

一、单项选择题

1．A　【解析】家庭日常生活中产生的废药品及其包装物、废杀虫剂和消毒剂及其包装物、废油漆和溶剂及其包装物、废矿物油及其包装物、废胶片及废相纸、废荧光灯管、废温度计、废血压计、废镍镉电池和氧化汞电池以及电子类危险废物等，可以不按照危险废物进行管理。将前款所列废弃物从生活垃圾中分类收集后，其运输、贮存、利用或者处置，按照危险废物进行管理。

2．D　【解析】“具有腐蚀性、毒性、易燃性、反应性或者感染性等一种或者几种危险特性的”和“不排除具有危险特性，可能对环境或者人体健康造成有害影响，需要按照危险废物进行管理的” 固体废物和液态废物，列入《国家危险废物名录》。

3．C

4．B　【解析】气态废物不列入《国家危险废物名录》。

二、不定项选择题

ABCD

参考文献

[1] 环境保护部．全国环境影响评价工程师职业资格考试大纲（2015 年版）．北京：中国环境出版社，2015．

[2] 环境保护部环境工程评估中心．环境影响评价相关法律法规（2015 年版）．北京：中国环境出版社，2015．

[3] 全国人大环境与资源保护委员会法案室．中华人民共和国环境影响评价法释义．北京：中国法制出版社，2003．